U0587092

THE PARENTING BOOK

养育之道

[英] 李力奇 李希拉（Nicky & Sila Lee） 著

[英] 查理·麦克斯（Charlie Macksy） 绘

项 东 侯倩倩 译

上海文化出版社

SHANGHAI CULTURE PUBLISHING HOUSE

图书在版编目（CIP）数据

养育之道 / （英）李力奇，（英）李希拉著 ；（英）
查理·麦克斯绘 ；项东，侯倩倩译. -- 上海 ：上海文
化出版社，2024. 10. -- ISBN 978-7-5535-3061-1

Ⅰ. G78

中国国家版本馆CIP数据核字第20242HZ962号

This translation of *The Parenting Book* is published by arrangement with
Alpha International

Copyright © Nicky and Sila Lee 2009
Copyright © Alpha International 2009
All rights reserved.

著作权合同登记号　图字：09-2024-0365

出 版 人　姜逸青
责任编辑　定小蓉
装帧设计　介　桑

书　　名　养育之道
作　　者　[英]李力奇　李希拉（Nicky & Sila Lee）
绘　　图　[英]查理·麦克斯（Charlie Macksy）
译　　者　项东　侯倩倩
出　　版　上海世纪出版集团　上海文化出版社
地　　址　上海市闵行区号景路159弄A座3楼　201101
发　　行　上海文艺出版社发行中心
　　　　　上海市闵行区号景路159弄A座2楼206室　201101
印　　刷　环球东方（北京）印务有限公司
开　　本　880×1230　　1/32
印　　张　12.75
版　　次　2024年10月第1版 2024年10月第1次印刷
书　　号　ISBN 978-7-5535-3061-1/G.497
定　　价　68.00元

如发现本书有质量问题，影响阅读，请联系010-84831626。

成为父母本应是一件自然而然的事情，但事实却并非如此。养育子女会带给每个人许多未知的挑战，这些挑战能引起恐慌，也能带来挫败感。本书内容清晰明了，非常实用。书中的价值观表明，只要对无条件的爱充满信心，这种信念就能帮助每个人形成一套完整的养育子女的方法，这套方法既让人积极、现实地看待每个孩子的不同之处，又满怀耐心与感激之情。

我们越来越清楚地认识到，在当今这个混乱不堪、儿童福祉备受关注的社会，为父母提供便捷而诚恳的养儿指导是多么必要，而力奇与希拉的这本书就是一份很好的礼物。

—— 罗文·威廉姆斯

坎特伯雷区大主教

《养育之道》内容非常实用，充满智慧的箴言。我相信，在教育孩子这方面，本书会帮助父母们渐渐培养出一个必不可少的素质——信心！这正是为人父母所需要的。

—— 罗伯·帕森斯

"照顾家庭"创办人

本书非常实用，内容也富有启发性。书中尽是幽默诙谐的故事与深刻的见解——是所有父母的必读佳作。作为一位父亲，我知道自己一定会在以后的年月中反复研读这本书！

—— 蒂姆·休斯

意见领袖

这本书是我见过的最好的育儿书籍之一。书中蕴藏的独到见解非常实用。有了它，我们才能努力成为孩子最好的父母。《养育之道》是父母的必备读物。

—— J·约翰

作家

《养育之道》实用易懂，介绍了成为好父母的真正诀窍，帮助父母努力做到最好。

—— 贝尔·格里尔斯
国际演说家、作家

我真心认为《养育之道》这本书非常有用，能为父母提供有益的帮助，让父母在抚养孩子的过程中获得安慰。

—— 汤姆·麦克马洪
布伦特伍德区主教

当今的父母比以往任何时候都更需要在抚养孩子方面得到帮助。如今，太多人在这方面都没有好榜样。这也是我强烈推荐本书的原因。

—— 安德鲁·赛卢斯
英国国会议员

《养育之道》内容有趣，方法实用，通俗易懂，我会把此书推荐给那些希望做到最好的父母们。

—— 娜塔莎·卡普林斯基
电视新闻播音员

目 录

前　言

Foreword

多年来，我一直强烈要求力奇与希拉写这本书。为什么呢？

首先，力奇与希拉本身就是最棒的父母。他们的4个孩子待人友善，充满乐趣与欢笑；每个人都喜欢和他们家的人做朋友。

其次，力奇夫妇一直在开设儿童亲子课程与青少年亲子课程，至今已有14年，积累了大量有关亲子教育的实用资料与心得。在此期间，他们强化了自己的所学与经验，并对所教授的内容不断做出调整，以适合不同处境与背景下的父母。

最后，人们很需要这样一本书！如今，在世界许多国家，家庭生活都处于极度的压力之下，父母们迫切需要帮助。

我希望通过读这本书，很多父母能够像我们那样，领会力奇与希拉的智慧，以及他们所带给我们的鼓励，并从中受益。

力奇是我最亲密的朋友，我们的友谊已持续了三十余年。我们读的是同一所中学和大学。他总是指引我在人生的道路上不断向前奋进。1976年，力奇与希拉结为夫妻；一年半后，我和皮帕也结了婚。力奇夫妇与我和皮帕在一起工作，我们两家的孩子们都差不多大，住得也很近，常常一起去度假。

在过去三十年间，我亲眼见证了力奇与希拉养育4个孩子的历程，也清楚地意识到，他们在教育孩子方面有非常宝贵的经验，这些经验值得广为传播。他们在婚姻与家庭生活方面是我们学习的榜样，我和皮帕始终对他们的智慧与支持心怀感激，感谢他们在亲子教育方面给予我们莫大的帮助。

很少有什么能像成功的亲子教育一样，对人的生命产生如此积极的影响；失败的亲子教育对所涉及的个人，甚至对整个社会来说，其恶劣影响都是致命的。如今几乎整个社会都一致支持这样一种观点，就是孩子需要强大、积极的父母做榜样。然而，很多父母感觉自己没能做到这一点，他们为无法应对孩子的行为与态度而备感受挫。

那么，有什么解决办法吗？难道有些人生来就有养育子女的好办法，有些人却没有？是否有可能学习怎样成为好父母？

在本书中，力奇与希拉将会与我们分享亲子教育的成功秘诀。对父母与孩子而言，家庭生活都将会变得充实而令人愉悦。《养育之道》一书能够帮助家长们有意识且创造性地思考，如何才能构建健康的家庭生活。

我深信每一位父母都能从这本书中收获极具建设性的经验与启迪。这本书将会帮助很多人避免和解决自己在抚养孩子时遇到的种种难题。对于那些已经做得很好的父母，这本书则会为他们的亲子教育锦上添花。

甘力克

致　谢

Thank

　　这本书用了很长时间才完成，比我们预期的时间还要长！没有众多好友的鼓励与帮助，就没有这本书的问世。在此，我们想对那些在本书的写作与改编过程中一直陪伴在我们身边、鼓励我们不要放弃的朋友们表示感谢。尤其要感谢甘力克夫妇，正是他们的鼓励才使我们得以把自己的经验分享给其他父母。我们两家几十年的友谊给了我、希拉和孩子们巨大的支持，同时也充满了欢乐。还记得我们两家曾因大雪，被困在芝加哥机场长达6小时，而7个孩子却拿出了橄榄球，玩得不亦乐乎。

　　我们的两位编辑也孜孜不倦地给予我们帮助：一开始是乔·格伦，后来由于她要担任校长而不得不交给阿里·布里斯顿来负责，阿里一直陪我们坚持到了最后。感谢你们两位的专业技能、热忱与创造力，不过最重要的是与你们一起工作充满了乐趣。

　　我们要感谢查理·麦克斯。查理与我们一家一起生活了好几年，非常了解我们。我们非常欣赏查理的幽默与艺术才华，感谢他为本绘制的卡通插图。

　　我们还要感谢以各种方式为本书提供帮助的所有人。感谢所有根据自己的家庭生活经验为我们提供精彩引语的孩子们（他们中有些已经长大成人；还有一些孩子，我们未使用他们的真实姓名，以免他们将来感到尴尬）。感谢所有愿意分享自己过山车般育儿经历的父母——这些宝贵的经历将成为其他父母的借鉴。

同时也感谢为书稿的修改与增删提供建议和帮助的人们。我们要特别感谢约翰·柯林斯和戴安娜·柯林斯。他们用了大量的宝贵时间仔细阅读书稿，为书稿的修改提供了很多深刻的见解与智慧。

我们还要向凯瑟琳·博尔特以及琳达·凡·丁特瑞表达感谢，感谢她们无比耐心与熟练地一遍遍打印书稿的草稿与修改内容——她们在这本书的制作过程中也完成了订婚、结婚、成为母亲的过程！

最后要感谢的是我们的父母，他们营造了一个充满爱、有乐趣、有安全感的成长环境，为我们树立了好的榜样，对我们自己成为父母提供了很大的帮助。还要感谢我们的4个孩子：柯丝蒂、班吉、巴尼和乔西——没有你们，我们必定无法写出这本书。感谢你们变得如此可爱（尽管当你们还是孩童和青少年时，曾犯过错误，我们也曾因你们而彻夜不眠）。本书末尾的全家福照片中还有两个人：瑞克和塔姆辛。他们分别与柯丝蒂和班吉结为夫妻，成为我们家的一份子。有你们加入这个大家庭，感觉就好像不用任何辛勤付出就又多了一个儿子和一个女儿——我们真的很高兴你们的父母把你们教育得这么好！

李力奇与李希拉

序 言

Introduction

结婚前，我对如何养育孩子有六大理论；如今我有6个孩子，却没了任何理论。

约翰·维尔默

罗切斯特伯爵

每个人的生命中都有鼓起勇气接受考验的时刻，其中之一就是用白色毛毯把孩子抱回家。

厄玛·庞贝克

专栏作家

皱纹是可以遗传的。孩子可以把皱纹"传给"父母。

桃瑞丝·黛

女演员

我们往往没有做好准备就成了父母。养育孩子得不到学位，也没有证书。大多数人完全没有接受过训练。而薪酬呢？在英国，政府发给父母的儿童补助金大约是每周20英镑。

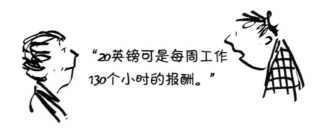

但当我们把新生儿从医院带回家时，我们就会意识到：养育孩子是世界上最重要的工作，而我们对于该怎么做却一无所知。

养育孩子意味着极大的责任。我们担负着一项重任，那就是塑造他们的人生，而孩子可能变好也可能变坏。有时，他们会带来极大的不便。孩子会扰乱我们的睡眠，妨碍我们的计划，激起潜在的、无法平息的怒火。然而，在我们试图教育孩子的同时，孩子也教育着我们。孩子教会我们什么是牺牲。婴儿完全依赖我们，无力回报我们的付出，无法对我们说声谢谢，所有这些都让我们变得无私。我们不得不做出改变，慢慢成长，考虑他人的需求，培养耐心，努力保持童心和好奇感，努力应对自己的不安全感，让生命变得更加完整，学习如何去爱。

"你知道牺牲意味着什么吗？"

养育子女是比追求自身幸福更高的使命。这份使命的代价很大——父母会劳累、忧虑，有些父母还会承受丧子之痛；但也会带来丰厚的回报——父母会感受到深深的爱意，也会因参与塑造一个生命而感到欣慰。

尽管有些父母比其他父母准备得更好，第一个孩子的出生带来的影响却是我们无法准备的。我们当时肯定属于"没有做好准备"的那类父母。

力奇 当希拉和我发现我们要有第一个孩子时，我们正在日本生活。距预产期还有两周的一天凌晨，希拉叫醒我，说她感觉自己的羊水破了。我们不知道离孩子出生还有多长时间，而为去医院准备好"必备之物"的重任落在了我肩上。希拉一边淋浴一边朝我喊，在英国朋友寄给她的书里有一个很有用的清单。我找到书，拿出清单，开始疯狂地打包，不敢落下任何一样东西。

"毛巾、睡衣、便袍"，这些都很直观明了，接着是"袜子里装一个网球"，于是，我在凌晨两点一刻搜遍整个公寓寻找网球。这时我意识到生孩子比我以前想的要复杂得多。直到几周后我才得知，分娩时把网球放在腰背部可以缓解背部疼痛。

"分娩时喝柠檬蜂蜜水能解渴并帮助恢复精力。"——当时已经快没有时间了，我匆忙榨了一个柠檬，把柠檬汁倒入果酱瓶中，又加了好几勺蜂蜜。后来我拆包时，把装有柠檬汁和蜂蜜的瓶子放在希拉的床头，瓶子里的东西看起来就像尿液（我忽略了清单上对饮料进行稀释的指示）。当我建议希拉喝一小口时，我注意到有个日本女人在产痛间隙紧皱眉头，一直盯着那瓶柠檬蜂蜜水，很可能她把它当成了西方人用来减轻分娩之痛的古怪秘方。

希拉 生孩子前，我对"自然分娩法"进行了仔细研读，并且天真地以为自己能做很多自己想做的事情。可那间产房的环境与我想象中的自然分娩环境相差十万八千里。它看起来更像是一个中世纪的拷问室！我被匆匆抬上一张看起来极不舒适的铁床，床的一头横着一根铁条，另一头悬着两个脚蹬，是为比我矮的女性设计的。我想提出抗议，但我既没有力气，又语言不通。我两手握紧铁条，两只脚被绑在了脚蹬上。然而我的恐惧没过多久就消失了，因为宝宝的出生让任何事都显得微不足道。

力奇 如果说待产病房里的准妈妈们因为我的存在而感到惊讶，那么产房里的助产士可以说是因为我在场而变得惊慌失措。接生时有父亲在场（而且还是个外国人）对这位助产士来说是第一次，对我也是头一回。直到她意识到我可能是来翻译她的指示时，她才慢慢开始放松。离开日本已有26年，我记得的日语单词并不多。但有两句话我会永远记得：一句是"ははしてください！"，意思是"请呼气！"另一句是"いきんでください！"，意思是"请用力！"在

助产士喊了第三声"いきんでください!"后,伴随着一声响亮的啼哭,我们的女儿出生了,那哭声好像是在对自己的突然降临提出抗议。

柯丝蒂是在复活节前6天出生的。她从医院回家那天,天空湛蓝,路两边的樱花树正在盛开。我心里想,世界比我以前想象的更加美好。路上行人虽然不多,但我开车比以往更加小心谨慎,我突然感觉自己肩负着巨大的责任。生命中第一次有人对我完全依赖,而我并不想让她失望。

对每个父母来说,想要形容自己第一个孩子(或者接下来的孩子)出生时的复杂情绪并不是一件易事。我感觉内心突然涌现出一股澎湃的喜悦与骄傲之情,其中还夹杂着一丝慰藉,说实话,还有讶异。我们参与了一个孩子的创造,这是一个真实、活生生、会呼吸的孩子。

自此,我们开启了为人父母的旅程。我们总共生了4个孩子,体验了多得完全不曾想象的兴奋、挑战、心痛与喜悦。

养育孩子与在湍急的水中划皮划艇有很多共同之处。我们会受到水的冲击,有时会失去控制,没有选择停止与逃离的余地。有时我们会因猛地向前推的力量而感到不知所措,随时都想与这股力量抗衡。路上,我们会因未经训练而面对难以应付的危险:有惊险刺激、让我们兴奋之余又屏住呼吸的急流,还有需要果断应对的巨石和漩涡。有时会发生不幸——我们会因皮划艇翻船而不得不游上岸重新出发。有时我们都很享受这种极速漂流,一路上也会有这样的时刻:小艇慢慢漂流向前,两侧是不变的美景,之后划艇的速度又会加快,船上并没有经验丰富的专家从旁协助,一切完全由我们自己控制——我们负责掌舵,引导全家安全穿过每条河段。有时船上的乘客乖巧听话、容易信服,有时候他们却桀骜不驯、不服管教。写这本书的同时,我们也认真思考了抚养孩子过程中的起起伏伏,思考那些最艰难与最有成就感的时刻。

养育子女最艰难的方面

希拉 对我而言，最大的挑战是面对自己的缺点——动辄指责人，贸然下结论，没有耐心，有压力时反应过激，在孩子难过或气愤时不能认真倾听，太过霸道专横。总之，亲子教育就是在自己面前竖一面镜子，可以看清自己需要改进的地方！

力奇 对我来说，成为父亲最难的一点是定期腾出时间陪孩子。我为以前因为工作而挤掉了陪伴孩子、与他们一起吃饭、一起玩耍或是给他们读故事的时间而懊悔不已。

养育子女最有成就感的方面

希拉 抚养孩子最让人有成就感的地方就是看着孩子长大成人，每个孩子都有自己独特的性格、天赋与爱好，同时又有家庭认同感。我也很高兴看到孩子们之间的关系牢固而亲密，当然，也并非总是如此！

> 尽管养育孩子很辛苦，但我一直很享受全家人在一起的感觉。吃饭时间常常吵闹混乱，我总得无休止地去教孩子们基本的餐桌礼仪，然而日复一日，这样的时刻也让我和孩子们之间的关系变得更加亲近。全家一起度假（包括我们每年都会进行的下雨时在沙滩上烤肉的活动）需要我们充满活力、富有创意，但由此带来的回报却要远远超过所消耗的精力。

力奇 如果暂时不考虑教育孩子带来的疲惫、烦恼与自我反省，我认为为人父母是一件非常有成就感的事情。但我常常设想孩子成长的下一个阶段（孩子们上学后，允许他们自己出门时，或者到了青少年阶段）困难会增多，乐趣会变少。

> 然而，我的经验告诉我，事实恰好相反。我们喜欢家里有青少年，孩子们常常会带一大群朋友来家里玩。我发现随着孩子们慢慢长大成人，我与他们之间的关系也变得更加成熟。我很喜欢帮助孩子们面对生命中的每个阶段，与他们讨论生命里的不同选择，当他们有压力或发现他们犯错时不断鼓励他们。

> 如今，孩子们已长大成人。他们会经常回家来看我们，我们的感情仍在不断增长。

孩子们的看法

每个家庭都有自己独特的互动与相处模式，没有哪两家是一样的。接下来，我们会分享一下我们家的相处模式，以便让大家对我们的写作背景有更加深入的了解。

柯丝蒂出生后，我们又相继有了3个男孩：班吉、巴尼和乔西。柯丝蒂与乔西的年龄差距是7岁。我们曾在日本住过，后来移居到英国东北部（班吉与巴尼正是在那里出生的），而最近24年，我们一直住在伦敦中部一套不带花园的公寓中——常常因为空间不足而感觉很拥挤。我们的亲戚都生活在苏格兰乡村，因此孩子们在放假期间就有机会到乡下去体验生活。

我们家男人比女人多，3个男孩都很喜欢运动。家里总是很热闹，人来人往，有些人往往不请自来。家庭用餐时间是一大重要特色：节奏快，声音嘈杂，每个人都争相插上一句话。

我和希拉都不会装作我们在教育孩子方面每件事都做得很好。事实远非如此！如果时间可以倒流，我们会用完全不同的做法去处理某些问题。孩子们现在都已二十多岁，柯丝蒂与班吉也都结了婚。我和希拉特意请他们回忆一下我们以前做错事的时候和一些不当的方法。

柯丝蒂 由于家里有3个酷爱运动的弟弟，晚餐时间的谈话往往与冲浪或者哪个弟弟参加的橄榄球比赛有关。有时我感觉家里没有太多关于"女孩子"的话题。3个男孩自然而然就会认为任何关于衣服、购物与化妆品的话题都很无聊。尽管我对这些话题也并不太感兴趣，但我仍然希望可以有自己发言的空间，可我却并没有感觉到家里另一个女人——妈妈——对我的支持。这也是周末我喜欢与一位朋友一起玩的原因之一，她家里只有一个姐姐，我感觉她们谈论的东西很有趣。随着我慢慢长大，我觉得妈妈意识到了我这方面的需求——我可以向她倾诉自己的感受，并且非常喜欢这种感觉。

班吉 我记得有一次度假时，爸爸对我大发雷霆，而且那一次对我而言完全是不公平的。当时我们都坐在车里等着爸爸带我们去冲浪，乔西一直在捉弄我们。我和巴尼都努力克制自己不去理会他，可是爸爸上车后，乔西仍然不断地烦我们，最终我没忍住，打了他。当时，爸爸勃然大怒，对我说："本杰明（班吉的大名），下车！你不能去海边了。"然后就把我拽下了车。

这是我见过爸爸发得最大的一次火。有些时候爸爸完全有理由训斥我们，但他通常都很克制自己的情绪。后来乔西承认是他的错，我记得爸爸向我道了歉。

乔西 事情发生在13年前，那时我只有8岁。但我记得当爸爸把班吉从车里拽出去时，我心里非常难过。我知道一切都是我的错，也知道爸爸、班吉和巴尼会责怪我。

巴尼 我和妈妈很像——体形和性格都很像。强硬、情绪反复无常，颇有苏格兰人的秉性！我们待人真诚，愿意付出自己的一切对别人好。我常常惹麻烦，但我也经常受到责备，常常受到不公正待遇！记得有一次我们三兄弟本应一起收拾屋子，但我们却开始打闹，把房间弄得一团糟。妈妈走进来说："巴纳巴斯（巴尼的大名），给我马上住手！"但打闹的并非只有我自己，我们三兄弟都参与了打闹。

班吉 有时候，我真的很同情巴尼。他没少让父母操心，但也没少吃苦头。

巴尼 有一次，妈妈把我从楼上"扔"了下去。当然，她并不是有意的。我记不清自己当时干了什么，有可能是故意惹妈妈生气——我过去常常喜欢惹妈妈生气。总之，妈妈走过来想抓住我，我跳到一边，朝自己的房间跑去。妈妈追了上来，这时她已是怒气冲天！妈妈的力气很大，因此我设法躲开她。我紧抓着卧室门不放手，妈妈试着拉住我以便能好好教训我。

恰在此时，我松开了门把手，而妈妈拉我的力量把我甩到了楼下。我没有受伤，但妈妈吓坏了，忘记了先前的怒火，所以情况变得对我有利，最后我们互相道了歉。

柯丝蒂　我记得有一段时间，爸爸工作压力特别大，但他从来不跟我们谈论这些——他想保护我们，所以家里从不提及这些事情。我们都明白当时非常艰难。我那时十多岁，已经是懂事的年纪，但爸爸也没跟我作任何沟通。这并不利于我与爸爸之间的关系，让我对他有些望而却步。当然，我们现在无话不谈，但当时如果能这样做就更好了。

乔西　我觉得爸妈对我管教太松；这绝对是"第四个孩子综合征"。他们本应督促我努力学习，但他们不怎么管我的考试，对我的学习也不说什么。可能在看到柯丝蒂对自己的学业产生了过度焦虑之后，他们不希望再看到类似的情况。如果他们当初敦促我努力学习的话，虽然可能会让我感到有点儿烦，但肯定会让我变得更好。我还不够成熟，有时即便面对A级大考，都不知道需要多么努力。

　　谢天谢地，孩子们的恢复能力都很强！在阅读这本书，教育自己的孩子时，我们希望大家都可以受到这样的鼓舞："爱能遮盖许多的罪。"我们一直把孩子们当作独立的个体对待，关爱他们，鼓励他们，让他们知道自己是家里重要且宝贵的一份子。强烈的家庭认同感让我们之间的关系变得更加亲密，哪怕有时会不可避免地出现一些摩擦。我们教育孩子的过程是一个独特的旅程，你们的也一定如此。

本书的目标

教育孩子从来就不是一件容易的事情。我们在教育孩子的时候，发现我们的社会文化变得更加复杂，更加苛刻，甚至更加可怕。当今这个时代充满刺激，让人兴奋，有时也会让人困惑不已。但即使新技术层出不穷，全球化与互联网发展迅速，在教育孩子的事情上仍然有很多真理，它们经得起时间的考验。市场上有很多书为读者提供了一系列令人错愕的育儿方法。我们这本书的目标却是向读者传递一些简单的见解与久经考验的价值观；读者很容易就能把它们应用到家庭生活中，尽管每个家庭的生活看起来与我们的大不相同。我和希拉在教授两门亲子教育课程（《儿童亲子教育课程》与《青少年亲子教育课程》）的过程中，以及在与成千上万的父母与专业人士的交流中的体会是：无论处境如何，我们都能做一些事情，让我们的家庭生活变得更美好。书中提供的建议都是基于我们自身的经验以及我们从别人那里学到的宝贵而实用的秘诀。

我们没有经历过有些父母所经历的非同寻常的痛苦挑战。无论是孩子饱受疾病的折磨，经受丧子之痛，或被继子女拒绝，还是孩子有行为障碍，这些我们都没经历过。虽然应对这些挑战不在本书的范畴之内，但我们在书后的附录中推荐了一些相关的书籍与机构，希望可以为大家提供帮助。对于独自教育孩子的单身父母，我们理解你所面对的困难是双重的，希望书中提到的观点可以为你提供帮助与鼓励。

家庭生活很少能如我们希望的那样井然有序。我们会壮志满怀地为孩子制订这样那样的计划，但他们往往不愿配合。他们看不上我们的想法和安排，无论是对他们的家庭作业、睡觉时间，还是将来可能的从医生涯。有时孩子会弄得我们筋疲力尽：不当的行为，不休的争吵，一团糟的屋子，不合理的要求，荒谬的时尚感，还有无休止的需求，等等。有时，我们可能蛮怀念以前没有孩子的时候，那时生活是如此的轻松惬意，都不知道如何打发时间也不知何为忧虑。

"你得等3年，
我才会对你说感谢的话。"

　　我们不禁问："成为父母到底是谁的主意呢？"我们早已把关于做父母的美好幻想抛诸脑后，最后发现自己变得和孩子们一样不可理喻。

　　偶尔，我们所做的只是努力熬过每一天，悔恨自己辜负了所有人，包括我们自己。但与此同时，我们需要有为之奋斗的理想，并且无须因为达不到目标而过分自责。

　　对于我们来说，一些规则让我们生命中的每一件事都变得与众不同，其中最明显的就是，它直接影响到我们教育孩子的方式。你的看法可能有所不同，但同样可以从这本书中受益。

　　无论你正处于抚养孩子的哪个阶段（正等着孩子出生，处理幼儿的各种问题，还是与青少年打交道），无论你当前面临什么样的挑战，我们都希望这本书能提供一些有用的建议以及实用方法，能让大家为己所用。最重要的是，我们希望这本书能启发你、鼓励你，让你清楚前方道路上有什么，而不是让你感到愧疚、无所适从，或者一想到为人父母就感到疲惫不堪。

第一部分
理解家庭如何运作

SECTION 1
Understanding how families work

THE PARENTING BOOK

第一章　了解家的意义

Knowing what the family is for

家就是我们一起听着音乐，爸爸、妈妈、巴特和费格斯随着音乐起舞。

费格斯　3岁

家是能让我有安全感、放心袒露自己弱点的地方，我知道无论怎样，家人都会一如既往地爱我。

柯丝蒂　28岁

家？什么家？我的家人从不在我身边。

鲁帕克　22岁

家是决定我们成为什么样的人的模具。

西蒙·沃克
讲师、作家

家庭既是社会的基本单位，也是文化的根源。家是孩子获得无条件的爱与接纳的最初来源，也是一个让他与另一些人产生终生连接的地方。家是社会化的第一站，在这里，孩子们学会互相尊重。家是帮助孩子们学会表达情感、控制脾气以及收拾玩具的地方。

玛丽安·E·内伊菲尔特教授
儿科专家

"我来自一个大家族
——哺乳类。"

　　每个人都需要家。家人就是我们的家；家是可以让我们获得归属感的地方，每当我们需要安慰、支持、建议或帮助，就可以去求助。在这里，我们可以做真正的自己，不需要假装；在这里，我们被家人接受，被家人爱着，我们可以放松，可以成长，可以大声欢笑，没必要太认真。家应该是这样的。家是让我们学会在照顾自己与为他人着想之间寻找平衡点的地方。

力奇　某个礼拜五晚上，我们全家在晚高峰时段开车出伦敦市。那时4个孩子中最大的11岁，最小的4岁。那天我很忙，就趁着停车等红灯之际开始读信。有封信上写着"机密"两个字，班吉看到了这两个字，问我"机密"是什么意思。我试着想一种他能听懂的方式给他解释。最后，我能想出的最好解释是"专属于你的"。

　　大约半小时后，为了打发堵车的时间，我们打算到麦当劳买点东西在车里吃。希拉挨个问孩子们要吃什么，当她问到4岁的乔西时，乔西一本正经地回答："请给我买一个大汉堡和一份'机密'薯条。"看来，因为要常和3个哥哥姐姐分享好东西，4岁的乔西认为这个新词非常实用！

建立一个家庭

古往今来，家庭生活都需要挺过各种各样的压力。如今，在西方国家中，家庭生活面临的威胁主要来自日益加剧的社会与经济期望、破裂的人际关系以及时间上的压力。对很多孩子而言，电视和互联网已经成了他们的代理父母，带给他们具有诱惑性甚至负面的作用。

为人父母受到的挑战各不相同，有些挑战大到近乎让人崩溃的地步。父母们普遍感到焦虑与信心不足。英国慈善机构"照顾家庭"的负责人罗伯·帕森斯在给200位父母演讲时说："几乎可以肯定，你们所做的比你们想象的要好得多。"当时，听众席中传出一阵几近可闻的如释重负的声音。

作为父母，我们很容易把自己与他人进行比较——这或许会让我们挑其他家庭的毛病，同时又疯狂地试着呈现自家完美的一面。但是，比较对我们和孩子都没有好处：有些孩子比较顺从，容易管教；而有些孩子则比较固执，管教起来很费劲。每个人的家庭都会不同于我们家以及其他任何家庭。我们可以听取朋友的建议，但不能以同样的方式教育孩子。我们必须找到自己的教育方式，并坚信自己家是独一无二的。

我们有个朋友在丈夫离开后不得不独自抚养3个孩子。她告诉我们："作为单亲妈妈，我必须努力为孩子们营造一种家的感觉——这就意味着要用心计划周末干些什么。我们可以与其他家庭共度周末，这样孩子们就会了解双亲家庭的相处模式，但我也要向孩子们展示我们也是一个家庭。"

要想达到我们想要的效果，眼光要放长远。我们很容易就会被卷入当前的危机：设法哄宝宝一觉睡到天亮，屡次管教欺负兄弟姐妹的幼童，或者与想在身体每个部位都打上洞的青少年争吵。结果就是我们会错过更好的局面——那就是我们希望看到孩子成长为自信稳重的人，可以发挥自己的潜力，与我们以及其他人建立起亲密稳固的关系。

继续往下读之前，请先暂停几分钟，想一想自己现在处于什么状态以及对于自己教育孩子的方式有什么感受。

无论你对自己教育孩子的方式有什么感受，我们都希望这本书可以鼓励你，让你明白自己可以很容易做出改变，进一步充实自己的家庭生活。我们可以选择自己想要建立的家庭模式。你可能想做点与众不同的事情，改变自己曾经的成长方式。我们不需要重复过去。一位少年在与父亲的激烈争吵中说："你从来没对我说过你爱我。"父亲的回答是："唉，那是因为我也从来没听过父母对我说过这话。"

我们的家庭生活

读读下面的句子，判断哪个与自己的情况相关，想想它们与自己当前的家庭生活在多大程度上相符。请诚实作答！

· 我们每周至少会留出一次特定时间与家人在一起。
· 我每周都会花时间陪每个孩子做一些他们认为有趣的事情。
· 我们每周有好几次全家人围坐在饭桌旁一起吃饭（不开电视）。
· 我经常告诉孩子我爱他，并且给他多一些表扬而不是批评。
· 我知道什么能让孩子有被爱的感觉。
· 我会限制孩子看电视或玩电子游戏的时间。
· 孩子觉得他可以找我谈心事，并且我会认真倾听。
· 我认识孩子的朋友，知道孩子在学校喜欢做的事情和他们最喜欢的食物。

- 孩子明白，每当我让他感到苦恼时，他可以直接告诉我。
- 在管教孩子时，我有良好的自控力。
- 我能与伴侣一起讨论教育孩子的重要问题，而且我们会联合起来，保持一致。
- 在合乎孩子年龄认知的前提下，他知道我的原则与价值观。
- 我定期为孩子祝福，并传递我的价值观。
- 当我对为人父母感到不知所措的时候，我有可以倾诉的朋友或家人。

所有父母都需要有明确的目标。没有目标，我们就会偏离方向。接下来，我们要重点强调四条多年来为我们家指引方向的准则。无可否认，我们并没有总是遵循这些准则，但这些标准对我们一直很有帮助。你们也可以选择其他的准则。

1. 家庭提供支持

> 如果我感到不开心，妈妈或爸爸就会在睡觉前和我聊一聊（他们会尽可能地称赞我），这往往会让我感觉好些。

乔西 21岁

家首先让我们了解自己是谁。俗话说，"血浓于水"，无论我们教育孩子的过程是一帆风顺还是充满挫折，这始终都是真理。

每个孩子都会经历这样或那样的困难与失望。年幼的孩子往往不懂得如何与小朋友友善相处。小朋友没有邀请他们参加派对，或者不跟他们一起在操场上玩游戏。而青少年或年轻人则可能会受到同学的排挤，或是对某个朋友感到失望。

大多数孩子早晚都会面对失败：不管是考试失利还是遇到其他麻烦。每个青少年都会有发现自己有让父母以及自己失望的时候。

山姆·赫德尔斯顿曾坐过牢，他说自己十几岁时就开始酗酒，16岁就当了爸爸。在那期间，他没有听从父亲的忠告。有一次，他喝醉了，打算和一位表兄一起从商店里偷酒。他们跟店主打了起来。表兄捅了店主一刀，接着店主就死了。山姆被警察逮捕，后来被判了终身监禁。

服刑第一天，父亲来探监。

山姆讲述了当时发生的事情：

> 我拿起话筒说："你好，爸爸。"我低着头，不敢抬头看他。"山姆，"父亲的声音从电话那头传来，"我们有麻烦了，我不知道我们该怎么办，但我们一定会挺过去的……"他还说了很多，但我脑海中一直回响着他说的第一句话。"我们有麻烦了……"父亲说的是"我们"。是爸爸和我，家人和我，并非只有我自己；无论我背弃爸爸多少次，爸爸总会在我身边。我真希望自己当时没有哭。[1]

我们需要让孩子知道，不管发生什么事，家人都会一直爱他们，帮助他们，鼓励他们继续向前走。孩子需要知道，家人因他们的身份而重视他们、接纳他们；当他们不在家时会想念他们；当他们像山姆·赫德尔斯顿一样犯错时会原谅他们。

2．家庭提供乐趣

> 家一直是让我们开心大笑的地方。我觉得3个弟弟都非常有趣，而我和妈妈从不介意被他们取笑。

---

[1] *Focus on the Family magazine*, November 1991.

柯丝蒂 28岁

笑声具有治愈的力量——心理学家告诉我们，笑能向大脑释放内啡肽，减轻压力，改善心情。笑能帮助我们保持生活的平衡。当我们一起开怀大笑时就感觉像是一个整体。笑能缓解紧张，能让我们更加紧密地团结在一起，互相理解。笑能让我们对自己不那么苛求，而家是让我们学会自嘲的绝佳场所。家人之间开玩笑也可以成为表达爱意的一种方式，尽管有时我们也要小心对待。开玩笑时可以说："我对你了如指掌，我喜欢你有趣的怪癖。"但我们一定不能恶意嘲笑孩子，也必须对他们取笑我们有所准备。我们曾问大儿子班吉，对于有我们这样的父母，他们四姐弟是怎么想的。班吉立即回答："我们常常取笑你们！"我们最终还是决定不再继续追问他具体的细节。

幽默感会带来乐趣，让我们作为一家人关系更加亲密。乐趣并不一定要付出昂贵的代价才能得到——乐趣可能只是跳跳水洼，玩玩游戏，吃饭时讲讲故事或者一起去郊游。

希拉 小的时候，我们家与另一家人是极好的朋友，他们家的孩子与姐姐、哥哥和我的年龄相仿。与他们一家相处总是充满乐趣，尤其是他们家的爸爸，极富幽默感。

我记得自己十几岁时，听说他离开了妻子和孩子，与另一个女人组建了家庭。当时我感到非常震惊。我一直以为他们一家很亲密。然而，后来我听他们家的孩子说，每当家里没有客人时，他们家就没有一丝乐趣，也没有欢笑。每当家里只有他们一家人时，他们的父亲从不努力带给家人欢笑。

孩子希望待在有趣的地方，而作为父母，我们可能需要放松自己。这包括我们要时不时地退一步进行思考，问问自己真正重要的是什么。吃饭时充满欢声笑语的相处模式可能比让孩子一句话也不说地吃完每粒饭更加重要。要想让自己的家里充满乐趣，需要我们改变心态，一位带着3个孩子的母亲就此表达了自己的看法：

> 很多父母面临很大的压力，尤其是每天放学的时候。想让孩子时时感到有乐趣（同时又能接送孩子上、下学，做晚餐，辅导孩子做作业、运动或练习乐器，给孩子洗澡，讲睡前故事），对于认真负责的父母来说似乎是不可企及的奢望。然而，只要愿意做出努力，让紧张的日程变得轻松一些，就会有回报。我儿子马克斯极度厌恶做作业。作为成年人，我们往往习惯给孩子施加压力，让孩子完成作业；所以要想让自己尽量放松，以便让孩子和我都挺过这一关，我真的需要付出极大的努力。但我意识到即使几分钟的消遣也能提供极大的帮助——比如一边挠痒，一边聊天，做几个柔道动作，一起切胡萝卜等任何能让我们放松并增进感情的事情。

家庭生活需要不时伴有乐趣与欢闹。除了与家人聚在一起，偶尔也要办办派对，不需要任何理由。这样，孩子们才能领会互相赞美的重要技巧。

如果我们不与家人一起共享欢乐时光，我们会使孩子沉浸在自己的世界里，那么当他们长大后，他们会用实际行动向我们表明自己会完全远离我们。如果我们重视进行孩子喜爱而不是我们自己喜欢的活动，重视培养有默契的幽默感，与孩子和他们的朋友一起开怀大笑，孩子们就会愿意回到家中，无论是现在还是将来他们长大后。

我们在第三章中将为大家分享全家人一起共享欢乐时光的具体方法与建议。

3. 家庭提供道德指南

> 我很感谢父母教会我要看到每个人与每件事的最好的一面，比起"事"，要优先重视"人"与"关系"。

山姆　31岁

家庭是孩子学习分辨好行为和坏行为的地方。家庭教给孩子好好生活的价值观念：诚实很重要；善良是一种美德；要妥善控制愤怒情绪；慷慨大方比自私自利要好得多；宽恕与忠诚对友谊来说必不可少；尊重权威是好事；自我控制很重要。

这些价值观并不是自然产生的。孩子们通过以下几种方式逐渐形成自己的价值观：观察别人的言行，尤其是自己父母的；听有关正义最终战胜邪恶的故事；学习明辨是非；在安全的家庭环境下不断进行实践。当孩子们看到自己的父母树立起诚实的榜样，当孩子们学会讲真话时——虽然有时很困难但从长远来看是一件好事——他们很可能就会成长为诚实可靠的人。没有界限和引导，孩子就会犯错误。

4. 家庭提供学习与他人相处的榜样

> 我的父母总是鼓励我与他们聊心事并对他们敞开心扉，开诚布公。他们让家变得充满乐趣，备受欢迎。

米莉　23岁

最重要的是，家庭是我们学习爱与被爱的第一课堂，这也是家庭在每个社会结构中扮演着如此重要角色的原因。孩子们通过观察、体验并且参与家庭成员之间不同的相处方式，使自己与别人相处的能力得到提高。

有些父母童年时缺乏与家人的亲密关系。如果有必要的话，可以让他们谈一谈自己错过的东西，原谅那些让他们失望的人并获得一些专业的建议。这样做可以帮助他们不让自己童年的行为模式再次重复在孩子身上。

在这里，我们重点看一下三种关系。并不是每个家庭都有这三种关系，但每种关系都对教育孩子、如何建立并维系亲密和谐的人际关系非常有益。

（1）父母与子女之间。

我们爱别人的能力建立在"我们知道别人也爱我们"的基础之上。我们知道，不管自己的相貌、天赋、能力或成就如何，都有人爱我们，这会给予我们向他人敞开心扉的自信。我们已经准备好让他人走进我们的内心世界，了解我们的想法与感受、希望与恐惧，准备好让自己受到伤害，准备好面临被人拒绝的风险。

父母无条件的爱会让孩子获得安全感、自我价值和自我意义，这三者对孩子的成长至关重要。

罗斯·坎贝尔（Ross Campbell）是儿科与精神科的教授，也是4个孩子的父亲。他谈到了不让我们对孩子的爱有任何附加条件的重要性：

如果我只在孩子讨我欢心时，才爱孩子、才表达我的爱，那孩子就不会觉得自己是被真正爱着，就会没有安全感；这会破坏孩子对自己的评价，使他们无法学会自制或表现出更加成熟的行为。[1]

年幼时，我们会根据自己认为父母对我们是什么样的看法来构建对自己的愿景。我们把无条件的爱给予孩子后，他们就会树立让别人了解自己的自信，从而建立良好的人际关系。

（2）母亲与父亲之间。

父母之间坚固且恩爱的关系是父母能给孩子的最棒的礼物之一。当孩子认识到父母在任何情况下都会同甘共苦，一起克服困难，消除分歧，永远在一起，孩子就会得到一种深深的安全感。

"加油，爸爸！"

---

[1] Ross Campbell, *How to really love your child*（Scripture Press, 1977），p.38.

那些仅仅是为了孩子而生活在一起的父母往往做出了重大牺牲。但即使这样也还是不够的。无论我们的孩子是2岁，还是22岁，他们都希望自己的父母爱对方，而不仅仅是在一起。任何伪装都能被他们识破。

孩子们会观察我们的交谈方式：看我们是否专心听或者提出要求，看我们是态度粗鲁还是相互尊重，看我们是互相欣赏还是互相指责。他们会留心父母之间有没有身体上的接触。他们会看我们如何表达自己的愤怒，观察我们如何解决矛盾。他们能看出我们是互相道歉还是决不承认错误，是心存怨恨还是原谅对方。

我们的婚姻是孩子们学习的榜样，也是他们处理人际关系的榜样。与我们留给邻里、同事或朋友的印象比起来，孩子在没有外人在场时从我们身上看到的东西显然更加重要。孩子从父母的关系中观察到的东西会影响他们信任他人的能力。如果父母之间的关系紧张而且消极，孩子就很难与他人建立亲密的友情，他们会更倾向于与别人保持距离。

在我们的《儿童亲子教育课程》与《青少年亲子教育课程》上，我们鼓励一起教育孩子的夫妇（无论是否结婚）参与《美满婚姻课程》（The Marriage Course），对夫妻关系进行投资。有位丈夫曾对我们说："我突然真正领会到了这句话的含义：爱孩子的最佳方式是爱自己的妻子。"

父母分居或离异的孩子仍会深深地渴望看到自己的父母重归于好。如果父母能为改善彼此的关系做出努力，这将对孩子的快乐与幸福产生巨大的影响。有个14岁的男孩，父母在4年前离婚了。他告诉我们，自己的父母克服阻力一起来学校看他对他来说意义重大。"几个月前，我参加学校的足球比赛，碰巧那天是我生日。我特别希望爸妈可以来看我比赛。那是我生命中最开心的一天，因为看到他们可以一起来学校。"

如果你独自抚养孩子，要尽量与完整的双亲家庭相处，这对于让孩子体验健康的婚姻模式来说意义重大。一位独自抚养孩子、与孩子的父亲没有任何联系的母亲最近告诉我们："作为单亲妈妈，我常常寻找一些双亲榜样家庭，与他们相处，这样我的孩子们就可以看到父母之间的相处方式，看到父亲是怎样与孩子一起玩耍的。祖父母的婚姻也是孩子们很好的榜样。"

（3）手足之间。

我们最近看了一档自然节目，讲述了一窝幼熊的成长。小熊崽不睡觉或不吃东西时，通常会相互打架，但只是打着玩而已——挑逗一下对方，互相追逐、扭打，咬对方的耳朵。奇怪的是，这让我们想到了自己的孩子。

兄弟姐妹通过玩耍、打闹、争吵、分享玩具、一起探险、解决争执、互相逗弄以及学习互相照顾来增进彼此间的感情。兄弟姐妹并不是学习社会交往的唯一经验来源，但处理好这一关系却对社交有很大的帮助。

处理子女之间的冲突是父母面临的一大最常见、最具挑战性的难题。大多数兄弟姐妹并不总是喜欢彼此的陪伴，所以他们要明白，生活在一起时就会伴有很多争吵与打斗。他们的冲突可能会波及整个家庭，让孩子学会和平相处对塑造他们的性格是有好处的！虽然孩子们可以选择自己的朋友，但他们无法选择自己的手足。从孩提时代就学会互相欣赏的兄弟姐妹，在长大后往往会从对方那里获得强大的力量与友情。

结　语

当然，没有哪个家庭是完美或者近乎完美的！但无论我们处于什么样的情形之中，我们的家庭总是一个充满无条件的爱、让孩子有机会体验如何与他人相处的地方。在杂乱无序的家庭生活中，孩子们领会爱是什么样子以及爱有什么感觉。

家庭能够建立牢固的情感，支撑每个家庭成员度过或美好或苦难的时光。一位美国母亲讲述了这样一个故事，她说，女儿艾米非常想加入学校的啦啦队：

> 这对她来说非常重要。她想成为啦啦队的一员，一直都非常努力地练习。她参加了所有排练。最后那天选拔时，艾米表现得相当出色。我真为她感到骄傲。但结果艾米没被选中，她失望极了。开车回家的路上，艾米伤心不已，一直在哭。无论我怎么安慰她都没有用。回到家后，艾米跑进自己的房间，躲进了储藏室，用力关上了门。我当时不知道该如何是好。我们全家决定一起进入储藏室。于是，我们一家四口——我和老公里克，还有两个儿子——一起进入储藏室陪艾米。我们陪着艾米一起哭。

> 哭了一阵子后，大家都在用袖子擦鼻涕，于是我对一个儿子说："你去拿面巾纸来。"过了一会儿，他回来了，但只拿来了一张纸巾，只顾着给自己擦鼻涕。我们都笑了，难过的气氛顿时被打破了。这件事本来让艾米伤心欲绝，可竟然变成了我们一家人共同经历的美好体验。

> 昨天艾米和我聊起这件事时说："在我的生命中，恐怕没有什么比那件事更令我清楚地感受到家人的意义了。你们当时都陪在我身边。你们没有讲大道理，也没对我说：'嘿，这没什么大不了的。你很快就会没事儿的。'你们只是走进来，陪着我一起哭。"①

---

① Kay Warren, AIDS awareness campaigner and author of *Dangerous Surrender* (Zondervan, 2007).

停一停·想一想

· 你希望"家庭"对孩子来说意味着什么？

· 如果要在教育孩子方面做出一项改变，你会改变什么？

· 孩子伤心难过时是否会感受到你的支持与鼓励？

· 你们全家是否常常一起开怀大笑？

· 你最希望在哪些价值观上为孩子树立榜样？

· 你还能做些什么来增进自己与配偶之间的关系？

· 如果你有不止一个孩子，为了让孩子们长大后成为朋友，你能做些什么？

第二章　构建健康的家庭生活

Building a healthy family life

我感觉生命很完整。我的父母给了我任何父母所能给予的最好礼物，那就是我知道他们深深地爱着我。

西娅　16岁

世上并没有完美家庭这回事。虽然世界变得越来越不美好，但我似乎越来越爱我的家庭。

塔拉　20岁

我教育一岁女儿的方式与我自己的成长经验完全不同。由于我只有自己的成长经验可做参考，所以我试着尽量地多学习，观察别人的教育方式，认真思考我们想要创建什么样的家庭。

母亲　30岁

与所有父母一样，丈夫和我都努力尽我们所能，咬紧牙关，期望能够攒足钱为孩子治疗。

米歇尔·菲佛
女演员

建立亲密的家庭关系需要付出长期努力，没有可以解决一切的捷径。更确切地说，这种努力在很多层面上都是一种稳健的投资。要组建一个环境健康且良好的家庭以塑造新生命，需要愿景、规划以及勤奋。

这与建一个花园没什么不同。修建花园也需要有长期的愿景（无论一些电视改造节目有什么建议）。你脑海中需要有一幅图景，想象20年后这块未修整的园子会变成什么样子。

" 这是在比喻我们的孩子。"

园丁必须创造合适的条件：要耕作土地并施上肥料；要保护幼苗而且要防除杂草。开始的几年对于修建花园尤其关键。植物一旦扎好根，就能更好地抵御恶劣天气。组建家庭也是同样的道理。

力奇 我清楚地记得，在我们的孩子都还不到7岁时，我们遇到了一个也有4个孩子的家庭，与他们一起度过了周末。那家的孩子最小的15岁，最大的22岁。我和希拉感触最深的是，那家的孩子与父母和我们彼此之间的相处是那么的自然。很明显，4个孩子都是很要好的朋友。事实上，刚开始时我们还想当然地认为他们不可能是一家人，因为他们之间的关系非常好。他们对我们家很感兴趣，晚饭期间，4个孩子都融入了谈话的氛围中，笑声不断。

那个周末让我们对未来创建理想的家庭生活有了憧憬，并且激励了我们，因为我们亲眼看到理想中的家庭生活是可能实现的。多年来，我们也见证了无数父母为孩子营造的健康家庭环境，也见证他们结出的累累硕果。我们知道这需要付出大量时间，做出极大牺牲，经历无数心痛，但我们也清楚我们希望自己的家庭也能拥有相似的生活。

本章，我们主要谈一谈构建健康家庭生活需要具备的三大要素。

1. 寻求工作与生活之间的平衡

给孩子"足够"的时间

对孩子来说，爱就是"时间"。而新手父母所面对的最大压力与冲击是，与有孩子之前相比，我们的时间丝毫没有增多，但对这些时间的要求却突然增多了。孩子不可能乖乖地以父母的时间表为准，让我们还能像过去一样，有时间放松或追求自己的兴趣爱好。他们不愿意"安静地"待在床上，好让我们有时间睡个懒觉、读读报纸、看看信件、煮饭、洗澡，哪怕是上个厕所。

"给我秘书打电话，约一下午饭时间。"

我们的时间就都是孩子的，而且在未来几年中，孩子似乎完全不明白我们也需要自己独处。即使到了十几岁，孩子也可能依然认为我们一天24小时都能随时给他们洗衣服、当司机以及做一对一辅导。

孩子们不仅需要**优质**时间，还需要**足够的**时间。有位母亲向我们诉说了为人父母的代价与回报：

> 我不知道要想照顾好宝宝，父母需要无私到什么程度。我的充满意义的生活是突然中止的。突然之间，事情接连不断，我甚至无法完成最简单的工作。只要能够安安静静地工作，哪怕让我做最无聊的家务都可以。我非常想念工作给予我的认可与重视，这与默默无闻的母亲生活大不相同。但在失望的同时，我心里也涌动着对宝贝儿子亚历克斯的无限爱意，我觉得儿子是世界上最美丽的存在。

切丽·布莱尔是位出庭律师，她有4个孩子。在丈夫托尼·布莱尔任英国首相期间，切丽谈起了想要实现工作与生活的健康平衡有多困难：

> 一位资历比较深的同事告诉我丈夫，如果他坚持每天傍晚时分就下班回家，那么他将不会有所成就。然而，历史表明，这一告诫是完全错误的。谢天谢地，幸亏它被证明是错误的！

> 平衡工作与生活是一个至关重要的问题，并且无疑，这对女性来说尤其重要……我感觉自己与很多父母一样，就像杂技演员，拼命想让生活中的所有事情都停留在空中。而事实是，几乎每天都有东西会落到地上。[1]

孩子与我们在一起的时间只有短短几年。那几年的时间在当时看来似乎是无止境的，但孩子不再住在家里的时刻会突然到来。届时，想要让时

---

[1] Sarah Womack, *The Daily Telegraph*, 9 November 2006.

光倒流可就为时已晚了，正如有位父亲发觉的：

> 我不知道自己为了达到现在的地位而付出的代价到底值不值得……我错过的最重要的东西就是孩子们的童年。我一直没能陪在他们身边，即使有时我在他们身边，我的心思也没有真正在"他们身上"。我的所思所想都集中在其他事情上。我努力攀登成功的阶梯，但当我就要接近顶端时，才意识到梯子靠在了一堵错误的墙上。①

演员马丁·克鲁尼斯接受迈克·帕金森采访时，帕金森问克鲁尼斯是否喜欢在国家大剧院上演由他主演的莫里哀的喜剧《吝啬鬼》。克鲁尼斯回答说，他很喜欢。当被问到是不是正在寻找其他类似的角色时，克鲁尼斯回答："我乐意尝试类似的角色，但剧院的演出时间通常都不合适。"他告诉帕金森自己不想错过给两岁女儿洗澡以及哄她睡觉的时间，"有些东西是不可违背的。工作应该是为我们服务的，而不是我们为工作服务。"

并不是只有工作才会让父母远离自己的孩子。有些父母虽然不需要工作，但也常常发现自己的时间很容易被其他人和活动所占据，比如逛街或健身，因此，这些父母无法在孩子上学之前的这段日子陪在他们身边。当然，让别人喂孩子吃晚饭，督促孩子洗澡并进行其他的日常活动是件相对容易的事情。然而，我们亲自抚养孩子的过程是弥足珍贵的。我们认识一位母亲，她向我们坦承了自己内心的挣扎："我发现自己并不真正喜欢跟宝宝玩，所以我每天都祈祷自己可以给卡拉除了我之外的一些东西。每天我心里都会经历一番斗争，我必须努力赶走希望把卡拉交给别人照看的想法。"

---

① Stephen Covey, *The 7 Habits of Highly Effective Families* (Simon & Schuster UK, 1997) p. 115.

工作还是不工作？

如今在西方国家，对于全职工作的母亲来说，还有一种可选择的生活方式，就是待在家中做全职妈妈。然而，这种两极分化的现象掩盖了当今大多数母亲所面临的复杂情况。母亲赚钱养家并不是现代才有的现象。两千多年以前，《箴言》中就记载了一位深受尊敬的贤妻良母，她既在外赚钱又在家里料理家务，以照顾家人的需求：

> ……她把食物分给家中的人……她想得田地就买来，用手所得之利，栽种葡萄园……她觉得所经营的有利……她作细麻衣裳出卖……能力和威仪是她的衣服。①

是否可以将孩子交给别人照看？照看多长时间？是交给保育员、托儿所、佣人、保姆、祖父母还是其他亲友？如今很多父母都会被这些问题困扰。哪种照顾方式对孩子来说是最有益的？教育家苏·帕尔默在撰写《有毒的童年》时对这一问题进行了研究：

> 从出生到一岁多，熟悉的面孔和环境对孩子来说至关重要。这个时期是培养孩子对父母依恋的关键时期，是让孩子安静、养成睡觉和吃饭的好习惯的关键时期，也是孩子学习交流的开始。我认识的所有儿童成长与教育专家们一致认为，（如有可能的话）最好的选择是父母在自己家中亲自照顾孩子，至少在孩子成长的前18个月中应该如此。发展心理学家约翰·鲍比在其著作中指出，孩子的"心理状况"在很大程度上是由他生命前18个月期间形成的人际关系所决定的。②

有些夫妻单靠一个人的收入可能无法维持家用。他们可能都要工作，无论是自己喜爱的职业还是多年辛苦打拼出来的事业。他们可能承受着来自苛刻老板的压力。单亲父母可能需要全职工作来养活孩子。有些母亲可

---

① 摘自《箴言》31章。

② Sue Palmer, *Toxic Childhood* (Orion Books, 2006) P. 174.

能因为做全职妈妈的情感冲击太过强烈而内心很挣扎，最终变得很沮丧。但无论如何，父母都必须在自己亲自照顾孩子和让别人照顾孩子之间认真思考，找出最佳的解决办法。

父母养育子女需要做些牺牲。我们认识的很多父母为孩子牺牲了很多。有些人放弃了工作，舍弃了大房子或者自己的梦想与成就，他们把家庭生活放在比工作更优先的地位。有些人选择时间要求比较灵活的工作，或者只工作半天，以便可以成为孩子的主要照顾人。

与孩子在一起的时间转瞬即逝，有些父母可能因此留下了很多遗憾，而为孩子做出牺牲的父母则不会有这种遗憾。当然，有很多儿童托管机构的服务质量非常好，但在照顾孩子方面，很少有人能够做得比孩子的亲生父母要好。对孩子来说，始终由固定的人来照顾他们才是最理想的。如果孩子的主要照顾者每天一换、每周一换或者每月一换，孩子每次刚刚依恋上某个人，紧接着就要与他分开，这对孩子的情感发展很不利。在父母双方都必须全职工作的情况下，要尽可能安排固定的人来照顾孩子，这样会让孩子更有安全感。

有些父母问我们，什么对孩子来说是最好的。我们建议，只要有可能，在孩子成长的前18个月内，父母中应该有一个人主要负责照顾孩子（也就是说，成为与孩子相处时间最多的人），最好是在孩子开始上小学之前一直如此。有时，夫妻双方可以采用自由安排工作时间的方式来实现两人中能有一人待在家里照顾孩子的目标。

父母中一方花更多的时间在家照顾孩子也有一个坏处，那就是亲子关系会大打折扣。苏·帕尔默写道：

> 发达国家必须从过去25年的重大社会试验中学会一个极其重要的经验，那就是抚养孩子并不是某种业余爱好，而是一份真正的事业：对人、时间和技巧都有严格的要求。由于过去妇女地

位低下，因此养儿育女这项"女人的活儿"从未受到过正当重视——即使现在，许多发达国家仍然很难明白其重要性。[1]

希拉　回首过去，我非常庆幸自己能够在孩子们上学前的这段日子待在家里照顾他们，尽管当时我并不总是心怀感激！随着孩子们慢慢长大，我逐渐增加了工作的时间。就我们的家庭生活来说，能够自由安排工作时间是一个极大的福利。力奇和我决定，由我来负责每天照顾孩子，一直陪在他们身边。特别是当孩子们还小的时候，为他们准备晚饭，照顾他们洗澡，给他们讲故事，哄他们睡觉。当孩子们长到十几岁时，我会尽量在下午4点30分，他们放学之前就到家。

孩子们小的时候，在家里照顾孩子并不总是轻松或充满乐趣的，有时候我也很渴望能够做些除了照顾孩子以外的其他事情。有时我会心生不满；有时每天例行公事般地做家务、买东西、煮饭、照顾孩子吃饭以及洗洗刷刷——这些事情无聊至极，让我沮丧不已。很多时候我都疲惫不堪，但是一想到做这一切都是为了让孩子们更好地成长，我就有了坚持下去的动力。

寻找支持

过去，父母的支持往往来自大家庭，亲戚们可以帮忙照顾孩子，传授久经考验的建议和经验，让备感压力的父母暂时得到休息。如今，这样的帮助已变得不大可能。亲戚们可能住得很远，祖父母也可能需要在外工作。但全职父母会从朋友的陪伴以及双方轮流照顾孩子当中获得巨大的支持。

---

[1]　Sue Palmer, *Toxic Childhood*（Orion Books, 2006）P. 140-1.

有关如何寻找支持的一些建议

如果运用适当，以下建议可以帮助父母缓解在照顾孩子时所面临的压力：

· 接受你信任的人提供的帮助。

· 在住所附近寻找亲子活动小组。很多社群每周都会举办类似的亲子活动。如果你所在的社区没有，可以考虑与另外一两位父母合作，在社区活动中心创办一个。你一定会从这样的小组中获益。

· 遇到孩子年龄相仿的家长，要主动与他交朋友。大家轮流照看彼此的孩子一早上或一下午，这样你每周都能有时间做点别的事情。

· 与配偶定期商量（但不要经常这样，否则会影响夫妻关系）如何应对最近在教育孩子时面临的挑战。

· 仔细筹划并安排周末，确保家里每个人都能进行自己喜欢的活动——避免完全以孩子为中心或者完全以大人为中心。如果父母一方在外工作，而另一方是孩子的主要照顾者，就要尽量想办法在周末换换角色，让彼此能适当歇一歇。有对夫妇，两个孩子都不到6岁，他们在周六早上会轮流睡懒觉；并且轮流在周末"放半天假"。

· 培养孩子与（外）祖父母之间的关系。一年中你可能需要有一两周的时间离开孩子，这样就可以把孩子留给（外）祖父母照顾。

· 培养与大家庭之间的关系。姑姊伯舅、堂（表）兄弟姐妹都能够给予你极大的支持。

· 除非到了危害健康的程度，否则不要过分担心房间的脏乱；如果别人要帮助你整理，欣然接受就好。要提醒自己，从长远来看花时间陪孩子比不断整理房间更有意义——尽管短期内看不到成果。

· 记住自己永远不会成为完美的父母——明天又是新的开始。

2. 鼓励健康的玩耍

玩耍的重要性

用著名发展心理学家让·皮亚杰的话来说："玩耍就是孩子的工作。"玩耍是孩子健康和幸福成长的基本要素。玩耍也是孩子的天性。玩耍始于探索——通过玩耍，孩子会发现周围世界的形状、触感、结构和特性。

很快，他们就开始和其他孩子一起玩各种游戏，包含角色扮演、分享、创造与竞争。孩子们在游戏中学习社交，并通过角色扮演与他人产生共鸣。孩子们还能通过游戏培养身体素质和各种技能，比如奔跑、攀爬、制作东西。他们发挥自己的想象力，并锻炼自己的创造力。在这个过程中，孩子们会玩得很开心——无论我们多大年龄，这一点都非常重要。

充满想象力的游戏

现如今，高科技扼杀了很多富有创造性的游戏。当然，孩子们也能从这个时代所提供的那些不那么疯狂的活动中获益，比如看电视或DVD，但更好的选择依然是读书或听故事录音，这会促使孩子发挥想象力，把自己看到或听到的场景联系起来。但是，长时间被动地坐着决不能替代积极主动地创造自己的乐趣。

孩子们的口头禅是"真无聊"——对此，大多数家长都很熟悉。但感到"无聊"正是孩子们发挥想象力、创造新游戏的开始。父母的每个建议都可能被孩子拒之门外，但孩子们可不喜欢无所事事。孩子们拥有无限而且惊人的创意，并且在无拘无束的玩耍中，他们会充分利用一切可用的东西。

力奇　我们家4个孩子小的时候，他们最喜欢的游戏并不需要花很多钱。一个旧的简易衣橱就能让他们玩上好几个小时。很多时候，孩子们用几条毛毯和几把扫帚就能在他们的卧室里搭建帐篷，打造秘密通道。我记得家里曾有个废弃不用的大纸箱，曾是洗衣机的外包装。经过改造后，它变成了孩子们最喜欢的玩具屋。我只是帮助孩子们在纸箱上切了三个口，一个用来当门，另外两个当窗户。这个玩具屋的寿命与洗衣机差不多一样长。

　　如今，这种游戏正受到消费主义的威胁。那些构造复杂、价格昂贵的玩具正大行其道。不仅孩子们会被设计独特而巧妙的广告所吸引，就连家长们也很容易身受其害——我们误以为，如果不给孩子买最时髦的玩具，就会带给孩子情感和教育上的伤害。其实，用简单的玩具就能玩出有创意的游戏并且会带给孩子很多好处——相信这一点需要很大的勇气。

美妙的户外活动

　　孩子们能从户外活动中获得极大的益处。英格兰威尔特郡的法利幼儿园就是为了改变孩子们长时间待在室内不活动的习惯而创办的。无论天气如何，法利幼儿园允许3—5岁的儿童一天内大部分时间都待在户外。孩子们可以到处跑跑跳跳，用泥土堆房子，搓泥团，并且可以去探险。孩子们90%的时间都会选择待在户外。负责督察学校工作的英国教育标准办公室称赞法利幼儿园的做法非常"出众"。法利幼儿园的创始人说："当今社会的生活太枯燥乏味。父母对孩子过于娇生惯养。我的孩子懂得荨麻会刺人，玩火很危险。有些托儿所会认为：'外面下着雨呢，我们还是待在屋里吧。'但我们的理念是：'来吧，孩子们，我们一起到外面的水坑里戏水。'"[1]

　　如果我们过度保护孩子，反而会对孩子的成长起负面作用。英国精神健康基金会称，让孩子在无人监督的情况下适当在户外玩一些冒险活动，

---

[1]　Stephanie Condron, *The Daily Telegraph*, 13 November 2006, p.3.

比如爬树、盖房子、滑板或者攀爬梯架，可以帮助孩子建立自信，培养韧性。[1] 此外，孩子们一起参加户外活动可以在很大程度上缓和彼此间的紧张关系。最近有位小学校长告诉我们："如果班里的学生关系紧张该怎么办呢？那就一起去野营！我们就是这样解决有些孩子的问题的。雨靴和泥巴可以为缓和人际关系创造奇迹。"

"爸爸，
你应该少吃一点了。"

对我们而言，因为家住在伦敦市中心，所以我们会定期带着孩子到公园去骑自行车、踢球或者滑旱冰，让他们在小的时候多到户外享受大自然。随着孩子慢慢长大，他们不再满足于荡秋千或跑跑跳跳了，要尝试更加危险刺激的游戏。有时，出发去公园要花一番工夫，特别是如果有个孩子磨磨蹭蹭或者球找不到了，而且整个旅程可能会不尽如人意。但这些户外活动对于培养孩子们的身心健康和社交能力具有重要价值。整天坐在室内的孩子很有可能会过度肥胖。

青少年也能从户外活动中受益。户外活动不仅有益于身体健康，让他

---

[1]　Mental Health Foundation, *Bright Futures: Promoting Children and Young People's Mental Health*, 1999.

们在一个没有压力的环境中进行交往，还能消耗多余的能量。有位女士有3个兄妹，她告诉我们："妈妈让我们几个都骑车上学，通常要骑好几英里，这样可以耗尽我们的精力，让我们不再吵闹。我们到家后都已筋疲力尽，哪儿还有力气吵架！"如果家住在城里，你可以带着孩子到乡村或者海边度假，这会给家庭生活带来很大的不同。

安全地玩耍

安全问题是让很多家长都忧虑的问题。我们需要教孩子提防"危险的陌生人"，并告诫他们要到安全的地方玩耍。对年幼的孩子来说，花园里的池塘是很危险的；对此，我们怎么小心谨慎都不为过。我们要鼓励孩子进行探索，但同时也要兼顾为人父母的另一个责任，就是保护孩子，不让他们受到伤害。孩子们需要得到保护而不是做什么都被限制。

希拉　巴尼6岁那年的暑假里，他迷上了用教父给他的小刀削木块，每天都要削好几个小时。我一直都很害怕小刀会滑落，插伤他的腿或者划破他的手。力奇对此却表现得不甚在意，因为他小时候也干过同样的事情。他教了巴尼一些基本的安全准则，比如不要让刀锋对着自己等，又看着巴尼削了一小会儿，然后就让他自己玩了。我必须时常克制自己，努力让自己别说话，不要制止巴尼的这项消遣。我很高兴自己当时忍住了，如今巴尼从事的正是木工雕刻（尽管他现在会时不时地割伤自己）。

有些青少年参与的活动很可能会引起家长更大的恐慌。但在帮助孩子了解（并尽量降低）这些活动的风险与允许他们追求一项对我们来说没有什么吸引力的运动或爱好之间，我们需要努力保持平衡。

希拉　我们家3个男孩最喜欢的一项运动就是冲浪。我曾听说过一些可怕的冲浪事故，也从孩子们购买的杂志上看到过巨浪的图片。当海上风平浪静，孩子们坐在冲浪板上等待着海浪时，而我们则密切注意着他们的一举一动——对我来说，这样的场景才是最令人高兴的。

随着孩子们的冲浪经验越来越丰富，他们在暴风雨天气里也想出去冲浪，可万一他们受到巨浪的"袭击"或者被冲浪板击中头部，我们就完全帮不上忙了。

我慢慢意识到，作为父母，我们尽力训练孩子们注意安全，就已经做了能做的一切；接下来就是要信任他们。显然，孩子们很享受巨浪带给他们的快感，而且他们的安全意识比我预想的要强得多。我现在承认，是自己的过分担忧让我对冲浪这项运动一直持否定态度。我非常高兴在力奇的鼓励下，我能慢慢学会放手。我们看到，冲浪让孩子们变得更加独立，让他们的身体得到了良好的锻炼，并给他们带来了无限乐趣。

制造混乱

还有一些父母面临的问题是整洁与控制。引导孩子的渴望很容易就演变成一种无趣且不利于健康的"安排"，它导致父母一天24小时都想控制和指导孩子的行为。我们有位朋友，在第一个孩子出生之前，她意识到是时候面对自己的恐惧了。她有强迫症，想要让家里所有东西都保持完美整洁，但如果家里有小孩的话，这就很难实现了。如果不加抑制，这种控制行为会损害家人之间的情感，让孩子不再喜欢家人的陪伴，不愿再与家人一起玩耍。

有篇报道是关于过度整洁所带来的危害的，文章中提到了一个实例："孩子们在父亲回家之前都会把玩具收拾起来，因为父亲只要看到地板有乐高积木，哪怕只有一块，都会勃然大怒。周末大多数时候，孩子们只能轮流到娱乐室玩一小会儿玩具。"[1]

---

[1] 'The obsession that can end marriages', *The Daily Mail*, 21 May 1998.

保持整洁的小窍门

· 收拾的次数不要太频繁。通常每天一次就足够了。克服任何"完美主义"的倾向。

· 不要完全由自己来做。如果孩子们太小，无法独自收拾自己的玩具，陪他们一起收拾。尝试让收拾成为一种游戏。比如，用煮蛋定时器设定一个时间，看看大家能否比规定的时间更早收拾完毕。

· 提醒孩子每次玩多长时间就需要开始收拾。要坚守这个时间原则，否则，孩子们每天都会拖延。

· 把每次的收拾任务分割成更容易操作的小任务。例如，如果孩子们年龄足够大，告诉他们首先要收拾好所有的笔，然后收拾积木，接着是玩具汽车，等等。这样可以让孩子们感觉不那么吃力。

· 从一开始就要设立一个"整理"时间，整理好后才能继续进行下一项活动。

· 把孩子不再玩的旧玩具送给别人，尽可能让收拾变得简单容易，如果必要的话，重新整理放玩具的地方。

健康地玩耍往往包括制造混乱。允许孩子满身沾满颜料或者把卧室当成战场，对我们来说，这可能令人头疼，但对孩子来说这可以让他们感到非常解放。

我们学会了问自己"为什么不呢？"，并以此来检验自己的反应是否合乎情理。如果某天3岁的宝宝想堆一个玩具山，我们问自己："为什么不呢？"如果孩子们能通过玩水尽情享受假期的乐趣，我们问自己："为什么不能让他们浑身湿透呢？""为什么不能把蜗牛带进厨房呢？"（我们可能会想出种种理由说不，但问自己这个问题真的很值得！）

3. 制订健康的作息时间

对孩子们的好处

有固定的作息时间，有秩序和稳定，并且知道接下来会发生什么，可以给孩子带来安全感，让他们更加健康地成长。固定作息会带给人安全感。如果我们生活不稳定，作息没有连贯性，孩子会变得焦虑或紧张不安。熟悉的模式给人安全感，而且也可以让年幼的孩子为上学做好准备。

用餐时间

对孩子来说，全家人经常围坐餐桌一起吃饭大有好处。吃饭时间可能是全家唯一可以聚在一起的时间。直到20世纪下半叶，在西方大多数的文化中，全家人每天至少有一次在一起吃饭还是家庭生活的一部分。较长的工作时间意味着父母中的一方或双方无法在家与孩子一起吃饭。随着电视的出现，家庭成员开始被动地坐成半圆，边看电视边吃饭，而不是尝试与彼此交谈。快餐与微波炉的存在意味着家庭成员可以在不同的时间各自用餐。如今在英国，80%年龄在5—16岁的孩子在自己的卧室里有一台电视，为了电视频道而争吵的场景已经成为过去。

现在，有些房子的室内设计并没有给家庭餐桌留出空间。然而，家庭成员一起吃饭正是家庭生活健康发展的基础。孩子们要慢慢学会（这是早晚的事！）吃完自己面前的食物，而不是每个人只选择自己爱吃的食物，这样他们的饮食才能保持均衡。同时他们也学会了餐桌礼仪。等到孩子足够大时，他们还可以参与做饭或帮忙洗碗。这些固定习惯一天天得以强化，可以让孩子意识到他们是家庭的一份子，是家里的重要成员，但不是家庭的中心；家长会认真听取他们的意见，正如他们也需要倾听别人的意见一样；每个人都要为家庭献出一份力。

当然，孩子们会发牢骚、拒绝吃东西或者把食物直接扔到地上。他们会忘记说谢谢，或者似乎无法老老实实待在椅子上超过30秒——有的孩子在十几岁时还是这样！我们可能会觉得，自己多年来每天都要提醒，在开吃前先要帮别人递一下番茄酱，但他们仍然会忘。用餐时间可能会成为战场，有时候我们会感觉自己已经在战争中输了，但用餐是一项重要并且有规律的社交活动，可以让孩子为将来参与其他的社交活动做好准备。如果我们忽视家庭用餐时间，孩子就有可能无法有效地与别人进行交际。但如果我们坚持不懈，最终一定会看到全家人一起用餐带来的好处。

对于有些家庭，周末是全家人唯一可以一起吃饭的时间。我们认识一位父亲，由于工作日的时候没法早些回家陪孩子一起用餐，周末时就会想方设法让午餐变得充满乐趣；他会在吃饭时与孩子们玩游戏，比如要求每个家庭成员连续一分钟讨论自己最喜欢的话题，中间不许犹豫或重复。如果你的孩子是个整天闷闷不乐的青少年，想要鼓励他参与交谈的话，可以试试让每个人都说一说当天或一周以来最高兴或最糟糕的事。

世界顶级名厨及餐饮大亨雷蒙德·布兰克曾写过一篇文章，发表在一家报纸上，这篇文章讲述了家庭用餐的重要性，题目是"让我们在家里吃饭！"：

> 为家人和朋友做饭是一种爱的表现，可以让所有分享美食的人感情更加亲密。但在英国，我们越来越少地一起做饭与用餐——这让我很担忧。一个全家在一起用餐的家庭更有可能变得善良而亲密，他们的孩子长大后也会变得善良、体贴……

> 如果孩子在成长过程中对一起用餐的礼节一无所知，那么成年后他们既不会尊重美食，也不会尊重其他人，而且沟通能力也很有限。[1]

---

[1]　Raymond Blanc, quoted in 'Let's eat en famille!' *The Daily Mail*, 4 January 2007.

提供健康饮食

时下，注重外貌、热衷节食是潮流，但过分关注自己的形象无疑给我们增添了一种新的压力。而我们的态度会首先影响到孩子的态度。如果父母流露出讨厌去看牙的情绪，那么孩子也很可能害怕去看牙医。所以如果我们对自己的外表过度重视，那么孩子也会有同样的忧虑。如果我们对自己吃什么过分痴迷或神经质，那么孩子也很可能会变得和我们一样。

我们认为节食这个理念不适合孩子（除非是孩子的医生说的）。然而，考虑该吃什么以及要吃多少完全是另一回事。一日三餐均衡膳食，多吃蔬菜水果，避免摄入含有过多能量的食物以及培养孩子对待食物的健康心态都非常重要。营养学家苏珊·杰布很早前就强调了建立均衡膳食模式的重要性："'饮食习惯'的叫法并不是乱叫的——习惯是一种行为方式，深深植根于日常生活之中，因此很难改变。童年时期养成的习惯往往会伴随一个人的一生。"[1]

力奇　我们家有一个规矩，就是不准喝饮料（特殊场合除外），孩子们因此也不怎么喜欢喝饮料。我家的另一个惯例是，孩子们放学回家后都要先吃些点心，好让他们能够坚持到晚饭的时候。

如果橱柜里满是蛋糕、巧克力、饼干和薯片，孩子们就很容易养成吃甜食的习惯。但是，毫无节制地吃零食与在孩子的午餐盒里放一个巧克力蛋糕有很大区别。如果我们只让孩子吃胡萝卜、葵花籽与酸奶，他们可能会提出抗议。

我们认识一家人，他们家有个"甜食罐"，只有每周五晚上才会拿出来。还有一位母亲，她有两个孩子，老大14岁，老二11岁，她告诉我们："我们一直只允许孩子每天从零食盒里拿出一样东西来吃，现在孩子们往往连一样也不想要了。而其他孩子的父母，他们从来不允许自

---

[1]　Susan Jebb, quoted in Sue Palmer, *Toxic Childhood* （Orion Books, 2006）p.36.

己的孩子吃甜食或巧克力，有时这些孩子们来我们家玩，会想要吃十几样零食！"彻底禁止并非一个好办法，我们的建议是不要把吃零食这个问题扩大化。

固定就寝时间

　　固定的就寝时间外加一套规律的就寝程序，可以为忙碌的一天画上一个圆满的句号；可以帮助筋疲力尽或过度亢奋的孩子平静下来；可以确立一个固定的模式，让孩子得到充足的睡眠。此外，它还是我们给孩子讲睡前故事的好机会。通过讲睡前故事，我们可以向孩子传递重要的价值观。睡前故事时间还为孩子们提供了一个机会，让他们可以讲讲一天来发生的事情以及心里的任何忧虑。

希拉　对我而言，就寝时间通常是一天当中最艰难的时候，给2—4个年幼的孩子洗澡，给他们讲故事真可谓是一项挑战。通常，我需要独自一人照顾孩子们上床睡觉。孩子们和我都常常感到筋疲力尽，所以我只希望能尽快让他们上床睡觉。每天的就寝时刻往往感觉像是在打仗，而不是美好的家庭时光。

　　为了不让就寝时刻成为纯粹功能性的活动，我必须不断提醒自己，固定并且愉悦的就寝过程对孩子的健康成长有多么重要。我知道，如果自己在每天这个不太精彩的时刻能再做一次努力的话，那就是给孩子们讲睡前故事，陪孩子们聊天、谈心，让他们有安全感。

　　童年时就确立的就寝时间在孩子长到十几岁后仍能成为父母与孩子间自然且宝贵的时间。有对夫妇家里有两个孩子，现在都十几岁了，最近他们告诉我们："由于童年时养成了习惯，我们的孩子现在仍然坚持睡觉前让我们两人中的一个与他们聊天，跟他们道晚安，这是我们与孩子谈心的最佳时机。"

睡眠习惯

孩子睡觉时间的长短会影响他们的情绪、行为以及学习能力。为了能够健康快乐地成长，孩子需要充足的睡眠。如今，英国的小学老师面对的孩子，大多数都有"睡眠不足"的症状。

下表是儿童健康专家拟定的孩子们需要的睡眠总量：

建议的睡眠时间[①]		
	年龄段	睡眠时间（每天）
婴儿	3—11个月	14—15个小时
幼儿	12—35个月	12—14个小时
学龄前儿童	3—6岁	11—13个小时
学龄儿童	7—11岁	10—11个小时
青少年	12—18岁	8—9.5个小时

问题是，好的睡眠习惯不可能与生俱来；我们必须坚持让孩子上床睡觉，然后严格遵守这一习惯。让学龄前儿童保持固定的"休息"或"安静时间"对孩子也大有好处。坚决执行固定就寝时间，不要留商量的余地。4岁的孩子可能会想方设法说服我们，自己不需要在固定的时间上床，但如果定时就寝成为日常生活的一部分，孩子就会养成习惯。

定时洗澡有助于提醒孩子睡觉时间到了，这也是一天结束的标志。减少孩子睡觉前看电视或影碟的时间（这些活动会让孩子过度兴奋），增加白天的活动时间（让孩子锻炼身体），这些都可以帮助孩子快速入睡。

---

① The table on recommended hours of sleep for children under 12 is taken from Sue Palmer, *Toxic Childhood* （Orion Books, 2006）p. 80 and for adolescents from www.kidshealth.org/parent/general/sleep/sleep.html.

对于那些工作繁忙，想在回家后看到孩子的父母来说，在适当的时间让孩子上床睡觉是一项特殊挑战。我们认识一位父亲，如果晚上来不及赶回家看孩子，他就会在孩子睡觉前打个电话，这成了他们每天的固定活动并且乐在其中。

故事时间

给孩子读故事是一个愉快的与孩子增进感情的方式。在孩子很小的时候，我们就可以开始这样做。听故事可以开阔孩子的眼界，帮助孩子发展思维。孩子可以从别人的视角学会理解生活。在我们给孩子讲那些关于愤怒、爱、善良与悲伤的故事时，正是在帮助他们认识不同的情绪，还可以借此让他们谈谈自己的感受与想法。

读睡前故事还有很多好处。多次给年幼的孩子反复读睡前故事可以增强他们的安全感。这就是为什么尽管孩子的阅读口味可能与我们不同，也要找一本能经得起反复阅读的好书。在听故事与学习自己阅读之间有着很强的联系。读故事也可以成为5—9岁孩子完成阅读"作业"的好机会。

希拉　每个孩子都会自己回到床上（只要过了要让父母抱上床的年纪），我或者力奇会进入孩子的房间，关上灯，然后在床边跪下来，单独与每个孩子一起祈祷几分钟，最后拥抱并亲吻每个孩子，道一声晚安，离开房间。这对孩子们来说已经成了一种温馨舒适、亲密惬意的一对一时刻，以一种固定且独特的方式为他们的每一天画上句号。

其他日常活动

每周和每年的传统活动也有助于创造健康的家庭生活。对于很多家庭来说，健康的家庭生活包括每周日或者整个周末的活动都与平常不同，比如停止工作，一起享受美好时光，延长用餐时间，一起运动或进行其他活动；对有些家庭来说还包括全家一起去教堂。还有很多家庭会制订假期计划，或者在不同的季节进行不同的活动，比如，夏天一起去摘草莓，秋天一起用七叶树果实当作武器来玩打仗游戏，冬天一起去溜冰，春天一起去摘野花，等等。（我们在十九章中会提到更多有关家庭传统对孩子的影响力的心得。）

当然，生活不应该只有固定的日常活动。我们也可以抓住一些偶然的机会做一些新奇的事情，也可能成为家庭生活的精彩部分。但固定的日常作息会让每天、每周乃至每年的生活富有很强的节奏感，让孩子形成强烈的安全感。

❤ 结 语 ❤

与孩子一起共度美好时光，鼓励孩子健康地玩耍，制订固定的作息时间，这些都非常重要。苏·帕尔默从更大的背景强调了这些做法的必要性：

> 这个社会让我们相信，用金钱、努力工作与耐用消费品可以解决大部分问题。但以下问题单靠购买最新的科技产品是无法解决的：宝宝喜欢乱咬东西，学龄前儿童还不会说话便要开始学着写字，很多孩子不得不连续几小时被不合格的人照顾。随着21世纪继续向前发展，谁来照顾孩子这个问题并不会消失。[1]

与之前的职场生涯相比，日复一日地照顾孩子很容易让父母们缺乏成就感。要明白什么才是最好的，可能需要一个非常复杂的过程，并且总是

---

[1] Sue Palmer, *Toxic Childhood* (Orion Books, 2006) p. 187.

会涉及妥协与牺牲。养育子女需要统观全局。其实我们每一天都在向孩子的健康成长迈进。

停一停·想一想

· 你认为，在健康的家庭生活中，最重要的内容是什么？

· 假设你5年或10年后，回看自己目前的工作生活状态，你会做何感想？如果可以改变家庭生活的某一方面，你会改变什么？即使很小的改变也会产生很大的影响。

· 你的孩子有足够的机会可以健康玩耍吗？

· 孩子有多少时间可以在户外玩耍？

· 你们全家是否常常一起吃饭？怎样才能有效利用吃饭时间让家人的感情更加亲密？

· 你是否确立了固定作息时间以便让孩子养成健康的睡觉习惯？如果没有，你打算开始做点什么？

第三章　创造精心的家庭时光

Creating special family time

若亲朋好友与你亲密无间；谅他人诡计多端也没多少危险。

奥格登·纳什

诗人

我记得自己不常看到父亲——他总是忙于其他的事情。

吉姆　26岁

如果妈妈说"我们全家一起去郊游吧"，我们都会抱怨："非得出去吗？"但结果是我们都会玩得很开心——虽然我们嘴上不愿承认。

玛丽

作家

对我而言，最特别的时光是我们一家人在爱尔兰度假的时候。我们现在仍然会谈论小时候一起做过的事情。

柯丝蒂　28岁

一位哲学教授站在全班同学面前。上课后，教授拿起一个非常大的有机玻璃罐，开始往罐子里放入小石块，每块直径约两英寸。

装完后，他问学生罐子是不是满了。学生们回答是。接着，教授又拿起一盒小鹅卵石倒进玻璃罐中，摇了摇罐子以使鹅卵石滚入石块之间的缝隙。他再次问学生罐子是不是满了。学生们依然回答是。

　　然后，教授又把沙子倒进罐子里。沙子填充了石块与鹅卵石之间的小缝隙。他又一次问学生罐子是不是满了。学生们一致回答——"是的。"

　　"现在，"教授说，"这个玻璃罐象征着你们的人生。石块是生命中最重要的东西——你的信仰、家庭、健康与朋友。即使失去了所有其他东西，但如果保有这些重要部分，你的人生仍是圆满的。"

"这就是我。"

　　"鹅卵石代表第二重要的东西，比如工作、房子和车。而沙子就是除此之外的所有琐事。"

　　"如果你先在玻璃罐中倒入沙子，"教授接着说，"那就没有装鹅卵石或石块的空间了。生活也是如此。如果你把所有的时间与精力都放在琐事上，你将没有精力去处理那些对你来说更重要的事情。"

　　"要重视那些对你的幸福来说至关重要的事情。陪孩子一起玩耍；花点时间做运动，保持健康；带爱人一起去参加舞会。工作，打扫房子，举办晚宴以及修理门把手的时间总是有的。"

　　"首先要处理好'石块'——这才是真正重要的事情。分清楚轻重缓急。其他事情不过是'沙子'而已。"

与自己最爱的人在一起的时间不会凭空而来。直到老大5岁、老二3岁、老三1岁时，我和希拉才明白这个道理。我们晚上总是很忙，周末总是会有一些需要处理的事情挤掉我们的时间：做家务，整理花园，和朋友聚会，做一些文书工作，购物，加班，培养爱好，参加派对以及其他活动。我们意识到，除非做出一些改变，否则我们就会继续感到失望与遗憾，因为生活的其他方面已经占据了我们与家人在一起的时光。

我们向一对年长夫妇请教，他们帮助我们找到了解决问题的办法。我们决定，每周坚持做两件事情，并把它们标注在日志本上。

我们把其中一件事情叫作"夫妻时间"——我们每周约会一次，享受两人单独相处的时光，做点有趣的事情。另一件事情是"家庭时光"——同样，重点是全家人都可以享受的一起吃饭或进行某项活动的时光。

回首过去的25年，这两件事可能是我们所做过的最好的决定。大多数时候，坚持履行这两项承诺是项巨大的挑战。有时，我们没法做到。然而，只要我们尽力去做了，每次都没有让我们后悔。

"夫妻时间"让我们有机会可以定期进行有意义的交流，并且让婚姻关系保持浪漫新鲜。人们很容易落入疏于照管夫妻关系的陷阱，尤其是在为人父母、背起重大而艰巨的责任之后。但我们意识到，婚姻保持美满、幸福、有活力，对孩子们来说意义深远；尤其重要的是，这可以确保我们俩都能参与并影响孩子的生活。

　　由于工作性质的关系，我们在周末时常常很忙，所以我们通常选择在周三或周四的傍晚，全家人一起共进晚餐。多年来，这些"家庭之夜"（后来变得众所周知）让我们可以抛开日常生活的琐事，专心与家人相处，"家庭之夜"成了专属于我们一家人的时间，并带给我们全家许多美好回忆。

　　当然，一周之中全家人肯定有各种机会可以在一起。但是，计划一周至少有一次专属于家人的时间，让我们可以放下其他事情，全家人一起享受快乐时光，这一行动本身就比任何言语都要更响亮而清晰地告诉孩子："对我们来说，你们是最重要的。我们爱你们。我们想多花些时间陪你们。"

"好，准准的一个小时，这是要给家庭的。"

希拉 为了让晚餐多点花样，变得新鲜，我们允许孩子们轮流选择吃什么。孩子们选的往往是我平常不会做或买给他们的食物。孩子们小的时候最喜欢的是比萨，后来炒面条成了他们的首选。有时，我会在做晚餐时向孩子们展示如何烹制他们钟爱的食物，比如煎饼、意大利面以及酱汁。

同样，我们也会轮流选择进行什么活动。唯一的条件是这项活动必须是家中每个人都能参与的。夏天，我们可能会玩板球、踢足球、玩飞盘、滑旱冰、骑单车、烧烤、野餐、喝咖啡或者看场电影。冬天，孩子们则喜欢进行一些室内游戏，比如捉迷藏、沙丁鱼游戏、寻宝游戏、棋盘游戏或者需要打扮与表演的游戏。这些游戏可能听起来有些老套，但孩子们都很喜欢。你的选择可能与我们家的完全不同，但重点是所选择的活动必须能带动每个人，且不需要任何成本就能获得极大的乐趣。

真正能给我们带来愉悦的是家人之间的互动。我们发现，作为父母，当我们愿意放下架子，惹孩子发笑，做些看起来可能很愚蠢的事情时，孩子们就会很喜欢。作为一个家庭，我们彼此紧密相连。

当孩子们慢慢长大成为青少年，变得更加独立后，我们依然延续着家庭之夜的传统。我们不再玩游戏了，晚餐的时间也相应变长，而家人之间的对话仍一如既往地大声。

我们会把"家庭时光"放在晚上。对于任何一个家庭或孩子来说，如果一周当中连一两个小时的放松时间都腾不出来，那么他们实在承受了超负荷的压力。家庭时间常常被家庭作业、音乐以及体育活动所占据。有位母亲说："我丈夫每周只有一晚能与全家人一起吃晚饭。所以我告诉孩子们'当晚不能参加任何其他活动'，全家人必须在一起吃晚餐。"

"现在是家庭时间了！
咱们一起来谈谈高尔夫球吧。"

可能的话，我们会把家庭之夜安排在每周的同一晚，但这也不是绝对的，有时也会变通一下，以便使家庭之夜成为全家人都想参与的活动，而不是我们强加给孩子的。有时，我们会邀请孩子们的教父母或者其他一些亲密朋友来参加我们的家庭之夜，这些人懂得家庭之夜的主角是孩子们。随着孩子们渐渐长大，我们也会邀请他们的男女朋友加入家庭之夜。

我们知道有些家庭会选择周末与家人共享美好时光——一起出游，到公园里玩耍，周日午餐，一起去乡下散散步，一起看最喜欢的电视节目或者一起做全家都喜欢的一项运动。

优先考虑家庭时光

抚养孩子会改变一切：我们的爱好、社交生活、周末以及假期。虽然为自己留出一些时间可能让我们成为更好的父母，但这些时间往往有限，不可能让我们打完一场高尔夫、一周三次去健身房或者把报纸细细看一遍。我们也可能无法再为社区提供义务服务。事实上，当孩子年幼并需要我们陪在身边时，缩减平时的活动是正确的。对有些家庭而言，家庭生活是以孩子的活动为中心的。课外俱乐部、课外活动或者去朋友家玩让孩子的一天极为忙碌。父母带孩子参加完一项活动，又匆匆赶去参加下一项活动，他们不得不火急火燎地吃完晚饭，督促孩子在睡觉前完成家庭作业，每个人都精疲力竭地倒在床上，才睡了短短几个小时就又要去迎接忙碌的另一天了。在这样过度繁忙的日程中，全家人想在一起好好放松一下都是一件困难的事情。

尽管这类父母会让我们感到一些压力，但我们不需要像他们那样生活。这可能意味着要让孩子做出选择。我们会告诉孩子："你们可以选择去游泳，或者跳芭蕾，或者踢足球，或者去健身。"从长远来看，抽时间多陪陪家人比参加任何课外活动都要好得多。

保护家庭时光

有时，即使做了精心计划与优先安排，还是会有事情侵扰家人团聚的时光。在我们家，电话是主要干扰。每通电话都能用掉20分钟。有过几次被电话毁掉家庭之夜的经历后，我们开始使用留言机。家里有些成员比其他人更热衷于接电话，于是我们一致同意，在家庭之夜的时候，所有来电都将经留言机留言，并且所有手机都要调至静音。

罗伯·帕森斯在他的著作《一小时父亲》（*The Sixty Minute Father*）中让我们认识到，如果我们只是陪在孩子身边而不给予他们情感上的陪伴会导致什么后果：

> 我清楚记得，每天下班回家后，我会坐在餐桌旁。太太很久以前就已经放弃在这个时候尝试与我交谈了，然而两个孩子却没有。孩子会说"爸爸，我周六要去踢足球"或者"苏珊今天又拉我头发了"。但我通常心不在焉，心里想的仍是客户或者晚上的工作安排。我会含糊地回答几句。接着电话就会响起，小儿子会对我说："爸爸，找你的。"忽然间，我似乎又活了过来——充满活力地讲电话。两个年幼的孩子就会看着我。他们并不会踩脚或者踢东西；其实如果他们这样做的话，我可能会感觉好受些。但他们心里是一清二楚的："工作对爸爸很重要。工作可以让爸爸充满活力。"对我而言，努力改变这种状态需要长期的努力。①

我们必须与内心的挣扎做斗争，并争取赢得胜利。保护家庭时光不受打扰可以让孩子从内心深处明白：我们爱他们，而且他们对我们来说很重要。

---

① Rob Parsons, *The Sixty Minute Father* （Hodder and Stoughton, 1995） p.15.

坚守家庭时光

从短期来看，仅仅凭某一次活动的成功与否来评判家庭时光是否有意义，那就太草率了。我们常常感觉自己是在进行一场艰苦的斗争。有时候游戏以眼泪收尾，而整个家庭之夜也很糟糕。尽管我们努力想找一部让每个人都满意的影片，但DVD聚会还是以争吵和沮丧告终。我们不禁怀疑，自己这样费尽心思到底是否值得。在与其他努力维持家庭时光的家庭交流过后，我们发现他们的体会与我们一样。有位母亲告诉我们："我想说的是，我们的家庭之夜，每三晚中必有一晚以争吵告终，有时甚至还没开始情况就已经变得一团糟。但即使这样，家庭之夜也是值得的，因为还有两个晚上是让人愉快的。"另外一个家庭告诉我们："需要做出很多妥协与让步。我们有4个孩子，最小的5岁，最大的14岁，有时候要做一些全家人都喜欢的事情确实是一项挑战。但这却很值得为之努力。我会从报纸上攒一些优惠券，然后全家人一起出去吃比萨。或者我们一起打网球，小儿子在旁边当球童。"

"我们大家一起替你打扫办公室，这可不能算是家庭时光。"

适合家庭时光的活动

我们列出了一些适合与孩子一起玩的活动。或者你也可以给孩子一个惊喜，选择适合孩子年纪的活动。

· 到公园去踢足球、玩板球、玩飞盘等。

· 进行纸牌、跳棋或象棋比赛。

· 玩猜谜游戏。

· 去看电影，并且在电影开始前或散场后喝杯奶昔或吃顿快餐。

· 一起画画或涂鸦。尝试为彼此画幅肖像画。

· 一起玩积木、玩具赛车或玩具士兵。

· 玩"过家家"或角色扮演。

· 尝试一起做一道新菜。

· 一起做一些东西，比如圣诞卡片或装饰圣诞树。

· 看孩子喜欢的影碟。

· 玩捉迷藏或类似的游戏。

· 出去散散步或骑车兜兜风。

· 去慢跑。

· 租一艘划艇或脚踏船，到附近的池塘划船。

· 一起去野餐（雨天也可以）。

· 一起制作薄煎饼或比萨。

· 滑旱冰。

· 去游泳。

· 到一个不常去的公园探险。

· 策划一场寻宝游戏。尝试在家里找出按字母表顺序开头的东西。

· 大声读一本书（例如C. S. 路易斯的著作《纳尼亚传奇》，对孩子和大人都有很强的吸引力）。

- 翻看家庭照片集或者看一些以前的家庭录像、影碟。
- 把家庭近况录下来，并把录音带寄给不常见面的朋友或亲人。
- 玩孩子们都喜欢的棋盘游戏。大富翁、拼词游戏、掷色子、看图猜字、飞行棋以及棋盘问答，都是我们家在不同时期非常喜欢的游戏。
- 唱喜欢的歌曲或童谣（可以用一些自制的乐器伴奏）。
- 用旧纽扣、废弃的材料或杂志图片等东西创作一幅拼贴画。
- 制作一个图文并茂的家庭网站。
- 制作一个简易喂鸟器，为冬天做准备，把它挂在全家人都能看到的地方。
- 表演一个喜欢的故事（例如《金发姑娘与三只熊》或《灰姑娘》），每个家庭成员扮演其中的一个角色。准备道具和服装。
- 制作木偶并进行木偶剧表演。
- 举办烧烤宴会并尝试用香蕉皮烤东西：把香蕉纵向切开，里面填满巧克力豆。
- 一起听故事光盘或磁带，或是可以跟读的有声书籍。
- 鼓励年幼的孩子画一幅画并涂上颜色，送给（外）祖父母。年纪较大一点的孩子可以送自制的卡片。
- 打网球、篮球、高尔夫球或任何孩子们喜欢的运动项目。
- 带孩子参观父母的工作场所。
- 在纸上画家谱，把全家人都画上。如有可能，还可加上照片。
- 给每个人一大张纸，轮流画出彼此的身体轮廓。给每个轮廓涂上颜色以便看起来与本人更像。
- 秋天时收集各种各样的树叶并把它们夹在书里。
- 制订一个计划，使全家人可以一起帮助发展中国家的某个孩子。

- 在自己家附近散散步，更好地了解自己的邻居。

- 制作一个剪贴簿，主题可以是最喜欢的一次假期或一次特别的活动（附上图片、照片或其他纪念物）。

- 玩"看手势猜谜"游戏或者"猜副词游戏"（一位家庭成员按指令做一个动作，其他成员尝试根据动作猜一个副词，例如，你可能需要表演"痉挛似的"吃晚饭或"笨拙地"打网球）。

- 一起出去吃个冰激凌或喝杯热巧克力。

- 周末时全家人挤在一张床上睡个懒觉并在床上吃早餐。

- 在家里"宅一天"——全家人都穿着睡衣，不给任何人开门，不接任何人的电话。

家庭假日

有些人对家庭假日兴奋不已，有些人则心生畏惧。家里年轻的成员通常属于前者，会讲很多度假的好处。对于很多孩子来说，家庭假日是父母最放松的时刻，全家人可以有时间一起进行一些有趣的活动。成功的假期往往需要仔细规划。如果家里有年幼的孩子，还需要父母有充沛的精力。我们可能希望享受日光浴，而孩子却要我们帮忙再堆一个沙堡。我们可能更喜欢游览古代遗迹，但孩子却觉得这活动太乏味，不停抱怨。我们可能想花大部分时间读读书，而孩子则希望我们能陪他们玩。

力奇 度假时我最爱的一项消遣是乘帆船出海。每年夏天，我都要拿出十多天的时间，每天参加本地帆船俱乐部举办的比赛。结婚后我也一直如此——希拉成了我的搭档。然而，在有了孩子之后，一切就都变了样。有年夏天，希拉要一边照顾吵着去海滩的孩子们，一边观看我比赛，所有人都觉得疲惫且焦虑。自此以后，我意识到需要把参加帆船比赛暂停一段时间了，这样，我们全家才能一起去海边度假。同样，我的高尔夫球杆也连续8年处于半退休状态，直到孩子们年龄大了，不太愿意再跟我一起玩。

我们也要好好想想和谁一起去度假。

希拉 当孩子们还小时，我们会确保有些假日只有我们一家人，为的是不让自己总与其他成年人待在一起。随着孩子们成长为青少年，家庭假日仍旧是我们一家人的特殊时光，尽管此时孩子们常常会邀请一个或几个朋友与我们一起度假。

有些父母在自己幼年时期没有关于度假的美好经历，对他们来说，家庭假日可能没什么吸引力。家庭假日成功的秘诀通常是计划周全、乐意保持灵活性以及善于从以前的经验教训中学习。有个家庭努力想让他们的假日轻松愉快，这家的父亲告诉我们："我们终于在这几年找到了一些真正适合我们家的活动。在此之前，我们不断尝试，后来我们发现了一个非常适合我们家的度假地点，在那里每个人都能玩得很开心。"

我们可能感觉与别人一起度假会容易得多，但我们自己与孩子相处会给家庭生活带来很多好处。有些父母可能觉得自己做不到这一点。其实，唯一能做的就是努力尝试。有对夫妇有两个孩子，他们对我们说："离开家去度假就是为了让孩子们远离日常生活的干扰——通常我们会根据度假后家庭成员的状态来判断度假的效果。孩子们变得更加亲密，也玩得更好了。我们很喜欢与其他家庭一起度假，但实际上，我们慢慢认识到专属于我们一家人的家庭假日效果会更好。"

花费昂贵的假期并不一定是最好的。好的假期，关键在于把全家人凝聚在一起。

力奇 我记得自己十几岁时，全家人连续好几年去康沃尔、德文郡露营，后来又去过法国。我非常喜欢。我不确定对我父母来说那是不是最舒适的假期，因为天气总是不理想，但露营却让我们一家人的感情变得更加亲密。我们到达露营地后，每个人都能参与其中。我们需要把帐篷连接到房车上，爸爸、哥哥和我计时，看我们是否能打破搭帐篷的纪录。我喜欢冲浪、打沙滩板球、探索未知的地方以及夜晚借着煤气灯的微光与家人一起玩牌或棋盘游戏。在我的成长岁月中，这些都是我们一家人最美好的时光。

结　语

生活中，我们所承担的所有角色几乎都能够被他人取代。但是作为父母的这段时间我们必须陪在孩子身边，这段时间虽然很短，但父母的角色是无可取代的。我们常常听到孩子已经独立的父母这样说："我真希望当年孩子还在身边、还需要我时，我能多抽出些时间来陪他们。"确保我们以后不会后悔的唯一办法是现在就告诉自己："家庭生活没有商量的余地。"这可能需要改变心态，但创造全家人都可以共享的特别回忆对每个人都有好处，而且可以增进家人之间的感情。

停一停·想一想

· 本周你有时间享受"家庭时光"吗？

· 怎样才能为家人打造充满乐趣的家庭时光？

· 策划一项全家人都喜欢的游戏或活动——在某个晚上或在周末。

· 问问孩子下次想做什么。

· 为下一次家庭假日做好计划。与全家人一起讨论可能会去的地方，问问孩子最喜欢假期的哪些方面。

第四章　调节手足间的关系

Helping sibling relationships

他们有时会把我搞得心烦意乱，但我知道哥哥姐姐们会一直守候着我——我也一样。

萨尔玛　16岁

我们小时候常常打架——你不能指望小男孩们会对彼此说："我很生气，但我尊重你。"你需要的只是与兄弟痛痛快快地打一架。

巴尼　23岁

家里有一个孩子时，你是父母；有两个孩子时，你就成了裁判。

大卫·弗罗斯特爵士
播音员

兄弟姐妹——对于曾经是孩子，如今已为人父母的你来说，这4个字能让你想到什么？同盟？对手？无休止的争吵？看似相同，实际却相差甚远？亲密的朋友？失望？共同之处？格格不入？欢声笑语？

对于兄弟姐妹这个概念，不同的人会有不同的反应。然而，几乎所有养育过多个孩子的父母都有一个共同的心愿，他们都深深渴望孩子们能好好相处，并且成为朋友。对于多年来一直忍受孩子争吵与打闹的父母来说，没有什么能比看到孩子们长大后成为好朋友更让人感到有价值的了。

　　在过去六十多年间，人们的家庭生活发生了巨大的变化。越来越多的家庭都只有一个孩子，并且同父异母（或同母异父）的兄弟姐妹生活在一起的现象也越来越普遍。

　　尽管"组合"家庭会面临更多挑战，但无论各自的情况如何，我们将要探讨的调节手足关系的原则与每个家庭都息息相关。如果你只有一个孩子，可以将这些原则应用在孩子与同龄人以及年龄相仿的堂表亲的关系中。

手足的好处

　　孩子可以通过与兄弟姐妹相处学习艰难但重要的生活经验。与兄弟姐妹相处可以让孩子自然而然地掌握人际关系技巧。相处过程中一定会有冲突，然而这正是学习过程的重要组成部分。

手足带来的好处有：

· 可以一起玩

· 可以一起讲笑话

· 可以彼此打趣

· 有可以倾诉的对象

· 有可以守护并照顾你的人

· 有一个好榜样

· 有一个好朋友

· 有相伴一生的亲人

· 有一个非常了解你的人

· 互相欣赏对方的品质

手足可以提供的生活经验有：

· 学会轮流做事情

· 学会等候

· 并非总是能有人倾听你

· 并非总是被关注的焦点

· 自己的东西被拿走或弄坏

· 被忽视

· 不得不与常惹自己生气的人一起生活

· 不得不改变或放弃自己的计划

· 学会与人和睦相处

手足间的冲突

处理子女之间的冲突是父母面临的最常见、最具挑战性的难题。孩子们会为小事而争吵。他们会惹恼对方、挑衅、打架以及相互竞争。但愿孩子们并非总是如此，但几乎可以肯定的是，他们时常会这样。

让孩子们自己解决争执

兄弟姐妹之间互相调侃、斗嘴以及争吵很正常。年龄大的孩子经常对弟妹呼来喝去，并且有时会欺负年龄小的。年龄小的孩子会发牢骚、哭喊并且常常抱怨："她打我！""他老是骂我！""她老是欺负我！""他抢我的玩具、铅笔、书、自行车、衣服、运动鞋！"类似的抱怨不胜枚举。

在《如何处理孩子间的关系》（*The Parentalk Guide to Brothers and Sisters*）一书中，派特·斯潘金（Pat Spungin）与维多利亚·理查森（Victoria Richardson）写道："兄弟姐妹会互相争夺各自在家里的地位，在他们找到一起生活的方式之前，家里总会出现战争，之后是和解。兄弟姐妹之间的争吵大都关于分享、公平、隐私、所有物，以及一些无关紧要的小事。孩子们会争吵、打闹、互相推拉，有时又挡住彼此的路。"[①]

尽管争吵令人恼火，但它有一定的意义。孩子们会找到解决人际关系问题的方法。虽然父母可能会努力控制孩子们的争吵，阻止他们对彼此造成伤害，但如果父母每次都对孩子的争执进行干涉，就不利于孩子的成长。孩子们需要空间，以便自己解决问题。正是通过这些争吵，孩子们才能学会如何在冲突中相处，如何对待自己愤怒的情绪，如何协商，如何做出让步以及事后如何进行补救。争吵要比互不交流健康得多。孩子们因玩耍而发生争吵时，父母若是能够做到不参与其中便是最明智的做法。我们

---

① 　Pat Spungin and Victoria Richardson, *The Parentalk Guide to Brothers and Sisters* (Hodder and Stoughton, 2002) p. 81.

的两个儿子对此发表了自己的意见：

巴尼　必须在没有别人在场的情况下解决彼此间的问题。在寻求妈妈帮助前，我们都需要自己应对。通常，出于自我保护，我们会自己解决问题。

班吉　小时候，我们对于妈妈的怒火有一种健康的恐惧心理。我们知道惹妈妈发怒一定会有后果。

巴尼　同样，如果玩耍时发生了争吵，就必须马上解决，这样才能继续一起玩。

　　《是的，请便，我无所谓！》（*Yes, Please, Whatever!*）的作者佩妮·帕尔嫚（Penny Palmano）建议："一定要设法鼓励孩子们自己解决问题，否则，父母只会成为孩子分歧的裁决者。过不了几年，孩子将不再需要父母在中间进行协调，所以最好让孩子尽可能多地锻炼自己解决问题的能力。"[1]

希拉　我慢慢学会了不参与孩子们的争吵，除非有不得已的情况。这主要是因为想要对我不在场时发生的事情做出判断是非常困难的。

　　很多时候，由于年纪小的孩子哭得惊天动地，我便猜测肯定是大孩子打了小的，或者说了令他伤心的话。但我通常无法知道确切的事实，而且，坚持听每个孩子详细解释，反倒会让事情变得更糟。

　　如果口角与争吵演变成恶意谩骂或身体攻击，并且其中一方可能会受伤，那我们就需要出手解围了。

力奇　如果看到一个孩子伤害另一个孩子或者让另一个很痛苦，我们一定

---

[1]　Penny Palmano, *Yes, Please. Whatever!*（Harper Thorsons, 2005）p. 227.

会采取行动。假如双方情绪失控，我们通常会让他们到不同的房间各自冷静一下，而不是尝试弄清楚谁对谁错。（有时这意味着先把两个男孩拉开！）

保持冷静并控制好自己很重要。大声斥责或咄咄逼人于事无补。

希拉　对我来说，在孩子们吵架时能做到不发火、不斥责他们真的非常困难。孩子们小的时候，如果他们因为玩具或游戏而争吵，我采取的策略通常是把东西拿走并告诉孩子们，如果他们不能和平相处，那就别想把玩具拿回来。尽管让孩子们对彼此说"对不起"和"没关系"需要很多鼓励，但这样做可以帮助孩子们重拾友谊（我们将在第十四章就此问题进一步讨论）。

教孩子学会分享

孩子们因分享而引起争吵与打闹很正常。孩子们会反复说同样的事情："那是我的！""轮到我了。""不行，你不能看。""放手！你会弄坏的。""我们不想跟你一起玩。"

大多数时候，兄弟姐妹会为自己的东西、电视遥控器、轮到谁等事情而发生口角，但这并不会持续很长时间，他们也不会太在意。我们的目标是创造合适的时机，让孩子们懂得，从长远来看分享才是最好的选择。所以，如果孩子们为看哪个电视频道而屡次大声争吵的话，我们就会说"如果你们再吵，那就谁都别看了"，并把电视关掉。这就意味着孩子们要自己找出对彼此都好的解决办法。

让孩子们学会与别人分享自己的东西以及彼此尊重很重要，但这需要花一些时间。我们可以教导孩子不能不事先打招呼就拿别人的东西，即使有时"只是借用"。珍贵并且易碎的东西可以不用分享。我们可能需要把这样的东西放到年幼的孩子看不到或够不着的地方。

"好吧，我们分享电视，屏幕给你。"

力奇 我家每个孩子都有一个自制的木盒子，用于放一些特殊的东西，孩子们称它作"宝盒"，并将它放在自己的床边。孩子们都知道不能随便看别人的盒子。

防患于未然

孩子争吵的三大常见理由是疲劳、低血糖以及想引起父母的注意。所以，如果放学时孩子就已经很饿了，那么在去接他们时可以带点零食，在回家的路上分享零食可以让孩子之间更加和谐，而且回家的路途也将变得更快乐。如果孩子们每天都在同一时间变得脾气暴躁，那么可以提前吃饭或者让孩子有更充足的睡眠，这样能够减少孩子们争吵的次数。如果孩子为了引起我们的注意而经常挑衅兄弟姐妹，那单独与每个孩子谈一谈可能是解决问题的好办法。

有时孩子们可能会因自己在学校里遭受了挫折而对兄弟姐妹发脾气，而争吵本身与孩子发脾气的原因并没有多大关系。有位朋友回忆说："我记得小时候哥哥一旦在橄榄球比赛中表现糟糕就会对我们大发脾气。明白这一点，以后我们对哥哥说的话就不太在意了。"父母对子女发生冲突的原因保持相当的敏锐度，有助于对当时的情况做出正确解读，而不是仅仅进行"危机管理"。

教孩子学会表达负面情绪

孩子对兄弟姐妹发脾气很正常，但父母必须让孩子知道打人、推搡、掐人、大喊大叫、揪头发、说尖酸刻薄的话以及扔东西都是错误的，是不可接受的发泄失望或烦躁情绪的方式。我们要教孩子在学会表达负面情绪（如失望、痛苦、愤怒等）的同时又能控制自己，不攻击别人，在此过程中，孩子们也能从中汲取建立健康人际关系的最好经验：大家可以在不翻脸的前提下解决冲突。

如果我们制止孩子表达愤怒情绪，或在他们打了兄弟姐妹时大发雷霆，就无法让孩子的负面情绪得到释放。我们很可能需要教孩子学会表达为什么。他们会感到恼怒。一个伤心的孩子生气地对自己的兄弟姐妹说"你弄坏了我的玩具"或"你推倒了我搭的城堡"，比说"我恨你"或"你是个白痴"要好得多。我们要帮助孩子学会分辨行为而不是攻击别人。当然，这种认知并不是一朝一夕就能形成的。

手足间的竞争

家里有不止一个孩子的父母一定要尽最大努力让孩子们感受到同样的爱，感到自己同等重要。对有些父母来说，这可能有点困难，但无论是不是父母偏爱所导致的，不健康竞争很容易让孩子们相互嫉妒甚至憎恨自己的手足。长此以往就会破坏孩子之间以及孩子与父母之间的关系。

作为父母，我们最了解自己的孩子，而且当普通的打闹升级成更严重的手足竞争时，我们通常能够做出判断。派特·斯潘金与维多利亚·理查森给出了一些检验方法："孩子之间的竞争是否频繁并执拗？孩子们是否不喜欢待在一起？孩子间的嬉戏打闹可能变得更加激烈，比较暴力。你可能会看出双方有伤害对方的意图，或者有一方可能真的有恶意。当日常戏弄变得满怀恶意，或者当一个孩子被另一个孩子欺凌，事情就变得难以控制了。那你将要处理的就是手足间的竞争。"①

手足竞争的根源是孩子们倾向拿自己与兄弟姐妹做比较，这样孩子之间就形成了竞争关系而不是同盟关系。孩子可能会想：

- 为什么爸爸妈妈爱他比爱我更多呢？

- 为什么她总是得到更多的关注呢？

- 为什么爸爸妈妈认为他比我更聪明、有趣、友善、惹人喜爱呢？

- 为什么爸爸妈妈给她的礼物比我的更大更好呢？

- 为什么爸爸妈妈总对我发脾气呢？

- 为什么我总是被忽略呢？

这些问题会成为孩子嫉妒、缺少自尊的根源，而且遗憾的是，如果这些情绪长时间存在的话，孩子就会对兄弟姐妹形成真正的厌恶之情。我们必须问自己：我们是否，即便有时是无意识地，造成了孩子之间的相互比较？在一个孩子面前夸赞另一个在交朋友方面做得更好，或者跟一个孩子说她比弟弟更乖，都可能导致孩子之间产生隔阂。

如果我们说"他是我们家的运动健将"，"她是最聪明的"或者"他是最帅的"，其他孩子就可能会想"我不擅长运动"，"我不够聪明"或者"我长得不好看"，可能充满怨恨甚至放弃努力。同样，如果我们说"他不听话"，那么这个孩子在家里就会始终以"不听话"的姿态示人。正如有个孩子说过的："如果我不能当一个好孩子，那我就要成为最坏的那个。"

---

① Pat Spungin and Victoria Richardson, *The Parentalk Guide to Brothers and Sisters* （Hodder and Stoughton, 2002） p. 83.

避免偏心

作为父母，如果我们表现出偏爱某个孩子，就会让其他孩子产生深深的不满。偏心会给孩子造成情感创伤，对他们今后的生活带来负面影响。我们可能觉得自己不偏不倚，但如果我们经常听到孩子说"这不公平""受指责的总是我""他总是不受处罚"，那么我们就要留心了，要问问自己，孩子的这些抱怨是否有道理。

很多父母发现自己很容易与某个孩子处得很好，却很难与另一个孩子和平共处。某个孩子可能更乖巧听话，父亲可能发现自己与某个孩子有更多共同的爱好，或者母亲觉得某个孩子比其他孩子更容易沟通。父母不可能一下子改变这些感受，并且也无须为自己的感受而自责。在一篇题为《你可以偏爱孩子中的一个吗？》的文章中，心理学家琳达·布莱尔写道："爱的对立面不是恨，认识到这一点很重要。有时你可能对自己的孩子又爱又恨。爱的对立面是冷漠。如果你对自己的孩子漠不关心，那就需要为此担心了。所以当孩子惹你生气时，你要打起精神。"[1]

无论感受如何，我们都要尽量不对任何一个孩子偏心。有时甚至我们的肢体语言也会表现出偏爱的迹象。我们可能总是冲着一个孩子皱眉头，却对另一个孩子微笑。对抗偏心的一个办法就是经常用语言和行动向孩子表明他们每个人都是特殊的。有的孩子可能比其他孩子更需要言语上的鼓励，但我们仍然可以确保自己不会因为自己的不高兴而忽略孩子的需要，不给他们买礼物或不拥抱他们。

有位母亲对我们说："孩子会因父母的爱而互相嫉妒。所以我会努力做到给予每个孩子同等的赞美与拥抱。拥抱一个孩子时，朝另一个眨眨眼或投以亲切的目光都能给予孩子支持。我认为这个做法很重要，越早采用越有好处。"

---

[1]　Linda Blair, *The Times*, 5 December 2007, p.8.

随着我们开始重视平等对待每个孩子，我们会发现自己的偏见会随着时间的推移而发生改变。我们开始慢慢欣赏那个"难相处"的孩子身上的某些个性，并且会注意到他的技能与特质，这些品质曾经都被他的"难相处"给掩盖了。随着我们学会重视每个孩子的独特性，而不是把他们相互比较，孩子们也会变得更加自信、可爱，兄弟姐妹之间的关系也不再充满竞争性了。

增进手足关系的建议

1. 给每个孩子一些空间与隐私

与其他孩子相比，有些孩子需要有更多自己的时间，而且等到他们进入青春期后，对"自己的时间"的需求可能会更多。

力奇 我们有个儿子，以前放学回家后经常把自己锁在洗手间里看漫画书，一看就是一小时。这是他唯一可以获得独处的方式。在与别人相处了一整天后，他需要一些自己的空间，而在洗手间里看漫画则是最好的方法。而且正是因为这段独处时间，他和手足之间的关系也变得更好了（虽然等着上洗手间的人有很多）。

在两个或多个孩子必须共用一间卧室的情况下，每个孩子都应有明确的属于自己的空间。

希拉 在我们家两个年纪小的男孩共用一间卧室时，巴尼对于自己原本整整齐齐的东西常混入弟弟的一堆杂物感到越来越恼火。我们想出了一个办法（现在听起来还挺富戏剧性的，但其效果却是一级棒）。我们找了一根杆子，在上面挂上一个帘子，在略高于头部的位置把房间分成了两个区域。每当需要自己的空间时，巴尼就可以消失在帘子后面，两兄弟的关系也因此得到了改善。

随着孩子们慢慢长大，他们都希望别人（包括自己的父母）在进自己的房间前能敲一下门。这种想法是礼貌并且正确的。如果房门是开着的，孩子们也乐于让别人随便进出，这样很好——但一定要确定那是孩子自己想要的。

2．全家人一起做有趣的事情

全家人一起用餐、一起度假、进行一些每个人都喜欢的活动、一起看电视、一起玩游戏都有助于形成共同的美好回忆以及建立归属感。没有什么事情比让手足之间建立友谊并且不让任何一个孩子感到受冷落更加重要的了。无论有没有父母的参与，孩子们一起做家务能够形成一种强烈的团队合作意识，尤其是在他们希望快点做完的情况下。

3．允许孩子一起玩幼稚的游戏

通常在我们看来，孩子们的活动都没有什么意义，也不具任何"建设性"。我们可能更希望孩子锻炼自己在足球、网球或游泳等方面的技能，而孩子则更喜欢到处胡闹逗乐，玩过家家或在自己卧室里搭巢筑穴。幼稚的游戏可能看起来很浪费时间，但这样的活动可以锻炼孩子的想象力，并且增进手足之间的感情。

"散步，跳绳……我们一起去捉迷藏好吗？"

有位母亲曾对我们说："我的孩子们小时候，洗完澡后便喜欢光着身子在屋子里互相追逐打闹，家里常常充满欢声笑语。虽然我内心极力想让他们保持安静、上床睡觉，他们却玩得不亦乐乎，但因为我非常希望孩子们能成为好朋友，所以我努力保持沉默。"

4．允许打闹

很多孩子花大量时间互相打闹。打闹能带给孩子很多好处。通常，孩子们在互相追逐、扭打、撞成一团之后，有个孩子会大喊"哎哟"或"快停下"。但只要没人受到严重伤害，家长就可以允许孩子继续打闹。我们家的3个男孩至今仍会互相开玩笑、打闹。特别是当他们分开一段时间后，打闹有助于他们重新联络感情。

让孩子到屋外打闹，或者在一个没有易碎物品的房间里玩耍，能够让家长紧绷的神经得到放松！如果情况看起来像是孩子们在伤害彼此，那么可以问他们："这是闹着玩呢还是真的打架呢？"如果有孩子说是真的打架，便立刻把他们分开。

5．认可每个孩子

父母要重视每个孩子的不同品质。无论他是老大、老幺还是排行居中，无论是3个女孩中的老二还是家里唯一的男孩，父母都要让孩子明白他们每个人在家里都有独特的地位。这与称某个孩子为"典型的老二"或"的确有老大的样子"这类标签式的评语完全相反。如果年纪小的孩子在社交、学术或运动方面有明显的才能，那就需要想办法肯定哥哥姐姐的天赋。如果每个孩子都能因为做真正的自己而感受到父母的爱，那孩子们就不太可能认为受到了兄弟姐妹的威胁。

6．在孩子之间建立爱与理解

我们要帮助孩子从小学会表达自己对手足的爱与尊重，而非总是设法在兄弟姐妹中占上风。如果我们在孩子小时候对他们说"你真的是个很棒的大哥哥"或者"妹妹很喜欢你陪她一起玩"，不仅可以强化孩子当前的积极态度和行为，而且可以鼓励孩子在将来形成对待彼此的积极情感。

如果我们对孩子说"你能过去哄哥哥高兴吗？他现在很难过"，或者"你能给姐姐拿一下膏药吗？她弄伤了膝盖"，又或者"你能在今晚的派对上照看艾米丽吗？她是年纪最小的"，会让孩子建立一种互相关心的责任感。如果我们希望孩子们能对彼此表现出一定程度的礼貌与善意，孩子们就不会辜负我们的期望。

7. 要公正

孩子们对于谁得到了什么以及每个人是否得到了同等的分量会观察得很仔细。我们需要尽力做到不偏不倚，但也无须过度强求。生活本来就不可能那么公正。有的孩子可能需要父母在作业上给予更多的帮助，有的孩子可能需要一双新的运动鞋，这并不意味着我们必须花同样多的时间辅导每个孩子的功课或者给每个孩子买运动鞋。如果必要的话，我们可以对孩子做出解释。

给每个孩子庆祝生日并祝贺他们取得的成就，但不要每次都给每个人买礼物。可以帮助孩子们一起制作一份礼物或大家一起凑钱买礼物。允许大家把关注的焦点放在某一个孩子（或父母）身上，但前提是要保证其他孩子也会受到同等的待遇。这样，我们可以让孩子们学会为彼此庆祝。

8. 允许孩子表达自己的忧虑

蹒跚学步的幼童可能对新生宝宝的降临感到不满，嫌他夺走了父母的注意力。我们不在身边时，年幼的孩子可能会被年长的孩子欺负。十几岁的青少年可能会因我们把过多的责任放到他们身上或因我们对有特殊需求的弟妹给予额外关注而感到不满。如果孩子不开心，让他们表达出自己的情感并努力弄清他情绪低落的原因非常重要。这时我们需要理解孩子，尽管我们无法改变当时的情况。

9．鼓励孩子开怀大笑

兄弟姐妹一起开怀大笑可以增进彼此间的情感。最近，巴尼在谈到自己与两个兄弟多年来培养的幽默感时说："哥哥和弟弟是我最好的朋友。我经常会说一些让他们捧腹大笑的话。"

允许孩子们笑话我们的一些奇怪做法、有趣想法或对旧时歌曲的迷恋，也能够让孩子因自己是家里的一份子而感到开心。有位女士有3个兄弟姐妹，她告诉我们："小时候，我们常会因为父亲的滑稽举动而笑出眼泪来，这也让我们几个变得更加亲密。"

10．私下赞扬

同一个家庭的孩子往往有着迥然不同的个性与才能。有时，在私下里而不是当着每个人的面赞扬，是一个既能表扬某个孩子又不会让别的孩子感觉没面子的好办法。

11．欣赏每个孩子的不同之处

如果我们的孩子性格一样并且在每种情形下反应相似，那生活将变得无比乏味。我们要让孩子意识到，他们之间存在不同是件好事，绝不是引起愤怒的缘由。我们可能要向孩子指出："哥哥早上的确脾气很大，但他也很大方，总是让你玩他的游戏机。"

结　语

有位母亲告诉我们：

作为母亲，我最大的困难是解决孩子之间的争吵。我过去常常会通过询问每个孩子并且努力搞清楚争吵的原因来找出解决问题的办法。但由于孩子们不断哭闹、大喊大叫，想要弄清楚原因几乎是不可能的。年幼、表达能力不强的孩子往往无法清楚地描述事情的经过，尤其当争吵是由过去的矛盾引起时，那情况就会更加棘手。旧日的所有恩怨都会再次被提起，从而进一步加剧当前的矛盾。

在评判孩子们的争吵时，我不仅常常误判，而且会对我认为是"罪犯"的孩子大加指责，这样虽然"受害人"高兴了，但却让受指责的孩子生出更多的嫉妒。这会引发孩子之间更多的争吵，而做错事的孩子则希望借这次机会证明自己是无辜的。

最终我改变了策略。如今我努力让自己冷静地处理孩子之间的争吵。每个孩子依次都有发言权，我也会耐心倾听，但我不会指责或同情任何一个孩子。听完后，我会总结说："我不能容忍打架争吵，如果再继续打架，你们就必须自己玩自己的。"这个方法取得了真正的效果。因为这让孩子们一致对我产生了不满，于是我成了最不受欢迎的那一个。但比起先前的结果，这要幸福多了。对我而言，这个做法救了我的命。

停一停·想一想

· 你能为帮助孩子建立友谊做些什么？

· 你能否允许孩子们自己解决他们之间的争吵？

· 你的孩子是否觉得你对某个孩子偏心？

· 你如何才能帮助孩子们欣赏彼此间的不同品质？

· 你如何才能确保每个孩子都明白自己是家里独特的一份子？

第二部分
满足孩子的需求

SECTION 2
What do our children need

THE PARENTING BOOK

第五章　五种爱之语

The five ways of showing love

我知道爸爸和妈妈都很爱我，因为他们对我很好。他们和我一起做手工，带我去博物馆，等等。

莉娜　8岁

当孩子真正感觉到被爱时，他们的整个世界都会变得更加明亮。他们会感到更加安全，也就有可能更好地发挥自己的潜能。

盖瑞·查普曼 博士
作家

对自己的孩子好一点。总有一天他们会给你选择养老院。

菲利斯·狄龙
歌手

情景一

到目前为止，今天一天很糟糕。5岁的纳特一直不愿意穿衣服。他刚刚与4岁的弟弟争抢麦片包中的星际大战系列图片，结果他没抢到。纳特心里很明白这次应该轮到科尔拥有那些卡片了，所以他大发脾气。"我讨厌上学！"他大叫。到学校后，纳特为了向老师证明自己对学校的厌恶，把一桶沙子倒进了新做的混凝纸浆中。"为什么纳特有时很听话，有时又那么让人讨厌呢？"妈妈很纳闷，她猜晚饭时又会有一场战斗了。

情景二

傍晚时分。凯特准备去参加一个派对。"亲爱的宝贝，玩得开心。"父亲对楼上的凯特说，"记得11点之前回家。"

没人应答。

凯特穿着一件透明上衣下了楼。父母都感到很吃惊。家里的规矩是"不准穿透明的上衣"。母亲咬紧了嘴唇。她一直很忙，没有时间跟女儿讨论这次派对要穿什么衣服。

"宝贝，你知道你不能穿成这样——你得去换衣服。"

还是没有应答，只有几声嘀咕。凯特走到门前拿起外套。

"如果你不换衣服，就不准去参加派对。"

"你们阻止不了我。我都14岁了，我想干什么就干什么。"

"不行，你不能。马上去换衣服。"

"你们是我见过的最差劲的父母。我恨你们。"

凯特跑了出去，用力甩上了门。

"为什么最近凯特这么容易生气？"凯特的父母纳闷，害怕下次再跟女儿起冲突。

以上两个情景你觉得熟悉吗？当然，导致孩子产生不良行为的因素很多。孩子可能累了或饿了，也可能正处于青春期的叛逆阶段。这些都可能是一次性事件。孩子可能对上学感到忧虑。但如果孩子的不良行为已成为家常便饭，那我们要考虑的第一个问题就是：孩子有没有感觉到自己被深深地爱着？

感受被爱的需求

孩子们都渴望知道自己是被无条件地爱着的。无论他们是否擅长运动，是否赢得了学术奖项，他们都需要知道自己是被认可与重视的。孩子的内心有一块空白的区域——也可以说是"情感水槽"——亟待我们用爱把它填满。

"爱是我所需的一切，还有巧克力。"

通常孩子的行为就是指针，可以指出他们在多大程度上需要感受到被爱。当年幼的孩子有抱怨、哭闹、抢东西、发脾气或伤害其他孩子的倾向时，很可能是因为他们的情感水槽没有足量的爱了。父母需要用爱把孩子的情感水槽填满。对于青少年来说，如果情感水槽的指针指向较低的位置，那么他们的表现会更加糟糕。青少年反社会与叛逆行为通常源于他们"没人爱我，没人接纳我"的想法。

作为父母，我们可能会因自己的孩子有这样的感受而感到震惊。我们当然爱自己的孩子。没有人会比他们更令我们牵挂了。我们为孩子做出了极大的牺牲。我们在他们身上花的钱不计其数。那么，问题出在哪儿呢？主要问题是，很多父母都不知道该如何满足孩子的情感需求，如何让孩子感到自己是被深深爱着的。我们可能认为，自己爱孩子并且对他们说"我爱你"，孩子必然就能知道这一点。但我们的孩子不但需要被爱，还需要感受到被爱；不但需要被接纳，还需要感受到被接纳。

汤姆·马歇尔就与人建立亲密关系的困难之处这个论题进行了多年的探讨。在自己的著作《正当关系》中，他回忆了自己就这一话题与他人展开的交流："我记不清到底有多少人，在回首自己的童年岁月时都伤心地对我说：'我想，父母在用他们的方式爱着我，而我从未感受到他们的爱。'"[①]

那么，我们该如何让孩子全身心感受到我们的爱呢？有时我们可能无法对孩子表达爱意——我们可能感到疲倦、不高兴、无能为力、心情不好或异常挑剔。与此同时，孩子们又惹我们生气。他们似乎很无理、不知感恩、极其以自我为中心、懒惰，或者只是不断挑战我们的底线。

不管心的温度如何，爱是内心意愿的一种行为。爱包含着行动。爱需要做出决定。换句话说，我们要表达自己的爱，尤其是当我们感觉自己缺乏爱的时候。

能感受到父母爱的孩子有很多优势。他们尤其具有以下特点：

· 有深深的安全感。

· 能够应对生活中的成功与失败。

· 能够更好地交到朋友，有信心与他人交往，信任他人。

· 有信心通过分享自己的所思所感而展现自己脆弱的一面。

---

① Tom Marshall, *Right Relationships* (Sovereign World, 1992) p. 39.

· 在必要的时候，能够脱颖而出、与众不同。

· 能够影响别人，而不总是受别人的影响。

那么，我们该怎么做呢？

"嗯，你妈妈爱你，
不过你还是下来吧。"

发现爱之语

我们应该感谢盖瑞·查普曼（Gary Chapman），他在《爱的五种语言》（*The Five Love Languages*）一书中提出了深刻的见解。我们发现，这些见解对于帮助人们感到被爱非常有帮助。查普曼表示，我们可以用不同的方式向别人表达爱，每个人都有一到两种"爱之语"，比起其他几种表达爱的方式，我们对自己"爱之语"的反应要好很多。

表达爱的五种方式

（1）语言

语言可以强有力地表达爱。我们可以表扬："做得好！我真为你感到骄傲。"可以赞美："你看起来真漂亮！"或者说："亲爱的，你真是太体贴了。"可以表达爱慕之情："我爱你，在生命中的每一天。"还可以鼓励："我知道你一定能做到。"

（2）精心时刻

当我们腾出自己宝贵的时间与别人相处时，我们是在告诉他，你很重要。当我们把注意力完全放在他人身上，与他们相处，倾听他们的话语或者看他们做什么，我们是在传达这样一种信息：你对我来说很特别。

（3）肢体接触

表达爱意的身体接触表明我们喜欢与那个人亲近。肢体接触通过一个简单的动作就能同时传达欢迎、支持、关心、慰藉以及安全感等多重含义。

（4）礼物

礼物是看得见摸得着并能承载爱意的物品。礼物能向收礼物的人表明我们挑选礼物时在想着他们，并且能让他们在每次看见或使用礼物时都想起我们的爱。

（5）行动

当我们为别人做某件事或者善待别人时，我们就是在用实际行动来表达爱。我们可以通过充满善意的行动来满足别人的需求，从而让别人感受到浓浓的爱。

盖瑞·查普曼把表达爱的5种方式称为"爱之语"。对每个人来说，总会有一种表达爱的方式能够感动我们，填满我们的"情感水槽"。我们会对那种爱之语有着本能的理解与反应，正如我们能立刻理解自己的母语一样。当然，有些人是精通两种语言的。同样，我们会发现自己不止通过一种爱之语来感受别人的爱。

力奇 在我们的婚姻中，我和希拉感觉被爱的方式是非常不同的，能认识到这一点对我们来说至关重要。唯有在我们的二人世界里希拉才会深深感受到被爱，尤其当约会是由我提起的。而我则在希拉给予我鼓励时才会深感被爱。对于希拉来说，排在精心时刻之后的是肢体接触，而对我来说，下一个则是善意的行动。

明白彼此的不同需求可以避免我们在不经意间给对方造成伤害，并且能让我们以有效的方式向对方表达爱。

识别情感空槽的标志

如果要填满孩子的情感水槽，首先我们必须确定孩子的首要爱之语。

希拉 我们家的一个男孩在4岁上幼儿园时，表现得与本章开头讲到的小男孩没什么两样。今天他还是乖巧听话、乐于助人的小宝贝,明天就是个叛逆的小魔头。我们不知道这是为什么。

有一天他的表现又差强人意,老师问我最近有没有花时间单独陪过他。当天下午我就试着抽出时间陪儿子。我花了半个小时,注意力完全在他身上,并陪他玩。结果让我很震惊。我从未见过儿子像那天晚餐时那样乖巧可人。甚至连他的姐姐和兄弟们都发现他像是变了一个人!他的情感水槽已经被完全填满了。

学习使用所有的爱之语

一般来说,每个人都会用我们最愿意接受的方式来表达爱。我们可能会常常拥抱别人,因为拥抱也能让我们自己感到被爱。我们可能会乐于送别人礼物,因为收到礼物对我们来说意义重大。或者我们会发现自己会本能地给予别人鼓励,因为听到肯定的话语是让我们一天天不断前进的动力。以自己擅长的爱之语向他人表达爱并不难,但孩子的爱之语很可能与我们的不同。

在研究每种爱之语前,重要的是要弄清楚这些爱的语言对于每个孩子的意义。每个孩子都需要听到父母积极、鼓励的话语。所有的孩子都会因父母抽时间来陪自己而茁壮成长——这指的是父母在长年为孩子持续不断地付出时间。为了给孩子庆祝生日、祝贺孩子取得成就以及在困难时期给予孩子支持,父母会买礼物,这也能让他们快乐健康地成长。每个孩子都需要父母给予他们大量的爱抚,孩子小的时候可以很频繁地拥抱、亲吻他们,而随着他们慢慢长大则需要在恰当的时间和地点向孩子表达爱。知道父母愿意为自己提供实际服务与帮助,例如:给自己做饭、洗衣、接送自己上下学、去朋友的派对等,这些都可以让孩子感受到父母的爱。

了解每个孩子

了解年幼孩子的首要爱之语比较困难,但等孩子到了7岁左右时我们便可以弄清楚了。不但同一个家庭的每个孩子会有不同的爱之语,而且随着年龄的增长，孩子的首要爱之语也会发生变化。

力奇 我们问柯丝蒂，作为青少年，哪种爱之语对她来说最重要。她说排在第一位的是"精心时刻"，而第二位竟然是"礼物"。当我们问她原因时，柯丝蒂说家人花时间在一起——无论是吃饭、睡前时间还是度假，大家一起聊天对她来说非常重要。

柯丝蒂还提到几个月前发生的事情，当时她正面临大考，学习压力很大。有一天晚上，她回到家后发现希拉在她的卧室里放了一束鲜花。她告诉我们，这束鲜花让她能够以正确的态度对待考试。鲜花让她明白了我们对她的爱是无条件的，我们爱她与她所取得的成绩无关。

要真诚

孩子们能够识破父母企图"收买他们"的伎俩。我们不能把爱之语当作曾经让孩子失望，现在企图弥补的一种措施。因此，由于不能陪在孩子身边而给他们买很多礼物，或者由于总爱向孩子发脾气而给他们过多的身体爱抚，这些做法对孩子来说都不起作用。爱之语必须是爱意的真挚传达，而不是为了掩盖过失而做出的尝试。

为孩子树立榜样

正如生活中的其他事情一样，孩子通过模仿来学习如何去爱。所以，当3岁的弗格斯丢了玩具时，弗格斯5岁的哥哥就会说"我来帮你找玩具"，因为哥哥曾看到妈妈也是这样做的。当13岁的艾莉流泪时，16岁的姐姐给了她一个拥抱，因为每当姐姐难过时，父母也是这样拥抱她。通过亲身示范，我们让孩子明白爱是双向的。

有些人可能会发现，自己在成长过程中从来没有体验过某种甚至任何一种被疼爱的方式，在这种情况下，当我们向孩子表达爱意时就可能会感到很不自然。但好消息是，我们都可以学习。就像学习一门外语一样，我们需要有决心、付出努力、不断实践，这样才能让一切变得自然，我们也会变得更善于以自己独特的方式表达爱。

很多父母感觉自己也需要爱，这也是我们要在成人之间建立稳固关系的原因，对教育孩子来说这一点尤其重要。若夫妻之间有良好的爱的互动，不但有助于满足我们自身对爱的需求，也能够为孩子树立榜样。在发现什么最能让伴侣感觉被爱并按照对方喜欢的方式表达爱的过程中，我们能够成为孩子在现在以及将来处理人际关系的好榜样。

如果你是单亲父母，独自面对这项挑战可能会让你感到缺乏信心。有位单亲父亲，妻子在4个孩子都不到十岁时就去世了。他告诉我们："夫妻之间的爱是整个家庭的动力源泉。为了能给孩子源源不断的爱，单亲父母必须寻找其他方式来获得滋养，但也有可能无法从中得到相应的回报。"我们的建议是，不要害怕寻求帮助。如果你和亲戚的关系不错，而且他们住得也比较近，可以向亲戚寻求帮助，以填补单亲家庭的不足。不然的话，也可以求助于朋友，尤其是自己信任的老朋友。

这样做对孩子和你自己都有重要的意义，而且可以让你更有效地满足孩子的情感需求。

把爱之语付诸行动

爱之语对我们来说是一个新鲜的概念，但已经被证实是教育孩子的宝贵手段。有时，当我们在心里默默思考这五种爱之语的时候，也会想出一些把爱付诸行动的新方式。我们会意识到自己一直以来忽略了某个孩子渴望的那种爱之语，所以突然间就明白了为什么最近家里吵闹不断，紧张情绪不断升级。在尝试把爱之语付诸行动的过程中，我们会看到每个孩子以及自己家庭的独特之处。

❤ 结　语 ❤

盖瑞·查普曼与罗斯·坎贝尔共同著有《儿童爱之语》一书。二人在书中举例说明了如果父母把对孩子最重要的爱之语付诸行动会带来多么大的不同：

> 莉·安是个9岁的孩子。安的妈妈在了解了五种爱之语后，对她们家的日常生活做了一些改变。"我简直不敢相信这些改变在莉·安身上起到的作用。"莉·安的妈妈说，"我们家在早上通常比较忙碌：丈夫7点出门，莉·安的校车7点30分来接她，而我则在7点50分左右出门上班。我们都各自忙着各自的事情，彼此之间唯一有意义的交流就是在出门之前说一句'再见'。"

> 了解到莉·安很看重家人为自己做的事情之后，这位母亲问莉·安："如果我可以在早上为你做一件事，让你的生活更轻松、更愉悦，你希望我做什么呢？"

> "妈妈，你能为我做的最棒的事就是帮我准备早饭。对我来说，把碗、勺子、麦片、牛奶和香蕉准备好是件很麻烦的事情。如果你能把所有东西准备好放在餐桌上，我坐下来就能吃的话，那就太棒了。"莉·安的妈妈对女儿的这个要求感到意外，但还是欣然同意了，第二天早上就做好了早餐。

> "我立马就看出了莉·安早上的态度有了很大的变化。她甚至对我说谢谢。而且她出门上学时，心情似乎更好了。三天后，我开始在她下午放学后也为她做些事情……

> "所有这一切都始于4个月之前。我感觉最大的区别是，当我们在谈论学校的生活时，莉·安的评价比以往任何时候都要积极正面得多。在我看来，她似乎在学校更快乐，积极性也更高

了。而且，我感觉我们之间的关系也变得更加亲密。"①

对于青少年来说，了解他们的主要爱之语也是相当重要的，正如另一位家长意识到的：

> 对于我13岁的女儿来说，排在第一位的爱之语就是肢体接触。如果我在道晚安时给她轻轻按摩一会儿，她会非常高兴。她会像小猫一样发出满意的声音。我会全心全意地给她按摩，一边抚摸她的背一边听她闲聊。

> 我花了很长时间才发现我15岁的女儿的首要爱之语是什么，并对此做出了回应。对她而言，做一顿美味的大餐能讨她欢心。这对我来说是个挑战，因为我不是很喜欢做饭。但如果我做了，蒂莉就会在饭后评价我的厨艺，我知道她喜欢我做的饭。与妹妹不同，蒂莉睡前想要的是一个轻轻的吻，她更愿意安安静静地独自睡去。

停一停·想一想

· 你认为你的孩子的爱之语是什么？如果孩子年龄够大，可以让他们举例说说自己在什么时候最能够感受到父母的爱。让孩子尽可能详细地说明时间、地点以及到底是什么让他们感到了父母的爱。

· 对你来说，哪种爱之语用起来最容易？哪种用起来最困难？

· 你知道配偶的首要爱之语吗？你是不是在用最有效的方式向他或她表达爱？

· 如果你是单亲父母，你该如何培养与亲朋好友之间的友谊，以便让自己的情感得到满足？

---

① Gary Chapman and Ross Campbell, *The five Love Languages of Children* （Moody Press, 1997）pp. 140-1.

第六章　建造的话语

Words

我的父母总是说我很特别。我相信他们的话。

杰克　34岁

令我记忆最深刻的就是爸爸的批评，每次在他身边我都会感到压力很大。

玛丽莎　43岁

我明白父母爱我。最重要的一点是，他们给我很多鼓励。例如，爸爸下班回家时我坐在楼梯下面等他，他会放下手上的东西，给我一个大大的微笑，并说："你好吗？"（如今我也工作了，我不知道经过一整天的辛苦工作后，爸爸怎么还能做到笑着对我说话！）

爱丽丝　26岁

作为父母，我们对孩子说的话会影响他们今后对自己的看法。有一篇文章讲述了女演员唐·弗兰奇的成长经历：

唐14岁时，是个体重超标的胖姑娘。一天晚上，就在她即将参加有生以来第一个舞会前，父亲要求坐下来和她聊一聊。唐本以为父亲要跟她讲那些要警惕荷尔蒙分泌过多的男孩以及应该什么时间回家之类的老生常谈。

父亲确实提到，如果哪个兴奋过度的小子敢对她有任何过分之举的话，他一定会让那小子好看。但真正对唐的生命产生持久影响的是父亲接下来说的一番话。

父亲对她说，她有着与众不同的美，并说她是自己生命中最宝贵的东西；父亲把她看得比一切都重，并为能做她的父亲而感到无比骄傲。

没有哪位父亲可以向唐的爸爸一样，在女儿即将开始自己的人生之旅时给她如此强有力的帮助。唐在青春期时非但不认为自己又矮又胖、找不到男朋友，反而坚定地相信自己之所以被爱，因为她就是她，而不是因为她的长相。

直到成年后，唐仍然保持着这种自信。是的，唐具有非凡的美貌。那是一种柔和而温暖的美丽，并且这种美丽因她时常挂在脸上的宽厚笑容而变得更加强烈。

"父亲的话真是太明智了，"唐想了想说，"它影响了我的整个人生。当你感受到如此强烈的爱与支持时，又怎么能不满怀信心地迎接生命的挑战呢？"[1]

同样，我们的语言也具有粉碎一切的力量。我们有位朋友小时候一直弹钢琴，直到有一天她祖母对她说："你弹得太吵了！你永远都不可能弹一手好钢琴。"她从此再也不弹钢琴了。

我们对孩子说话的方式（无论好坏）会成为一种习惯。我们很容易

---

[1]　Lester Middlehurst interview with Dawn French, *Daily Mail Weekend*, 4 May 1996, pp. 6-7.

关注孩子的失败、平庸或者恼人的行为。我们会抓住这些行为不放，不断提起，而不是集中注意力发现孩子的与众不同与优点。事实上，这样的批评很可能出自我们自身的问题——源于我们内心的想法。我们感到信心不足。我们极度渴望孩子能给别人留下深刻印象。我们感到很有压力。可是如果我们只对孩子说一些否定、负面的话语，孩子在成长过程中会非常没有安全感。

一位母亲有两个不到5岁的孩子，她说："孩子睡觉前的一小时是最难保持良好心态的一段时间。整个屋子看起来就像是被轰炸后的废墟，孩子们都很疲惫而且不听话，家务活似乎无穷无尽，我感到筋疲力尽，更糟糕的是，8点还有一些客人要来家里吃晚饭！所以我很容易就会变得急躁，会冲孩子大嚷：'为什么你就不能快点脱衣服睡觉呢？'或者'我受够了你们到处瞎闹，把家里弄得一团糟——你们真是没救了！'以及其他类似的话。但当我看到孩子们小脸依偎在一起安静地睡着后，我就会后悔不已。我花了两年时间才意识到，如果我能把孩子们的睡觉时间提前半小时，就会省掉很多麻烦，也会避免对孩子说过多负面的话。"

心理学家约翰·加特曼教授认为，父母每对孩子说一句负面的话语，就需要至少5句正面的话来抵消。下面，我们将列举4种正面的说话方式，以此来填满孩子的情感水槽，保证让孩子感受到我们的爱。

1. 关爱的话语

表达我们的爱

"我爱你"这3个字威力十足。约翰如今已经二十多岁，他说："我不记得自己童年时听到过父母对我说'我爱你'或者其他任何充满爱意的话。这让我感到非常孤独，没有安全感。"如今，约翰仍然期待着父母对他说出"我爱你"这3个字。

从孩子出生的前几个月一直到青少年时期，父母都需要经常说出自己对孩子的爱。"我爱你"可以成为对年纪小的孩子睡前道晚安的一部分，也可以是给年纪大的孩子上学前的问候。父母可以给孩子发信息或者写信表达爱意，以方便孩子保存并反复阅读。

青少年非常渴望听到父母对自己说"我爱你"，但父母们通常意识不到这一点。孩子进入青春期后，会对自己的身份以及价值产生困扰。他们会将自己与朋友或兄弟姐妹进行比较从而产生极大的挫败感。听到父母说出对自己的爱可以让他们获得继续前行所必需的自我价值感和安全感。

"我喜欢和你在一起。""我喜欢陪你一起玩耍。""我真喜欢和你聊天。""我喜欢看你画画、打曲棍球、看你与弟弟一起玩耍。""你太棒了。""你真是太有趣了。""和你在一起很开心。"这些话应该成为我们对孩子表达爱意的常用语。

对孩子说最有益的话

重要的是，对孩子说表达爱的话语是为了孩子，而不是我们自己，否则这些话会成为我们用来操控孩子的工具。"我爱你。你爱我吗？"更像是在满足父母的情感需求，而不是孩子的。有位朋友对我们说："我知道爸爸爱我，但他只在我支持他度过困境时才对我说'我爱你'。我感觉他的爱是有条件的。我取得的成就越大，就越能感受到爸爸的认可。"

我们可能需要想一想，当年幼的孩子与我们分开时，什么东西对他来说是最能带来安慰的？当孩子终于离开我们去上学时，一句"我爱你"可能会让分离变得更加困难。同样，在8岁的儿子底线得分时大喊"我爱你"反倒会让他感到不好意思。在合适的时机对他眨眨眼可能会带来更好的效果，这样做不会让他难为情。

学会表达爱

有些父母觉得很难用语言表达爱，若他们在成长过程中没有体验过家人以这种方式表达爱的话，就会觉得更加困难。《猜猜我有多爱你》一书能够为家里有小孩子的父母提供一个好的出发点，帮助他们开口表达自己的想法。[①]打破言语障碍通常是最困难的。但一旦我们习惯了听自己说满怀爱意的话，我们就会越发觉得这样做其实不难。

2．安慰的话语

有个17岁的男孩曾被问道，当他还小时，他如何知道父母是爱他的。他回答："爸爸妈妈会告诉我他们爱我，当我感到害怕时他们会让我和他们一起睡并且会安慰我。我记得每当我哭或者做噩梦时，爸爸总会说'没事了'。"

孩子一生中总会有感到害怕、忧虑、困惑或者不明白发生了什么的时候。在这种时候，我们的话语能够抚慰孩子，让他们感到踏实和安心。我们说的话很可能会永远停留在孩子的记忆中，并在多年后当他们感到孤独或忧虑时给予他们慰藉。

3．赞美的话语

寻找机会

史蒂夫·查尔克是《怎样做成功父母》一书的作者。他在书中写道："最重要的原则是：抓住孩子做好事的恰当时机，给予孩子称赞。"[②]我

---

① 《猜猜我有多爱你》明天出版社，2013年7月1日出版。
② Steve Chalke, *How to succeed as a parent*（Hodder and Stoughton, 1997）P. 80.

们有位朋友是老师，教6—11岁的孩子。她说："任何一个小学老师都会告诉你，在一个有30个孩子的班级里，称赞是唯一能够持续约束孩子行为并鼓励孩子勤奋学习的策略。"在不止有一个孩子的家庭中，称赞表现好的孩子，而不是责备表现不好的孩子，这是能够鼓励孩子保持好行为的有力手段，尤其是在不当行为会引起关注的情况下。

"这么说来，你让对方进了30个球……但是我看到的却是你那次漂亮的救球。"

精心选择称赞的话语对于建立父母与孩子之间的亲密关系意义重大。我们的一些朋友家里有两个儿子，都狂热迷恋足球。由于父亲自己也踢过足球，所以他会在每周末比赛时兴趣满满地观察儿子的一举一动。如果儿子比赛输得很惨，晚上垂头丧气地回到家中，父亲就会告诉儿子他在下半场第5分钟时的铲球真是非常出色。儿子的心情马上就会改变，然后父亲与儿子就会在接下来的10分钟到1小时内兴高采烈地分析整场比赛。

我们是否平等地称赞每个孩子？这是个值得思考的问题。我们有位朋友，他有个哥哥，他感到父母80%的时候都会称赞哥哥。这让他很受伤。

称赞孩子的品质

当今社会盛行名人文化，人们往往依据长相、名望或收入来定义成功。为了平衡这种文化带来的负面作用，留意每个孩子的优秀品格就显得至关重要。这样做就等于在鼓励我们最认同的价值观。我们可能会称赞孩子很慷慨，愿意与他人分享；称赞他们能够与小伙伴友好地玩耍；称赞他们很善于关心兄弟姐妹；或者称赞他们具有应对困境的能力。有位母亲注意到自己6岁的儿子非常善于与社区游戏场里孤单的孩子交朋友。她表扬了儿子，然后问他为什么这么做。儿子回答："因为他们需要我的帮助。"母亲的表扬强化了孩子的善良。孩子不仅会因这种鼓励而健康成长，还会慢慢学会给予别人鼓励。

赞扬成就

我们的目标应该是经常赞美孩子，而不是批评孩子。有位父亲告诉我们："我每天都骑摩托车送我们家老大上学，每天我都努力想去告诉她，一件她所擅长的事。"但如果孩子似乎哪方面也不突出该怎么办呢？他们没有运动天赋，每天都为写作业而发愁，既没有音乐天赋也没有表演才能。在这种情况下，我们的称赞就变得尤其重要，因为孩子不可能从别人口中听到称赞。这并不意味着要对孩子说虚假的话。那样的话，孩子将不再会相信我们。我们必须如实地称赞孩子。

我们需要发现孩子取得的其他人注意不到的成绩。对于年幼的孩子来说，这可能意味着表扬孩子能自己穿衣服："汤姆，你今早能自己把衬衫穿上真是太棒了。"尽管有时衣服穿反了。

我们也可以在看孩子拼写自己的名字时鼓励他们"你写得真认真"，尽管孩子可能落后同龄孩子几个月。我们可以称赞孩子能自己刷牙或整理卧室，尽管是我们要求他们这样做的。或者我们可以这样说："你能和约翰一起玩你的新玩具真是太棒了。"

对年龄较大的孩子，我们可以说："你做得真好！你学习数学真用功。"——尽管他在其他课程上还有很大的进步空间。"谢谢你今早离开时没有用力摔门。"——尤其当我们在前一天已经与他谈过这一问题时。"今天午饭时你真是帮了大忙。""非常感谢你能陪祖父一起聊天——他真的很喜欢跟你聊天。""你能帮忙清理花园真是太棒了。"或者，如果孩子烘焙了食物，可以边吃边夸赞他们："这些纸杯蛋糕真是太美味了。"

"学校的帽子？……干得漂亮……
你记得带上其他东西了吗？"

起初，这些尝试性的鼓励可能听起来有些做作或者不太真诚，但随着我们不断练习赞美孩子，这样的话语就会变得越来越自然。

4. 肯定的话语

展现我们的骄傲

我们的孩子可能会受到嘲笑，被欺负，可能是班里的最后一名，他们可能感到沮丧，甚至有时觉得没人重视自己。作为父母，我们最能让孩子相信他们具有无限的潜力并且终将成就自己独特的贡献。

我们可以向孩子保证，自己信任并且重视他们。在电视选秀比赛《流行偶像》决赛期间，威尔·杨的母亲接受了访问。"今晚您一定为儿子感到无比骄傲吧。"记者说。"噢！早在今晚之前我就为他感到骄傲了，"母亲回答，"他不必唱歌就能让我为他骄傲。"

有些父母往往对孩子雄心勃勃。他们下定决心要帮助孩子克服所有缺点，表现得完美无缺。

这样做的结果是我们会更多地关注孩子的弱点，而不是他们的长处，这是缺乏远见的做法。对父母的爱满怀信心的孩子会形成一种安全感，然后在此基础上构建自己的未来。

"儿子，你别有压力。不过，
你要是能进一个球，
我就永远爱你。"

在孩子能听到的时候谈论孩子

在孩子面前谈论孩子会影响他们对自己的看法。"她简直是场噩梦。""我发现在家陪他的时间真无聊。""她太顽皮了！""他快把我逼疯了！我来跟你说说他那天都干了些什么……"我们经常会听到有些父母用贬低的口吻在孩子听得见的距离内谈论孩子。他们忘记了孩子会把每句话都记在心里。孩子表面上不会表现出来，尤其是还很小的时候，但他们会把父母说的每句话都记在心里。相反，如果父母在孩子能听到的范围内向他们的祖父母或教父、教母夸赞他的善良或体贴（避免在朋友面前这样做，因为爱炫耀的父母会让人讨厌），这会让孩子感到自己受到了重视。

我们可能会因为担心宠坏孩子而尽量避免夸赞他们。但夸赞孩子并不会宠坏他们，缺乏自律以及无原则地允许孩子做他们想做的事才会宠坏孩子（我们将在接下来的章节中对此进行详细讨论）。

肯定孩子的外貌

肯定孩子与生俱来的外貌能够让他们不再拿自己与别人进行有害的比较，孩子处在青春期时尤应如此。有位女士告诉我们，妈妈每次在帮她梳理自己那一头红发时都会对她说："你的头发真漂亮！多么漂亮的头发啊！"尽管一头红发让她在人群中很显眼，但在成长过程中，她始终深信红色的头发正是自己的宝贵财富。

肯定孩子的外貌可以帮助他们把可以改变的以及不能改变的东西区分开来。因此，我们可以鼓励孩子勤洗头发，为孩子提供均衡膳食，让他们保持良好的体形，以及确保孩子进行适量运动，但同时又要清楚，不同的孩子有不同的体形，我们不能期望孩子看起来都像超级名模。我们的目标是帮助孩子展示自己最好的一面，让孩子对自己身体的自然形态充满自信（当然，孩子对"最好的一面"的定义很可能与我们的不同，尤其是青少年）。

在一个极度注重外表的文化中，过度关注孩子的外貌对他们也没有好处。我们的目的是向孩子保证，我们爱他们本来的样子，爱他们独一无二的特点。罗伯·帕森斯写道："几天前，我太太戴安娜称赞一个女孩的新衣服很好看。女孩开心地笑了，但女孩的妈妈用手戳了戳女孩的肚子，然后说：'如果她能减减肚子，衣服就更好看了。'当然，父母都希望帮过度肥胖的孩子减肥，让满脸青春痘的孩子复原；但与此同时，我们要让孩子知道我们无论如何都爱他们。这当然包括在孩子最愚笨的时候。此时我们更要让他们明显感受到我们因他们而骄傲，尤其是在孩子的容貌不符合大众审美的情况下。"①

结　语

关爱、安慰、赞美以及肯定的话语会对孩子产生深远的影响，并能改变孩子的一生。孩子需要我们告诉他我们有多爱他，不仅是在他让我们高兴的时候，还要在他没有达到我们期待的情况下。

---

① *Care for the Family Magazine*（Autumn 2006）.

要做到这一点需要我们有无私的精神。我们必须放下自己的事情，抛开自己的疲劳、对脏乱卧室的无奈以及对孩子糟糕成绩的失望，以便花时间想一些积极向上的话语来鼓励孩子。有时我们不得不保持沉默；但你想象不到，哪怕一丁点鼓励都会给孩子带来巨大的影响。对孩子说充满爱意的话会填满他们的情感水槽。

停一停·想一想

· 试着数一数今天你对孩子说过的正面以及负面话语的次数。两者的比值是不是至少是5:1呢（正面与负面之比）？

· 在关爱、鼓励性的话语中，你感到哪种类型最难说出口？

· 你是否清楚自己希望做出改变的负面话语是哪些？

· 从每个孩子身上找出3个特质，并在本周给予他肯定。

第七章　一对一的时间

One-to-one time

在当今社会，父亲的角色已经变得越来越不重要，尤其是当这位父亲还要兼顾打高尔夫球的话。

伯特兰·罗素

哲学家

中考结束后，爸爸带我们去巴黎度周末。我至今仍对那个周末记忆犹新，那段时光非常特别，充满乐趣。那时，我们感觉爸爸更像是朋友。

朱莉娅　23岁

我总是觉得爸爸妈妈太忙了，没有时间陪我——这让我很伤心。

艾玛　19岁

我喜欢和妈妈一起度过专属于我们女人的一天，我们一起出去散步。如果爸爸也在家，我会和他下棋。

埃琳娜　13岁

"你能陪我一起玩吗？"大多数父母听到这句话时心都会一沉，尤其当孩子在你正忙得晕头转向时提出这样的请求。"以后吧！"我们会不假思索地回答。

最近有档电视节目讲述了两个孩子如何与专业设计师一起合作改造自家的房子，而父母则完全不插手此事，暂去酒店居住。节目中的男孩希望设计师能设计一把椅子，可以自动把爸爸带离电视，穿过落地窗直接到花园里。然后椅子会把爸爸弹到草坪上陪他一起踢足球。男孩想要传达的信息再明显不过了。

再优越的物质条件也不能取代父母的陪伴。孩子可能会要求我们给他买乐高直升机、自行车、手机或者最新的苹果音乐播放器，但这些都无法与得到父母的爱相提并论。对孩子来说，父母能够给予他们的最昂贵的礼物就是时间。如果让一群成年人回忆童年的快乐时光，大多数人都会描述自己曾经与父母一起做过的事情。

正如一位有着4个孩子的家长所说："即便我们一家人在一起时都其乐融融，但孩子仍能从与父母一对一的相处中获得益处。这些一对一的时光能够让我们'读懂'每个孩子，但如果我们要面对所有孩子，就很难达到这个目的。"

"我儿子想要一对一的时间……

这是说和儿子打手机的时候吗？"

大多数人都知道与孩子单独相处的重要性，但到底该怎样与每个孩子相处，就需要寻求一些帮助了。生活中似乎总有很多人和事都急需我们的关注。我们可能觉得自己做不到花时间陪每个孩子，但如果我们了解与孩子单独相处所带来的益处的话，我们就可以克服任何困难。

我们认识一对夫妇，他们有两个不到10岁的孩子。最近这对夫妇重新安排了晚上的作息，以便让孩子们先后上床睡觉，从而创造与每个孩子单独相处的时间。全家人都从中获益匪浅。

希拉　由于要照顾4个孩子，所以我们花时间与每个孩子单独相处真的很难。回首过去，我认为自己大多数时候都没能做到这一点，但我现在发现，只要我做到了，就会对孩子产生重大影响。孩子小的时候，即使短时间的陪伴也能给他或她带来很大帮助，让被爱的感觉能够持久。

　　在我的一个儿子3岁时，我经常陪他在地板上玩拼图游戏。那是一幅有关挪亚方舟的巨型拼图，方舟位于房间的一端，所有动物两两一组进入方舟，占满了整个房间。我们第一次玩时大约用了20分钟，儿子很喜欢。拼了几次后，儿子便可以在3分钟之内完成了，但他还是要拖延到十几分钟，目的只是为了享受我陪他趴在地板上的时光。

给予集中关注

从出生的那一刻起，孩子就渴望得到父母的关注。精神病学家罗斯·坎贝尔对此做出了解释：

> 集中关注（focused attention）就是给予孩子完整的、专一的关注，让孩子确信自己被爱、受重视；得到这样的爱和关注只因为自己是爸爸妈妈的宝贝。集中关注可以确保父母持续给予孩子

全心全意的关心、赞赏以及重视。简单来说，集中关注可以让孩子感到，自己在父母眼里是世界上最重要的人。[1]

如果家里有新生宝宝，那么较大的孩子尤其需要父母给予集中关注。较大的孩子因为看到新生宝宝得到了父母更多的关注与爱护，很容易失去安全感。

随着孩子慢慢长大，我们单独陪他们的频率会变少，但每次的时间则需要增加。我们有位朋友有4个孩子，有一次她单独带着11岁的女儿凯特去购物。这种机会本来就不常见。她们想去买一个上学用的文件夹。

没有另外3个孩子在身边，朋友发现自己竟然一反常态，完全不介意凯特把不同种类与颜色的文件夹都看了个遍，最后才选择了封面上有银色星星的那个。接着她们又为选择什么样的文具盒进行了长时间的讨论。朋友很享受这次单独与女儿相处的时光。此外她还注意到，回到家后，凯特爱抱怨以及其他一些让人恼火的行为也消失了。

孩子们能觉察到我们在陪他们时是否心不在焉、心猿意马。只有那些能让孩子明白我们的焦点是完全在他们身上的活动才可以算作特殊活动。所以，无论是远足还是在家里玩游戏，若想实现目的，都需要事先计划。

希拉 我们家每个男孩都喜欢轮流与力奇在家附近的巷子里打板球。巷子里只能容下一个投球手和一个击球手，这就意味着玩的时候没有其他人干扰。孩子们知道自己这时可以拥有力奇的全部关注。

---

[1] Ross Campbell, *How to Really Love your Child* （Scripture Press, 1977） p. 67.

一对一活动

- 骑单车
- 看体育比赛
- 孩子自己选择的室内游戏
- 游泳
- 遛狗
- 打保龄球
- 户外游戏
- 去最喜欢的咖啡馆
- 做饭
- 画画

- 钓鱼
- 露营
- 出去吃早餐
- 给孩子读故事
- 玩橡皮泥或者制作模型玩具
- 练习扔球和接球
- 去孩子喜欢的商店购物
- 晚上坐在孩子床边聊聊当天发生的事情

创造话题

一对一时间可以为与孩子交流创造自然的机会。有位父亲说："14岁的儿子现在都不怎么跟我说话。但如果我开车载他去足球场，看他踢球的话，我们就会在车里聊得很投机。老实说，我周六并不想去看球，但这依然值得去做。"

某些交谈可能导致分歧，但我们不应该因此而退却。一次购物之旅可能会显示出我们与孩子在穿衣方面的不同品位；我们可能反对孩子染发、文身或在身上穿孔。要抓住机会与孩子谈谈，了解他们的想法。这是与孩子谈论朋辈压力、学校生活以及他们喜欢怎样穿衣的宝贵机会——同时也可以向孩子表明，我们希望给他们尽可能多的自由。

单独带孩子出去吃饭是确保与孩子有一对一交流时间的好办法。

力奇　我发现了一家很棒的中国餐厅，所以时常光顾那里。每次我只带一个儿子去。这家餐厅最棒的一点是价格很合理，每个儿子可以想吃多少就吃多少。由于儿子们的胃口都很好，所以可以保证我们至少有一小时的聊天时间。

我们可能会担心没有话题可聊。如果是这样的话，可以提前想一些不能仅仅回答"是"或"不是"的问题。比如"你最喜欢什么样的假期？"，或者，"如果你可以成为任何人，去任何地方，做任何事情，你会选择什么？"

某些孩子可能比其他孩子更健谈。时刻关注令孩子感兴趣的话题可以让谈话变得轻松、自然。与孩子一起看他们喜欢的节目通常会让谈话变得欢快而热烈。有位父亲曾告诉我们："如果我不陪他看《X音素》，儿子就会喊我马上过去。儿子喜欢与我讨论哪个表演者最棒，然后还要和我进行一番争论。我经常有别的事情要做，但这也是一个与孩子一起开怀大笑的好机会。"

有时父亲与儿子兴趣相投，母亲则与女儿有着相同的爱好。但孩子能从与异性父母的互动中获得很多益处。有位母亲说："我与儿子詹姆斯时间最长的几次聊天都是关于到底贝克汉姆和鲁尼谁的中场传球更好，以及里奥·费迪南德是不是英格兰最好的后卫。所以我必须努力了解足球常识。"有时，这位母亲周六早上会带着儿子去踢球，而父亲则待在家里陪女儿做手工。

用眼神交流

与孩子单独相处的一大好处是有机会与他们进行眼神交流。直视一个人的眼睛表示我们对他感兴趣，想和他建立更深入的联系。眼神交流可以成为我们向孩子表达爱的一种方式。我们的表情和语言同等重要。

希拉　我意识到自己与4个孩子的眼神交流多半是负面的。我可能会说："乔西，过来，马上！"我会气势汹汹地站在那儿。如果儿子不理我，我会再说一遍："乔西，过来，看着我！"

一天当中这句话可能要重复好几次，因此，孩子们对于眼神交流的唯一联想就是："我有麻烦了。"我不得不开始学习让眼神交流不再表达负面意义，而是用它来增强孩子们的自信心。

有位母亲告诉我们，有时她会依次看着每个孩子，然后问他们："我说的是什么？"孩子们就会从她的眼神中看出母亲的爱。

我们越是为孩子示范积极的眼神交流，孩子就越能模仿我们，进而越能与他人进行正面的眼神交流。孩子有信心直视别人的眼睛，就表明他对对方感兴趣。这种能力对孩子与任何年龄的人建立关系都非常有益。

力奇　每天早上，孩子们的小学校长都会在校门口等着他们。校长会看着每个孩子的眼睛，与他们握手，对他们说"早上好"，然后说出每个孩子的名字。校长希望孩子们也能给予回应。对其中一个孩子来说，这尤其具有挑战性，因为他很腼腆，但我们见证了每天要求孩子看着校长的眼睛问好，对于帮助孩子们树立自信心有多么大的意义。

做一个好的倾听者

在与孩子单独相处时，我们很容易会去纠正孩子的行为。有时我们发现自己很难做到不训斥孩子。然而，除非我们能特别注意倾听孩子们说什么并试着理解他们的感受，我们就无法让孩子信任我们，当然也就无从引导他们。有位父亲的故事表明，我们通常急于给孩子提供建议，而不是发现问题的真正所在：

丹尼8岁了。他充满活力，每个人都想和他做朋友。他喜欢学校，喜欢老师，喜欢作业；他要成为最棒的，并且总是努力做到最好。大多数时候他也做到了最好。完成家庭作业对他来说完全不是问题。

有天晚上，我6点30分左右下班回到家，丹尼正在等我……我还没关掉引擎，他就冲过来猛地拉开了车门："爸爸，我讨厌上学。我不去上学了——永远也不，决不去。我再也不去学校了。我讨厌上课……我以后再也不去学校了。"

"嗨，丹尼，你今天一定很不顺吧？"

"是啊，我再也不去学校了。上学太蠢了。"

"哦，明天就会好起来的。"我一边说一边拿起公文包和外套。但我甚至都没有看丹尼一眼，我只是公式化地回应着8岁丹尼的吼叫。转过身准备下车时，我才注意到了丹尼脸上的表情，他的小脸涨得通红。于是我说："别担心，宝贝……"这让丹尼慢慢平静了下来。

睡觉前，丹尼又开始说："我明天不去上学了。我真的不要去。"这下我有点摸不着头脑了，于是我问他为什么这么烦躁。15分钟后，我才搞清楚，原来是他讨厌自己的美术老师比塞特先生。

好吧，原来是不喜欢老师。但这并不意味着他明天就不去上学了。于是我说："噢，宝贝，你会没事的。明天一切都会好起来的。""我明天不去上学。这辈子我都不要去那个愚蠢的地方了。"

显然，我并没有完全明白丹尼到底想跟我说什么。我意识到自己需要感同身受地倾听：不只是听他的话，而是要注重他的感受。眼神专注，用心倾听。因此我试着这样做：

"你一定很生气吧，丹尼。"

"我快气死了。比塞特老师对我很刻薄。"

"是吗？那你一定感觉糟透了。那他都怎么刻薄法啊？"

"他经常惹同学们哭。他还给我们布置愚蠢的作业。他什么都不教我们。他昨天还把杰西卡惹哭了。你一定得去见见他，爸爸，你得阻止他。你一定得去，爸爸，否则我就不去上学。"

丹尼继续说个不停，大部分时间都是语无伦次。但我还是一边听一边体会丹尼的感受，直到大约15分钟后我才了解了问题的关键所在。比塞特老师给丹尼布置了一项作业，要求他两天内完成。丹尼不知道该怎么做这个作业……

在诉说了大约20分钟后，丹尼的态度转变了："爸爸，你可以不必去找比塞特老师了。我没事了。他其实也挺好的。不管怎样，他有时也挺有趣的。"

我最终还是去见了比塞特老师，因为我已经答应丹尼要去。但我意识到一件事，那就是每当孩子感到沮丧时，我都会鼓励他们一番，这是我的固定反应。但我却忽视了导致这些负面情绪的深层原因。仅仅通过认真倾听，就让我比以往任何时候都更加了解了丹尼内心的想法。我之所以能够帮助丹尼，是因为我花时间倾听了他的想法。[1]

---

[1] Stephen Covey, *Living The 7 Habits: Stories of Courage and Inspiration* （Simon and Schuster, 1999） pp. 61-62.

希拉　我对前面这个故事深有同感。回首过去，我意识到自己太急于对孩子沮丧的原因下定论。我会试着用自认为好的方法解决问题，从而避免运用我认为很麻烦的方式，比如看着孩子的眼睛，试着了解孩子的内心，认真倾听孩子的想法。我通常会"自动"做出回应（很容易忽视倾听孩子的心声），而且我知道，很多时候自己想出来的办法都解决不了孩子们的问题。我慢慢意识到自己得慢下来，进行有效倾听，而每当我这样做时，孩子们的回应总是积极正面的。

有位母亲有个6岁的孩子，名叫克里斯。她告诉我们："我发现自己得去明白孩子话语背后的含义。因为父母并不能总是立刻就明白孩子到底想说什么。几天前，克里斯从学校回来，他的心情很不好。他说自己摔了一跤。后来，在我们聊天时，克里斯才告诉我，他被关在了厕所里。这才是他心情不好的真正原因，而不是他的膝盖。"

成为一个好的倾听者是为人父母的一项基本能力。有些父母自然而然就比其他人做得好，但好消息是，倾听是一项可以学习的技能。有效倾听总是需要付出时间和精力的。但如果我们希望孩子表达自己的感受，就需要做好倾听的准备，只要孩子想谈，我们就要倾听，而不只是在我们自己方便的时候才倾听。

力奇　我的问题是当孩子告诉我他们不开心时，我往往太急于安慰孩子。实际上，为了表明事情并不真的那么糟糕，我会否认孩子的说法。这会让孩子感到困惑，同时也让他们充满怨气。

有时事情其实很简单，可能是某个孩子边脱掉外套边说："太热了，我快热死了。"而我会制止他，说："不，没那么热，天气很冷。快把外套穿上！"或者某个孩子会说："我在山姆家里待得很无聊，一点都不好玩。"而我会立刻回应："我相信应该没那么糟吧。山姆是你的好朋友呀。"又或者，当某个孩子说："我怀疑今天学校里有人偷了我的新文具盒。我把它放在了课桌上。"而我则会说："哦，那你可真是放错了地方。"

如今我意识到，如果我能用心倾听，让每个孩子讲述自己的感受，根据不同的情况做出回答（即便只是简单回答"嗯！……""我明白了……""是的……""噢，是吗？……""那一定很烦人、无聊，或者让人伤心"），会对孩子有帮助。

有效倾听的六个办法

1. 全神贯注

当孩子想要告诉我们某件事时，我们如果不断盯着电脑屏幕或看报纸，最终会让他们放弃与我们进行交流的尝试。

"儿子，今天过得怎么样？"
"糟透了。"
"太好了。玛乔丽还好吗？"

所以，即使当时很忙，我们也应该放下手中的事，给予孩子充分关注，这会向孩子传达强有力的信息。有时我们可能会说："再过10分钟，等我忙完了你再告诉我。"那么我们就必须信守诺言。

我们的肢体语言——转过身来面对孩子，直视他的眼睛以及摆出充满期待的姿势，这些对孩子来说胜过千言万语。同样，如果我们细心观察，也会从孩子的肢体语言中读出很多信息。

2．应对干扰

总有一些干扰和需求，例如其他人、工作以及需要我们立刻处理的紧急任务，会阻碍我们的倾听。突然来电可能会打断谈话；不接电话，或者告诉对方自己正忙着，待会儿再打回去，这能让我们集中注意力听完孩子的讲话。否则，我们终会被这些烦恼和忙碌吞噬。有效倾听需要我们暂时放下自己心里的事情，转而专注于孩子，尤其要关注孩子表达的任何忧虑。

3．表现出兴趣

我们不可能认同孩子所有的兴趣，孩子的某些兴趣对我们来说可能很陌生，甚至很无聊。倾听需要宽容，也意味着要对孩子感兴趣的东西集中注意力，无论是某项我们不太了解的运动，某种我们讨厌的音乐风格，还是某个我们不感兴趣的电视节目。若我们对孩子的世界表现出兴趣，孩子也会对我们敞开心扉。

4．不加批评地倾听

批评只会毁掉我们与孩子的交流，而认可孩子的观点则会使交流走向成功。有些孩子觉得自己从来都没有让父母满意过，而且永远也不可能让父母满意。于是，孩子不再表达自己的思想和情感。我们需要做到在不责备孩子的前提下认真倾听。

5．明确感受

如果能理解孩子的感受，那我们在解决问题上就至少成功了一半。问题是孩子自己也并不总能确定自己的感受。我们可以通过谈话来帮助孩子。如果孩子心烦意乱，我们可以这样说："你看起来很难过。""听起来你似乎真的很恼火。""你感到嫉妒吗？""你感到尴尬吗？"孩子就会开始考虑为什么会有这种感受，并且告诉我们实情。

6．重复孩子的话

当孩子向我们暗示某个问题，或者隐约表达某种担忧时，我们需要让孩子明白我们理解他们的感受。要做到这一点，最好的方法就是向孩子重复让他们感到难以表达的感受。因此，如果孩子说"我再也不想上无聊的体育课了"，不要回应说"别傻了！你喜欢运动啊，不管怎样，每个人都得运动"。最好是说："听起来你好像不喜欢做运动。能告诉我为什么吗？"当我们这样说时，孩子就不再感到只是独自应对烦恼了。我们就进入了孩子的内心，给予了他们安慰和支持。孩子就会感到自己是被理解的。如果孩子感受到我们的支持，就更可能对我们敞开心扉。

一位二十多岁的女士谈到了自己父母的教育方式："父母会倾听我想说的一切事情，包括学校里的争吵、朋友、工作以及我最近的烦心事（无论事情多么严重、多么相似或者看起来多么琐碎）。几天后，他们还会记得再问问这些事，随时准备听取事情的进展。当我有困难时，父母会倾听，倾听，再倾听。我感觉他们在乎我，并且能给我一些明智的建议。父母也让我明白每个人都会经历相似的考验。所以我知道自己并不怪异，也不愚蠢。"

没有如此开诚布公的交流，孩子就会变得孤僻，不爱与人打交道，或者转而寻求别人的建议，而这些人往往并不会真正为他们着想。有时孩子可能无法或者不愿诉说自己的烦恼或忧虑，这时我们只能静静地陪他们坐着。但即便我们的陪伴也是在传递一种信息："我很在乎你。无论你是否选择向我倾诉心里话，我都会陪在你身边。"

寻找机会

没有什么能够代替父母给予孩子集中关注。有时，要花心思提前创造机会。当然，孩子越多，就越需要做好准备，而我们也就越要坚定地走下去。最近，我们听说有对夫妇请每个孩子挑选一个周末，可以单独与母亲过13岁生日，与父亲过16岁生日。果不其然，每个孩子选择度周末的方式都不尽相同。孩子们如今都长大了，但他们仍然认为这些与父母在一起的时光让自己的人生熠熠生辉。

如果夫妻中一方比另一方的工作地点更远或者工作时间更长，那么对孩子来说，与前者在一起的时光就会显得更加弥足珍贵。

力奇　孩子们10岁之前，我陪他们的时间要比希拉少得多。如今孩子们都二十多岁了，仍然记得我与他们单独在一起做过的那些事情，这让我很惊讶。

例如，柯丝蒂11岁生日时，我带她去了一家餐厅。希拉和其他几个孩子当时远在苏格兰的祖父母家中。我记得这件事是因为我本来以为自己订的是一家比较便宜的餐厅，结果去之后才发现那家餐厅是方圆几英里内最贵的一家。而柯丝蒂对这件事印象深刻完全是出于另外一个原因——这是她和爸爸单独在一起的时光。

有时，集中关注的时机也会意外降临。一位24岁的女士回想起自己童年的某个时刻："记得去水上乐园玩的时候，我掉进了游泳池里，我大声呼救。爸爸跳下水池把我救了上来，之后他带我去一家咖啡馆吃煎饼，只有我们两个。那一次真是惊险。尽管只是短短的半小时，但我却觉得自己仿佛与爸爸一起度过了整个下午。"

希拉　我们有个儿子，他11岁时，晚上经常难以入睡，越是努力尝试，就越兴奋得睡不着觉。有天晚上，我坐在儿子床边，一边抚慰他，一边惦记着需要干完的家务活。这时他说："妈妈，你在我背上画个东西，看看我能不能猜中是什么。"我画了一个帆船，他猜了两三次才猜对。"再画一个。"儿子说。这次，我画了一个拿着雨伞的人。

从此，每当儿子晚上睡不着觉，我就会陪他玩背上画画的游戏，这成了我们之间的默契。与儿子单独相处的这一刻钟完全不是我刻意计划的，但这特殊的一对一时光却持续了将近一年之久。其实，当时我很有可能就被其他琐事牵扯，而错失了这宝贵的时光。

结 语

无论处于什么情况，无论家里有多少个孩子，无论从事什么工作，大多数人都会感到很难抽出时间与每个孩子一对一相处。每个人似乎都有一些更紧急的事情需要去处理；我们总可以答应其他人或事，但要抽时间陪自己的孩子却变得相当困难。

罗伯·帕森斯在其著作《成功的关键》一书中描述了很多父母的挣扎。父母们发现，与陪伴孩子相比，工作更能带给自己快乐和激励：

多年前，我受邀就如何平衡家庭与工作去一家大型金融机构发表演讲。我称赞了这些银行家在事业上取得的成功；但我同时指出，为了取得今天的成就，大家正在超负荷工作并做出了很多牺牲。

接着，我敦促这些成功人士不要忘记，尽管工作很重要，但当他们年老的时候，他们真正渴望取得成功的领域是人际关系。我提醒他们，如果有孩子的话，孩子会在他们察觉之前就长大成人并离巢远去。说话的同时，我观察到年轻人好像并不相信我的话，而那些头发灰白的人则频频点头。我接着说："孩子希望父母看着自己在学校里玩耍、教自己放风筝、听自己一遍遍地讲同一个故事的时光非常有限。如果你对14岁的孩子说：'这周末想不想去钓鱼？'他的回答一定是：'爸爸，不去可以吗？我答应了一个朋友一起出去玩。'这时，你会发现时光飞逝。"

我告诉他们，我曾经算了一笔账，从而改变了我的一生：孩子从出生那天起到他18岁一共是6575天。任何成功、金钱或声望都买不来哪怕一天的时间。如果你的孩子今天10岁了，那你就只剩下2922天。我说："和大家一样，我理解生活在现代社会所面临的众多压力，但孩子一生前半段的时间是无可替代的。如果可能的话，尽量一天都不要错过。"

演讲结束后，该机构的主席，一位年近60的男士，站起来感谢我。很明显，他说话有些困难，但他最终还是结束了讲话，并在我旁边的位置坐了下来。这时，我看见他的眼里噙满了泪水。想到我们当时正处于众目睽睽之下，我便悄悄地问他有没有事。他转过头来对我说："我没事，就是感觉您刚刚讲得很感人。我最近出国待了5天，回来后我问14岁的儿子：'宝贝，有没有想我呀？'儿子说：'没有，爸爸。因为你总是不在我身边。'"他接着说，"您知道最让我难受的是什么吗？那就是儿子并不是以一种讽刺的口吻对我说的。他只是把我们的生活方式讲了出来。"

我伸出手，拍了拍他的肩膀，并对他说："现在补救还不算晚。"我当时是出于好意，但并没有完全说实话。事实上，尽管那位先生可能会与儿子建立起深厚的父子情谊，但对他们来说，逝去的时光却是无法挽回的。他会觉得，站在足球场外加油助威的机会总会有，而当他说"儿子，下周爸爸一定去"时，也是认真的。只是总有一些工作计划要写，也总有一些报告需要听取；总有很多人要求他做这做那，让他分身乏术。但儿子并没有要求他，只是恳求他——直到有一天他再也不问了。[1]

在亲子关系这条路上没有捷径可走。多年来我们发现，创造时机，

[1] Rob Parsons, *The Heart of Success* （Hodder and Stoughton, 2002） pp. 147-150.

根据每个孩子的年龄做出调整以及利用周末和假期的时间陪孩子，这些事都需要好好筹谋，仔细规划。如果父母双方一起抚育孩子，那就需要与伴侣一起制订计划。抽时间陪孩子可能意味着要牺牲夫妻两人相处的某个下午、一整天甚至是整个周末。即使大多数时间都在家陪孩子的父母仍然需要定期给予孩子集中关注。

如果你曾因没能陪孩子而感到遗憾，那就不要让遗憾阻挡你重新开始的脚步。无论你过去做过什么或者没做什么，开始创造与孩子的一对一时间都会对你和孩子当前以及未来的关系产生深远影响。懂得权衡长远利益并牢记机会之窗稍纵即逝将是我们最大的激励。

停一停·想一想

· 你觉得最容易与每个孩子进行的一对一活动是什么？过去一个月内你都陪孩子做过几次？

· 什么最容易妨碍你与孩子单独相处？

· 孩子最喜欢你做的事情是什么？什么时候能再一次与他一起做事？

· 阻挡你倾听孩子的障碍是什么？

第八章　肢体接触、礼物与行动

Touch, presents and actions

小时候我常常渴望爸爸能拥抱我，可他从来没有——如今我也无法拥抱爸爸。

西蒙　38岁

孩子需要每天4个拥抱才能生存，每天8个拥抱才能维持日常生活，12个拥抱才能成长。

弗吉尼亚·萨提亚
家庭治疗师

我童年时代以及后来最持久的恐惧都来自于我的母亲。若说母亲不爱我，那是有失偏颇的。但母亲却从不曾表现出她爱我。我仍然记着自从婴儿期后（就我所知，以及婴儿期间）母亲就没再对我做过一次像亲吻或拥抱这样简单的亲昵举动。如今我已经69岁了，可仍然记得这一切，这听起来可能有些可笑，但事实确实如此。

卢多维克·肯尼迪
记者、作家

我是一个非常注重感受的人，所以拥抱对我来说真的很重要。

西娅　15岁

肢体接触

有篇文章就高尔夫球手格雷格·诺曼冷漠超然的性格进行了评论。诺曼解释说，自己的这种性格来自父亲："以前，当我看到爸爸走下飞机或做完其他什么事后就非常想过去拥抱他，但他通常只是握握我的手。"

文章讲述了在1996年美国高尔夫球大师赛决赛中，诺曼在领先6球的情况下输给了尼克·佛度。记者写道：

> 佛度挥了一杆长达15英尺的小鸟球，这杆球同时也宣告了诺曼的终结。当球轻轻滑入72（最终）洞后两人向对方走去。诺曼努力保持着微笑，本想与佛度握握手，但对方竟然给了他一个热情的拥抱。两人一直拥抱着，直到双方都哭了。诺曼有了一些改变。第二天，诺曼说："我哭并不是因为自己输了……以前我输过很多场高尔夫球比赛，以后也会输很多场。我哭是因为自己一生中从未被人这样拥抱过。"[1]

"请给我5个拥抱。"

---

[1]　Rich Reilly, 'Meltdown ai Augusta', *Sports Illustrated*, Vol. 85, Issue 27, 30 December 1996.

向孩子表露情感

早在很久以前，医学界就发现，充满爱意的爱抚对新生宝宝至关重要。没有身体上的爱抚，宝宝就不能健康成长。这种对于肢体接触的需求会随着我们的成长与日俱增。特蕾莎修女就是非常具有触摸力量的人，她一生看顾那些孤苦无依、穷困潦倒以及濒临死亡的人，她从未停止抚摸这些人，以此来表达对他们的爱。

给予孩子身体爱抚不仅仅意味着拥抱与亲吻。对于年幼的孩子，身体接触往往比较自然而且容易：洗澡时，给孩子换睡衣时，读故事时，孩子坐在我们腿上时，还有我们抱孩子上床时。当我们准备哄孩子睡觉时，身体接触可以很好地让孩子放松心情，舒缓神经。

有位母亲说："每当对孩子道晚安时，我都握着孩子的手并且会紧握两下。孩子明白我是在说：'你真棒！'"

孩子们小的时候，他们的教母有一种能够让孩子在睡前平静下来的绝妙方法。孩子们一上床，她就会用手抚摸他们的头发，并且用指尖轻柔地按摩头部，然后询问孩子当天的情况。这个方法非常有助于让孩子们安静入睡。他们都很崇拜她。

对有些人来说，身体接触比语言更能传达爱。有位已届而立之年的先生告诉我们，他从未怀疑过父母对自己的爱，因为当他还是个孩子时，父母就经常给他拥抱、亲吻以及爱抚。直到现在，他仍然会用一个大大的拥抱来向父亲表示问候。

希拉 对我来说，身体接触是让我感觉被爱的一种重要方式。这与童年时期父母给予我很多身体上的爱抚有很大关系。我对冬天的洗澡时光记忆尤深（浴室是我们家楼上唯一暖和的房间）。每次洗完澡后，母亲会拿一条白色大浴巾把我裹起来，抱紧我，然后一边哼着儿歌，一边帮我擦干。夏天时，母亲会与我们一起在花园的草坡前嬉笑打滚，最后我们全都会滚到草坡下面，抱成一团，欢乐无比。

父亲个子很高，小的时候，我记得他常常四肢趴在地上，哥哥、姐姐和我就会爬上父亲的后背，把他当作马来骑。周日午饭后，我们会爬上附近的小山。山顶上的风很冷，这时父亲就会敞开外套或者掀开外衫，把姐姐和我护在身下。

我并不认为父母现在还能记得这些事情，但这些美好的回忆曾经填满了我内心的情感水槽。

当我们与孩子并肩坐在舒适的椅子上，一起读着故事时，身体的亲密接触就会自然而然地发生。或者，当孩子忙着画画或拼图时，我们可以把手放在他们的肩上。对于男孩子，还有一个重要的身体接触，就是嬉闹式的摔跤。

希拉　我们有个儿子，他5岁时为力奇制作了一张父亲节卡片。在老师的帮助下，他在卡片里写下了自己想对爸爸说的话："我爱你，爸爸，因为你也爱我，你会跟我一起摔跤。"力奇一直很喜欢陪儿子嬉戏打闹，但他远远低估了这种陪伴对于儿子情感健康的影响，直到看到卡片后才完全了解。

我们了解到，有些带着儿子的单身母亲总是努力想为孩子提供这种嬉戏打闹的机会。对于有些家庭来说，祖父或教父可以提供很好的帮助。而其他家庭则与一些精心挑选、值得信赖的男性榜样建立起了友谊，孩子便有机会与这些男性进行健康的肢体接触。

善于挑选时机

在向孩子表达你的满腔爱意时，最好选择合适的时机并且要善于察言观色，千万不要让孩子在他们的朋友面前丢了面子。曾几何时，孩子一放学回家就渴望被爸爸妈妈拥抱，但过不了几年，他们就不愿意在有外人在场的情况下去拥抱爸妈了。

随着青春期的来临，青少年（以及一些将要成为青少年的孩子）通常会对所有的肢体接触变得具有自我意识。随着越来越注重自己的女性特征，女儿可能会避免与父亲发生肢体接触。父亲不必对此感到受伤，反而要更加体谅她，善于观察，以便寻找合适的时机来拥抱和亲吻女儿。这样有助于让女儿建立性别认同感并且树立自信心。男孩和女孩都有可能既渴望得到父母的关注但同时又羞于在人前显露出来。我们发现，前一秒孩子们可能很抵触我们，后一秒又可能会从容地享受我们的拥抱。

在孩子确实不愿意有身体接触的时候，尤其不愿与异性家长接触的情况下，我们可以寻求其他方法，以尽可能自然的方式进行身体接触——或许是在辅导孩子写作业时把手搭在他们的肩膀上，嬉笑似的打他们一拳，问候或道别时迅速拥抱孩子或者亲吻孩子的脸颊。过不了多久，他们就会再次接受这些正常的肢体接触了。

克服自身的尴尬

对有些父母来说，用肢体接触来表达爱并不是自然且容易的事情，尤其是当他们自己的原生家庭并不善于用肢体来表达爱的时候。

有位朋友说，记得自己7岁时曾走到父亲身边想拥抱他，结果父亲对他说："如今你都7岁了，我们只要握手就好。"此后，父亲就再也没有拥抱过他。对此，他说："当父亲对我说出那些话时，我心里对他的某种感情消失了。"童年的这种经历让他决心用不同的方式对待自己的儿子——不断用肢体爱抚向孩子们表达爱。

力奇　多年前，我与好友在他们家院子里，恰巧好友的儿子结束了大学第一个学期，回到家中。好友家是一个非常传统的家庭，我很好奇他们会以怎样的方式迎接儿子回家。那位父亲走向儿子时，我在一边看着，想看看他们会不会握手以及父亲会不会把手放在儿子的肩膀上。父子俩毫不犹豫地拥抱在一起，并搭着彼此的肩膀一起走进了屋子。

那一刻我暗下决心，将来等我有了儿子，我们父子之间也要用这样自然的肢体接触来表达爱。

"你好。"

对有些孩子来说，任何方式都不能像身体触摸那样带给他们美好的感受。肢体接触能够建立起强烈而深刻的情感联系，并且会让孩子对与父母在一起的特殊时光记忆深刻。埃洛伊丝如今已经是3个孩子的妈妈了，她曾向我们谈起自己与父亲的关系："小时候，每当我们伤心时，爸爸就会让我们坐在他的膝上，而且一定会拿出他的手帕，为我们擦掉脸上的泪水。随着我们慢慢长大，父亲这种递手帕的习惯仍然保持了下来。甚至在我的婚礼上，他也拿出了手帕（需要补充的是，当天的泪水并不是伤心的泪水）。"

保持适当的界限

对孩子来说，在某个年龄段对健康的亲密接触感觉较好，而在随后的阶段这会变得让他们感觉受到了侵犯。孩子也许会暗示，他或她再也不喜欢光着身子与异性父母待在一起了。我们需要尊重孩子的隐私。而且当孩子成长到青少年时期，每次进入他们的卧室前我们都应当先敲门。

我们有责任保护孩子，其中包括在孩子年幼时就让他们认识到，如果某个人的抚摸或亲吻让他们感到不自在，就要果断拒绝。谈论"好的触摸与坏的触摸"有助于让孩子区分适宜以及不适宜的身体爱抚，无论这种身体上的接触是来自陌生人、同学、朋友还是家人。不幸的是，会对孩子进行性侵害的，往往是那些让家长（包括孩子）信任的人。很多情况下，只有孩子才知道发生了什么。因此，最好的保护方式就是教孩子们用语言来防卫，大声说诸如"不，我不想让你碰我"这样的话，并且要让孩子有自信立即告诉父母发生了什么事。

任何成年人以性为动机的触摸都将对孩子的未来带来极大的危害。那些极力克制自己对孩子的性冲动的家长应当立即寻求专业帮助。这样做需要勇气，但与性侵带来的可怕后果相比，这其实算不了什么。同样重要的是，如果我们怀疑年长的孩子性侵年幼的弟弟或妹妹，或者其他成年人带坏孩子的话，应该马上采取相应的行动。如果孩子在需要得到帮助时感到被忽略，那么他对父母因为没能保护或救助自己而产生的愤怒情绪便与对施虐者的愤怒几乎一样多。这是个复杂而严峻的问题，它所带来的负面影响会从一代人传递到下一代人。我们规劝任何受过虐待的人向医生寻求专业帮助。那些怀疑自己的孩子或者自己认识的其他孩子正在经受性虐待的人也应当寻求医生的建议。

帮助青少年

但不适宜的触摸决不能变成我们给予孩子适当身体爱抚的拦阻。英国一个青年组织在对本国青少年高怀孕率发表评论时指出："那些从小在家中缺乏身体爱抚的年轻人更渴望得到从抚摸而来的爱，因而比其他青少年更可能寻求性接触。"[1]

---

[1] Paul Scott-Evans, *Preparing to Parent Teenagers* （Authentic Media, 2000） p. 68.

有位新娘在婚礼后给12岁伴娘的建议是："成为青少年后，也不要停止拥抱自己的父亲。父亲始终是父亲。反倒是你在拥抱其他男孩时要三思而后行。"如今已经23岁的伴娘从来没有忘记这些话。她说，与父亲的身体接触给自己带来了自信，让她可以恰当处理与同龄男孩的关系。

通过健康、满怀爱意的抚摸向孩子表达爱意是一种帮助孩子建立自尊与自信的轻松且简单的方式。

礼物

我喜欢礼物。为什么不能每天都是我的生日呢？

安德鲁　4岁

我唯一希望的是父母能对我说"我爱你"，而不是收到一份大礼物。

凯莉　34岁

收到礼物（即便诸如巧克力棒这样的小礼物）能让我内心感到无比温暖与开心。我知道那表示别人在想着我。

艾玛　17岁

礼物是表达爱意的第四种语言。它表示我们关注自己的孩子，也能表明我们对每个孩子喜好的了解程度。

力奇　某天我在书桌上发现了一张便条："请给班吉买一份非常昂贵而且充满惊喜的礼物，奖励他一直都这么棒！"这让我发笑，也让我思考："我上一次给孩子们买礼物是什么时候呢？"

通过礼物表达爱意

有些家长总是不停地给孩子买礼物，这种做法可能会让礼物失去意义，变得不再令人难忘。另一些家长则认为赠送礼物很肤浅，因此对其嗤之以鼻。然而，符合时宜并且精心挑选的礼物可以成为我们表达对孩子的爱的强有力象征。一件礼物可以让孩子知道我们一直想着并且很在乎他。礼物可以是某件很小的东西，比如一个记事本或者放学回家后吃到的一块松饼。

有位母亲说："我时常会跟孩子们说，'我特地给你们买了你们最喜欢的冰激凌'，因为我知道孩子们喜欢这样。冰激凌还是其次，重要的是孩子们听到我为什么买它，这样孩子们能感到被爱。"

在特别的时刻赠送礼物

当孩子特别努力地做某件事、需要慰藉或者庆祝某项成就时，礼物是我们向孩子表示赞赏的强有力的方式。但如果家里有不止一个孩子，我们也无须为了做到公平而给每个孩子都买礼物。

"这是你昨天做乖孩子的礼物。"

我们家一直努力坚持的态度就是，给某个孩子礼物，这是全家人一起向他表达爱和支持的方式。

让生日变得与众不同

在生日时给孩子送礼物是凸显孩子在家中独一无二地位的一种好方法。精心挑选，仔细包装礼物，再加上家里独特的庆生传统，这些举动都可以为孩子们打造特殊的回忆，让他们终生记住家人的爱。当被问及自己对父母的爱印象最深的一点是什么时，曼迪回答："印象最深的是，在我生日的那天早晨，我会躺在爸妈床上，而家人会用托盘把送给我的所有礼物都端进来。"

如果孩子极想得到某个玩具或小玩意儿，那么他可以自己攒零花钱来买，或者我们可以在他生日时买来送给他。等待某份礼物可以让孩子懂得延迟满足的价值。这在当下"即刻拥有全部"的文化中尤其重要。

结合礼物与其他爱的语言

工作忙碌的父母往往希望用礼物收买孩子的感情。对分居或者离婚的家庭来说，送给孩子礼物决不能成为父母双方的一种攀比或竞争。当孩子要求我们给他买礼物以证明我们的爱时，我们必须警惕，不要被孩子牵制。出于某些错误动机给孩子送礼物是没有益处的，例如因为忍受不了孩子不停地说"我想要这个"，或者为了让孩子做一些本该做的事情而用礼物收买他："如果你乖乖吃饭，我就给你买棒棒糖。"

赠送礼物绝不能代替通过言语、行动、时间和触摸来表达爱。如果我们送给孩子游戏机，他可能会说"来陪我一起玩吧"；如果我们送给孩子一辆自行车，他可能会说"和我一起骑吧"。我们听说有个男孩17岁生日时，父亲送了辆跑车给他。孩子非但没有感激，反而因为这份礼物激起了更多的愤怒。男孩是位天资极高的运动健将，他在学校三项球类运动队里都是主力，但父亲从来没有看过他的一场比赛。跑车不可能弥补缺失的爱与关怀。

再看一个相反的例子：有位朋友告诉我们，自己9岁生日时父母送给她一只壁球拍。她说："那是我收到过的最好的礼物。"她虽然很擅长运动，但从未打过壁球。而父亲在给她球拍的同时还许诺要教她打壁球。"这份礼物向我表明，父母明白我对运动的热爱，而且我与父亲在壁球场上有过很多难忘的时光。"

力奇　对希拉和我来说，与其他几种爱的语言相比，礼物不那么重要。因此，我们往往低估了礼物在孩子生命中的重要性。但我们慢慢意识到，对于我们的两个孩子来说，礼物对他们的意义要比对我们的意义重要得多。自此以后，我们便刻意在使用礼物这个爱之语时努力做到更加周到以及富有创意。

教会孩子如何赠送礼物

我们会发现，孩子很小就开始模仿我们，通过赠送礼物来表达爱意。小孩子有时会找遍整个屋子挑选东西，用皱巴巴的纸包起来，当作礼物送给我们。

有个小男孩名叫大卫，他的父母教导他和兄弟姐妹，在圣诞节时要对孤单的人友善一些。大卫把父母的话牢记在心。他翻遍了家里每个地方，包起了自己最喜欢的一些小玩意儿，比如妈妈的首饰以及一个很漂亮的银碗，然后把这些东西作为圣诞节礼物送给了朋友和邻居。父母花了几周的时间才把有些东西讨要回来，有些却再也找不回来了！

如果我们计划制造惊喜，孩子们都会很乐意提供帮助。让孩子参与准备家人的生日，挑选礼物，制作蛋糕以及绘制卡片，这些活动有助于让孩子发现给予以及收获的乐趣。随着孩子慢慢长大，他们会使用自己有限的资金购买礼物。这能够让孩子懂得，礼物背后的心思要比礼物本身更重要。

服务的行动

> 她把面包掰成两半，分给了孩子们，孩子们都狼吞虎咽地吃起来。"她一点儿也没给自己留。"中士喃喃地说。"因为她不饿。"有个士兵说。"因为她是一位母亲。"中士回答。

> 维克多·雨果
> 作家

向孩子表达爱的第五种方式是服务的行动。我们做过无数次的饭，洗过成堆的衣服，不但要整理玩具，还要辅导作业。孩子小的时候，服务事项可能多得数不清。有时我们甚至打算花钱请人替我们扮演父母的角色。

随着孩子步入青少年时期，父母的照顾就相应减少，但我们发现自己为孩子及其朋友当起了24小时待命的免费司机，而且不限里程。为人父母需要做出牺牲。盖瑞·查普曼写道：

> 养育子女是一份以服务为导向的工作。从当你发现自己将有孩子的那刻起，你就加入到了全天候父母的行列。你的服务期限最少是18年，而且你要明白在此后的几年内，你将是"随时的候补"。①

找到正确的方法

在满足孩子的物质需求方面，父母会做出不同反应。有些父母会不停地投身于辛勤劳动，以便为孩子提供五星级服务：干净整洁的家，整齐熨过的衣服以及准时且规律的美味饭菜。然而这样就没有时间陪孩子放松与玩乐了。另一些父母则比较懒散，每到周日晚上，冰箱就会空空如也，孩子的每件校服都脏兮兮的。孩子们会因为太过混乱而感到有压力。所以，

---

① Gary Chapman and Ross Campbell, *The Five Love Languages of Children* （Alpha, 1998）pp,83-84.

我们的任务就是尽量采取折中的办法，以达到圆满的效果。

教孩子表达感激

年幼的孩子会认为，我们为他们做任何事都是理所当然的。在他们眼里，父母的用处就是满足我的需求。一位忙碌的母亲在回首自己的童年时光时说："小时候，我永远也不能明白妈妈怎么可以在接我放学的时候迟到五分钟，因为在我看来，她一整天完全没有其他的事情做。直到现在，我自己有了两个年幼的孩子，亲身经历了为人母的艰辛与忙碌，我才明白小时候母亲为我付出了那么多，而我却从未感谢过她。25年后的今天，我才开始真心感谢母亲的付出。"

当然，越早教孩子学会感激就越好。如果我们经常提醒孩子，他们最终就会养成说"谢谢"的习惯。教育孩子的一个重要部分就是让孩子学会为每日三餐、干净的衣服、被接送去派对等琐事向父母表达感谢。青少年可能仍然需要被提醒才能及时地表达感谢，但我们希望孩子从现在起能跟随我们的脚步，模仿我们表达感谢的方式。

鼓励孩子帮助他人

家庭生活不仅可以让我们通过行动向孩子表达爱；它也是一个让孩子学会帮助他人的首要场所。一位小学校长表示："我的经验告诉我，很多孩子把父母当作满足自己所有需求的奴仆。"应该给每个孩子安排一两项适合他们年龄及能力的日常家务，教孩子为家庭生活尽一份力。孩子们可能会抱怨并且做起事情来拖拖拉拉，但无论是倒垃圾、摆餐具、清理盘子或是洗碗碟，孩子们都能从中学习承担责任。有时，孩子的帮忙可能反而让我们的工作变得更多，但他们正在学习为家庭尽责呢。

单身母亲维尔吉妮告诉我们："我曾经每周都会安排一晚全家人在一起准备晚餐；那晚，厨房会变得凌乱不堪，但其中却充满欢乐。我很喜欢全家人一起做家务。"有很多方式可以让做家务变得有趣。另一位单身妈妈宝拉有6个孩子，她在一个桶里装了小纸条，每个纸条上都写着一件需要做的家务。每个孩子都要把手伸入桶中，抽出当天要完成的家务。

　　要帮助孩子在承担责任方面有所成长，还要逐步增加我们想让孩子完成的家务量。这样，等到孩子离家独自生活时，他们才有能力照顾好自己。孩子们其实完全能够自己买菜、做饭，自己洗衣服、熨衣服，做一些基本的手工活，打扫厨房、卧室（包括更换床单和被套），保持个人卫生（通过自己购买香皂和洗发水等）以及平等分配并完成家务活。而他们只有通过实际去做才能学会做这些事情，但他们首先要在我们的指导下去做，然后才能靠自己的能力完成。如果父母每件事都替孩子们做好，我们就没能让他们为独立生活做好准备，当他们与别人合租或同住时自然也就可能无法充分履行应尽的义务。

　　但实际情况是，孩子小的时候虽然帮不上什么忙，却十分愿意参与家务；等到他们够大，能够好好做事时，却又不愿帮忙了。

力奇　我记得孩子们还小的时候，有个周六的早晨我打算把花盆和花箱里的植物移植到阳台上去，孩子们非常希望能参与其中。我知道孩子们高涨的热情可能会让不少植物无法存活，于是我决定还是自己一个人来做，这样还能更快一些。阳台确实比原来整洁、漂亮了，但我很后悔。因为我们不仅错过了在一起劳动的机会，还错过了在接下来的几个月中，大家一起欣赏劳动成果的机会。

保持正确的态度

　　教育子女意味着我们要在为孩子提供服务时保持正确的态度，而这种态度将对孩子的成长产生影响。如果我们愤愤不平，孩子们会注意到我们很勉强，最终就可能感到内疚或忧虑，孩子将来也可能变得不愿为他人付出。然而，如果我们能明白服侍孩子是向他们表达爱的一种方式，那么我们的所作所为就有助于让孩子认识到他们在我们眼里是独一无二的。

希拉 作为母亲，我最不喜欢做的一件事就是每天早上7点一刻就要爬起来为孩子们准备午餐，我常常盼着孩子们可以快点长大，有一天可以自己准备午餐。然而，当孩子们完全可以自己做三明治时，我发现自己还是在为他们准备午餐。

我们曾经问班吉（当时他已经15岁了），在五种爱之语中，哪一种对他而言最重要。班吉思考了一会儿，在把第三碗麦片倒进肚子的同时，班吉做出了他的选择——服务的行动。他接着说："我知道妈妈爱我，因为她每天都会为我做三明治。"

就是因为这句话，我对为孩子们准备午餐这件事的态度立马改变了！从那以后，每当我为孩子们准备午餐时，我都想到，自己做的不仅仅是能填饱孩子肚子的食物而已。

❤ 结 语 ❤

言语、精心时刻、肢体接触、礼物以及服务的行动——这五种爱的语言中可能有一种对我们感受到被爱至关重要，而另一种则可能完全无关紧要。然而，最重要的不是某种爱之语对我们有多大意义，而是它对孩子的意义有多大。我们应该通过孩子的反应，而不是我们自己的反应来判断它的重要程度。当我们以孩子的首要爱之语来表达爱意时，我们将会看到孩子的情感水槽被填满。孩子们不但被爱，而且能感受到被爱。正如罗伯·帕森斯所说：

我们把孩子带入了一个需要不断接受审判的世界。他们将不得不问自己："我是否足够聪明、坚决、成功或合群？""我是否足够有魅力？"做到符合别人的要求是一件非常让人疲惫的事。但如果我们让孩子坚信，至少有一个人，无论他的成绩、体重或者运动天赋如何，都会无条件地爱他、接纳他，那么我们就会让孩子获得奇妙的感受。这将是我们给孩子的最棒的礼物。[1]

停一停·想一想

· 你最近一次拥抱孩子是什么时候？

· 每个孩子最喜欢什么样的礼物？

· 你今天能够采取什么行动向孩子表达爱？

· 你经常用五种爱之语向孩子表达爱吗？

· 你能用哪些新方式证明自己的爱？

· 你是否已经知道对每个孩子的首要爱之语是什么？如果不知道，问问孩子。你可能会对孩子的答案感到惊讶。

---

[1] Rob Parsons, *Care for the Family Magazine* （Autumn 2006）.

第三部分
设立界限 塑造品格

SECTION 3
Building character through setting boundaries

THE PARENTING BOOK

第九章 管教的根基
The foundation of discipline

孩子天生就不服管教。他们正在学习游戏规则。由他们又哭又叫吧，他们迟早会明白，你是说话算话的。①

塔妮娅·拜伦博士

临床心理学家

如果你总是让步，孩子就无法明白一个人可以坚守自己的立场，当他们步入青春期或长大成人后，当面对来自同伴在毒品、犯罪或性等方面的压力时，就不具备说"不"的能力。②

简·卡西迪

儿童心理治疗师

我真希望在我家大孩子们还处在青少年时期时，我能为他们设立更加严格的界限。那时，我只是放任他们探索自己的道路，而实际上他们很需要我的帮助。

安东尼　57岁

---

① Damian Whitworth, 'Just Say No', *The Times*, 20 July 2007, p.4.

② 同上。

　　大多数父母都对第一个宝宝记忆深刻：稚嫩的脸庞，迷人的酒窝，娇嫩的小手，还有咯咯的笑声。这样可爱的孩子怎么可能需要严格管教呢？一年后，父母们就会对孩子违抗大人的无限意志和能力而感到震惊！

设立界限并且实施管教，永远不会为时尚早或为时太晚。

管教包括教育、引导与训练，还有矫正（如果必要的话），它意味着让孩子尝到不太愉快的后果。为孩子设立适当的界限，能够为培养他们的品格、自我修养以及成熟度打下良好的基础。

希拉　有时，我很纳闷到底是谁的品格得到了最大程度的塑造——是孩子的还是我的。教育、引导以及训练听起来都是不错的理念，直到孩子开始公然藐视我们的话，尤其是在朋友家中或是当着祖父母的时候。

与4个不到12岁的孩子去苏格兰父母家长达一周的探亲之旅差不多要结束了，我暗自高兴，因为一切都还比较顺利。探亲即将结束，我把行李都收拾好，并明确告诉孩子们不要到处乱跑，因为我们必须开车去火车站搭乘开往伦敦的火车。可此时，8岁的巴尼却不见了。

扯着嗓子呼喊并寻找了好几分钟后，我听到楼上隐约传来叫声。最终，我循着声音来到了亚麻储物间前，这个储物间可以进入，里面有暖气管但没有窗。我一边握着门把手想把门打开，一边坚决地说："巴尼，你知道自己在做什么吗？我们已经没时间玩游戏了。"但门就是打不开。

原来，巴尼因为好奇，想看看通常插在门外侧的钥匙能不能从里面把门锁上。结果证明，答案是肯定的。然而钥匙被卡住了，巴尼则被困在了储物间里，而我们本打算马上就要离开的。

力奇是个能工巧匠，但他几天前就已经回伦敦了。母亲和我尝试用各式各样的螺丝刀对付门上的旧锁，而门内的巴尼则被热坏了，他自己也不确定到底哪件事更可怕——是被困在闷热、不通风的储物间里，还是面对自己那因快要赶不上火车而近乎抓狂的妈妈！20分钟后，我们终于把巴尼弄出来了，然后我急急忙忙、骂骂咧咧、上气不接下气地赶到了火车站，还好我们赶上了火车。

不需要用很长时间，父母就能发现孩子并不总是乖乖做我们要求的事情。孩子也不是生来就会考虑到别人的需求。你如果对此有质疑，可以拿一个新玩具放在一群两岁孩子的面前，并要求他们"友好地分享"！几秒钟后，就会出现叫喊、争夺与哭喊。孩子必须学习如何举止文明并且友善，而作为父母，我们有责任成为孩子的主要教导者。如果我们所做的只是宽恕不良行为，我们就不是合格的父母。

很多父母想成为孩子最好的朋友，但孩子需要我们来掌控一切。他们需要明白我们处于权威地位，位于他们之上。当今社会，"权威"这个词往往让人产生负面联想。但若运用得公正、得当，我们就能用权威建立一个框架，而孩子会因为处于这个框架之中而感到安全。如果我们向孩子表达爱，并且设立适当的界限，孩子就会认为权威是有益的，并且愿意在学校以及生活中尊重权威。虽然对他们来说很难，他们还要明白自己并不是宇宙的中心。有了这样的认识，家庭生活将会幸福快乐得多。

有哪些因素会阻挠我们设立界限？

我们的任务是首先确定把界限定在哪里，然后坚决加以实施。当然，这说起来容易做起来难。出于以下一种或几种原因，我们可能不愿意管教自己的孩子：

1．无论孩子多大，管教都让人疲惫不堪

我们往往会牺牲长期利益而去选择短暂的平静。我们觉得自己可以从明天开始，或是下个月，或是等到考试结束后，或是当我们感觉足够强大

时，又或是等到孩子能理解设立界限的原因时才开始管教他们。但我们越推迟，就越会为自己和孩子积聚更多的麻烦。由于得不到自己想要的，两岁孩子会又哭又叫，而13岁的孩子会生闷气，这些都很常见。而为了孩子好，应该让他们认识到自己的某些行为不会让父母改变心意或做出让步。

某天晚上，有位母亲努力想让3个年幼的孩子安静下来。孩子们不断从床上跳下来，满屋子乱跑，大喊大叫。母亲最终精疲力竭，生气地说："好，我去睡觉了，你们愿意做什么就做什么吧！"于是她回到自己的房间，穿着衣服就上了床。躺在床上，她听着外面的吵闹与混乱，意识到这样做不管用。尽管就此蒙头大睡很有诱惑力，但她还是逼着自己从床上起来，到房外去维持秩序。

2．认为管教与爱是对立的

其实，即使孩子知道界限在哪儿，他们往往还是会去违抗，好看看界限是否坚实牢固。这是孩子成长过程中所必需的安全感的一部分。老话说："爱儿子的，必对他勤加管教。"即使有时孩子不理解个中原因，他们也需要明白父母之所以对他们说"不"，是因为真的爱他们。管教是爱的一部分。作为父母，我们必须在孩子长大成人、自己能做决定前为他们做一些重要的决定。下面这首诗体现了这样做有多么不容易：

> 因为爱你，我才打探你要去哪儿
> 跟谁去，什么时候回家
> 因为爱你，我才坚持让你自己攒零花钱
> 来买那辆自行车
> 而其实我们本可以直接买给你
> 因为爱你，我才会要你把咬了一口的巧克力
> 还回去，并且承认"我偷了它"
> 因为爱你，我才会让你看见
> 我眼中的伤痛、失望与泪水
> 因为爱你，我才会让你蹒跚、跌倒、受伤

但最重要的是，我爱你至深，才会对你说"不"
尽管你曾因此而恨我
这是最艰难的战斗
我很高兴自己赢了，因为最终
你也赢了。[①]

3. 担心如果自己管教孩子，孩子们会讨厌我们

从短期来看，孩子们可能会因此而讨厌我们。受到妈妈责备后，5岁的巴特对妈妈说："我想换一个妈妈！"如果夫妻双方的关系不太好，那么我们对管教会让孩子排斥自己的担心就会被夸大。不安全感会促使夫妻双方争夺孩子的爱。这样做一定会对孩子产生负面影响，而且日后会导致他们将父母二人一同排斥。

4. 害怕孩子的反应

孩子对我们设立的界限发脾气、哭喊抗议，这没什么好害怕的。上述反应可能很激烈，让人难堪并且会扰乱一家人的正常生活。但不要被它吓倒！我们必须教孩子学会如何守规矩。不要总是小心翼翼地伺候孩子，担心会让他们不高兴，这样做绝没有好处。

5. 不希望孩子感到家就像学校

这一点更多的是有关我们如何施加管教，而不是是否需要管教。我们逐渐从经验中学会了什么样的管教才会起作用。

力奇 在我们家4个孩子都还不到11岁时，我买了台新电脑。我决定为家里制订一张A4纸大小的准则表。

我对自己的成果颇为满意；我不仅为孩子们的行为举止订立了切实可行的界限，还增加了一些自己认为会让全家人从此有条不紊生活

---

① 作者Erma Bombech，略有改动。

的新条规。吃饭时孩子们都会准时、衣着整洁地乖乖到餐桌前就餐；睡前的吵闹将成为历史；卧室也将随时准备迎接任何一位到访者的检查。

我把这份让人印象深刻的准则表在家庭聚餐时向全家人进行了展示，并带他们仔细浏览了几处要点。我承认，自己对家人冷淡的反应有点失望。我本来期望能得到他们的祝贺，祝贺我能制订出如此清晰详尽的家庭准则。我认为大家的沉默是体贴我的表现。我宣布将把准则表钉在楼梯顶部的橱柜里，以便于参考（我不想把它贴在明处，以免让人尴尬），并于当晚就把它放了上去。

一周后，我去橱柜想找点东西。准则表却没了踪影。直到今天，我仍然不知道是某个孩子还是4个孩子一起悄悄把它扔掉了。我也慢慢认识到，不管我写得多么好，孩子们都不会对准则表有什么好的反应。

6. 父母在自己的成长过程中经历过管教不当或受到过不公的对待

我们可能担心自己不够亲切和善，或是控制欲太强，并担心这会导致孩子对我们充满愤怒和怨恨。然而，管教不当的补救办法不是不管教，而是进行恰当的管教。怨恨往往不是来自界限的设立，而是爱的缺失。

权柄型的养育模式

有效管教的关键在于将表达爱与保持严格有效地结合起来。

心理学家苏·帕尔默写道："根据父母双方在温暖与严格两大要素间的平衡程度，大致有四种主要的养育方式。'温暖'表示父母给予子女多少爱与支持；'严格'则表示父母对子女生活的控制程度。"[1]下面的图表对四种方式做出了描述：

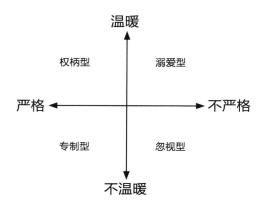

---

① Sue Palmer, *Toxic Childhood* （Orion Books,2006） pp. 281-282.

四种养育方式

1. 专制型

采用这种养育方式的父母往往强硬、专横并且喜欢发号施令；他们往往不会听取孩子的意见，也不给孩子提供讨论、选择或协商的机会。这类父母可能是在孩子身上复制自己父母的错误养育方式，又或许他们因为太缺乏自信而担心自己无法解决争端。

假如处罚不太严苛，这种养育方式就能够带来稳定与安全感。在这种养育方式下成长起来的孩子往往循规蹈矩、很听话。但如果父母没能考虑到孩子的感受，就会导致孩子内心积压大量的愤怒情绪。最终，一旦孩子不再受到父母的直接控制，就可能会出现破坏甚至反社会行为。在这种养育方式下长大的孩子也可能内心充满恐惧，急于讨好别人。

2. 溺爱型

溺爱型父母的亲切值很高，但严格度不够。这类父母习惯对孩子的要求让步，把孩子的利益看得比其他人的都重要，孩子一有麻烦，他们便会立即跳出来保护孩子。有些人是对自己成长过程中父母的专制独裁反应过度。有些人希望成为孩子的"朋友"，而不是父母。还有一些人从孩子很小的时候就允许他们做自己喜欢的事情，到后来则发现自己无法收回父母的控制权了。

通常，在这类方式下成长的孩子能感到自己被爱并且充满自信，但他们在服从纪律以及与其他孩子或大人和睦相处上常常存在问题。正如有位老师所言："他们的自我意识太强，让人喘不过气来。"他们长大后也可能走上歧途。到了青少年时期，他们很可能参与吸毒或酗酒并且可能难以接受"世界并不欠他们"这一事实。

3．忽视型

这类养育方式既不亲切也不严格，既不关注孩子也不给孩子设立界限。导致这种情况的原因可能是由于这类父母在自己的成长过程也被父母忽视。有时，这种缺乏关爱的成长环境长大的父母会太过专注自己生活中的点点滴滴，而没有过多的精力去关注孩子。这种情况常出现在许多经济条件比较富足的家庭：父母总是太过关注自己的工作而抽不出时间来抚养孩子，或者不愿承担管教子女的责任。在备受忽视的家庭中长大的孩子一般自信心较弱，而且出现行为问题的概率要远高于一般人，这些行为问题会导致自毁倾向以及反社会行为。[①]

4．权柄型

这类养育方式既温暖又严格，是由戴安娜·鲍姆林德等发展心理学家于20世纪60年代所确认的。这类养育方式培养的品质是我们大多数人希望能在自己孩子身上看到的，包括独立、成熟、自尊、自制、求知欲、亲切、进取精神以及乐观。苏·帕尔默写道：

> 在写《有毒的童年》一书时，与我交谈的每位专家都倾向于权柄型教养方式……权柄型父母对待孩子很亲切，在实际生活中这表现为给孩子足够的时间以及充满爱的关注，倾听孩子的想法，回应孩子的忧虑，允许孩子做（安全的）选择。但这类父母也会很严格，他们会制订规矩和惯例来确保家庭的稳定性、安全性和可靠性——比如，家庭定期聚餐，就寝惯例，严格控制看电视的时间以及不在卧室里摆放电视。[②]

---

① Sue Palmer, *Toxic Childhood* (Orion Books,2006) pp. 282-284, 节选。
② 同上。

四类不同养育方式的例子[①]

情景一

操场上，4岁的安妮从同岁的莎拉手里抢了一个球。

· 专制型父母："马上把球还给莎拉！"

· 溺爱型父母认为，应该允许安妮充分表达自己的意愿，因此他们会温和地在一旁看着，不发表任何意见。

· 忽视型父母甚至都不会注意到发生了什么，因为他们正在操场另一边忙着跟朋友聊电话。

· 权柄型父母："这个球是莎拉的。我知道你也想玩，但如果你想在莎拉之后玩，得先过来礼貌地问问她可不可以。"

情景二

12岁的理查德想租一套朋友们一直在讨论的DVD电影，但这是一部禁止青少年观看的影片。

· 专制型父母会大发脾气，不再允许他租看任何DVD。

· 溺爱型父母经不住理查德的再三恳求，最终允许他观看。

· 忽视型父母允许他在卧室里独自看任何想看的DVD。

· 权柄型父母会说"不可以"，并向理查德解释原因，然后帮他选择更适合观看的DVD。

我们的天然方式

当然，任何父母的"养育方式"都不是完全一样的。也没有人能成为

---

① Anita Gurian, 'Parenting Styles/Children's Temperaments: The Match', www.AboutOurKids. org, 节选。

完全意义上的权柄型父母！事实上，在养育子女的天然方式中，我们每个人都可能具有四种方式中的某些特点，这也是夫妻双方需要就如何设立界限达成一致的原因。

希拉　我认为自己的天然养育方式太过严格，而没有做到自己希望的那样亲切、体谅人。

力奇　我一般非常亲切，但同时又容易犯对孩子同情过度的错误，让他们每次都逃过处罚。

　　　　因此，我们经常需要商讨，以便采用折中的方式来养育孩子，当然能在订立界限之前就讨论是最理想的，但事后补救也在所难免！

教导"后果"这一概念

为孩子设立界限的要素之一就是让他们明白自己的行为会带来好的结果，也可能带来不好的结果。如果他们扔石头，可能会伤到别人或者打破窗户。如果他们不断把牛奶倒在地毯上，房子里就会有怪味。如果他们打别的小朋友，他们将变得不受欢迎并且还可能被对方打。

逻辑后果（logical consequences）

有时，我们要让孩子为自己错误行为所带来的后果付出代价。所以，如果孩子年龄足够大，到了懂得自己不应该把食物扔在地上的年纪，我们就要坚持让他们自己把地板清理干净。如果孩子因一时气愤而弄坏了一件玩具，不要再给他买新的。如果孩子扔石头打破了窗户，而我们已经明确告诉过他们不要那么做，那就要让孩子拿出自己的零用钱来修理。如果孩子不按时完成作业，那就让他们被老师罚好了。让孩子承受一些不愉快的后果往往是鼓励他们好行为的最佳办法。

强加的后果（imposed consequences）

有时，孩子的不正当行为不会自然而然导致不愉快的后果。在这种情况下，父母必须人为地强加一个不愉快的后果，即处罚（punishment）。比如，如果孩子对祖母态度粗鲁，那么当天晚上可以不让他看电视，或者如果孩子打了弟兄姐妹，可以让他比平常早些上床睡觉。这才是处罚之本。有些人很容易认为处罚与体罚（corporal punishment，如打一巴掌或用木勺打屁股）是一样的，但体罚完全是另一回事。

处罚有很多不同的形式：从罚坐到剥夺某种权利都属于处罚。我们在这里使用"处罚"一词的意思是：施加某种不愉快的后果。你可能需要自己权衡要在家里使用什么样的字眼，总之要让孩子认真对待。

从哪里开始

一想到要设立界限就很容易让我们感到不知所措。从哪里开始呢？你可能感到无所适从、缺乏信心或者感觉一切失控。如果存在上述情形，那么你不是孤单一人。从你所在的地方开始。

定界限的六大原则

· 不要试图一下子解决所有问题！可以从本书或朋友所提供的一两条建议开始着手。

· 不要认为自己的家庭必须与其他家庭一样。没有什么统一的模板，对某个孩子有用的方法可能并不适合另一个孩子。

· 不要拿自己的孩子与其他孩子比较，也不要拿自己与其他父母比较。正如有位母亲时常提醒自己的："比较让人厌烦。"有些孩子比较顺从，而有些孩子比较固执。我们认识的很多父母在有第二个孩子前都认为教育子女十分简单（并且会有些人蔑视那些在苦苦挣扎的父母）。

· 与伴侣谈谈自己面临的情况（但不要当着孩子的面），如果你独自养育子女，也可以找其他成年人谈一谈，然后确定自己首先要解决什么问题。即便一点改变也会产生很大的影响。

· 不要期望立马会有效果。孩子的成长离不开一致性与常规，但他们可能需要一段时间来看看你是不是认真的。你可能认为孩子对这些"新立"的规矩置若罔闻，但这可能是他们故意试探你的策略。

· 称赞好的行为。这是激励孩子做出正确选择的强大动力。孩子会觉得自己的努力得到了认可以及赞赏，而父母也会明白强化界限并不用仅仅靠说"不"。要抓住每个机会鼓励积极行为。

我们该怎么做？

1．停下来想一想

孩子的不良行为并不总是因为要挑战权柄。当孩子变得暴躁易怒、令人讨厌，有些时候可能仅仅是他们的血糖较低或者他们的情感水槽是空的（参见第五章）。孩子可能在学校过得不开心，可能感觉疲惫或烦恼。

HALT清单

· 停下来想一想孩子"无理取闹"的原因，有助于我们决定是直接面对他们的这种行为，还是放他们一马。这里可用英文单词halt（意为"暂停、停止"）来为我们提供有益的参考，也就是我们常用的HALT清单。

· "H"Hungry 代表饥饿。孩子是否需要吃饭？如果需要，最好等孩子吃点东西后再来讨论某个有争议的话题。

· "A"Anxious代表焦虑。孩子是不是对在学校发生的某些事感到忧虑而没向我们提及呢？还是因为他们在无意中听到了父母谈话而感到担忧？可能是关于家庭财政，又或者是我们的婚姻。孩子可能对自己烦恼的原因并不完全清楚，而睡前时间可能是了解孩子感受的最佳时机（参见第七章"如何成为好的倾听者"）。

· "L"Lonely代表孤独。有位母亲告诉我们，8岁的儿子从学校回到家后心情很糟糕。当她询问儿子发生了什么时，儿子斩钉截铁地回答："没事！"但是，她还是陪儿子在楼梯上静静地坐了5分钟并且抱了抱他。这正是儿子所需要的。后来，儿子告诉她自己不开心的原因是同学们下午在操场上玩游戏时没有叫他。

· "T"Tired代表疲倦。如果孩子在学校里很忙碌，那么他回到家后可能会避开其他家人，在自己房间内享受一段"休息时间"，或者看电视时不太想与家人交谈。在朋友家过夜后，他们往往会很疲惫，而且是身心俱疲，静静休息一天而且早早上床睡觉可能是调整这种不良行为所必需的。

　　同样值得思考的是："HALT清单对我适用吗？"如果我们低血糖，或者感到有压力、精疲力竭、需要一个拥抱，那此时就很容易反应过度。难道非要马上处理某个情况吗？是不是可以先让自己休息一下，喝杯咖啡后再处理呢？

　　最近，有个5岁的小朋友开始了自己的"正式"学校生活。每天下午回到家后他都筋疲力尽、脾气暴躁。起初，母亲会对他发脾气。但后来她认识到，儿子并不是有意不听话，只不过是因为他感觉自己整天都要表现得乖巧成熟，所以回到家时已经疲惫不堪了。他真正的需要并不是管教，而是母亲的爱和关怀。同样，有个青少年由于刚与女朋友分手而一连几天对父母不理不睬。父母斥责了儿子的无礼行为。但儿子需要的却是父母的理解与安慰。

2. 树立榜样

在教育孩子这件事上，孩子们通过观察父母的行为而学到的东西要比父母以说教的方式灌输给他们的多得多。我们对孩子的管教是建立在我们严格要求自己的基础之上的。因此，如果我们认识到自己在饮食、不良情绪或者其他任何事情上失去了自制，而且自己在生活中没能保持健康习惯，那么最重要的是要先寻求帮助，以解决自己的问题。

3. 团结一致

最近，有位母亲告诉我们：

> 父母双方必须对设立的界限达成一致。记得有一次，16岁的女儿告诉我，她要和刚刚拿到驾照的男友一起开车去几英里外的布莱顿看电影。而且更糟糕的是，丈夫已经同意把车借给他们。我感到很震惊。"不，你不能去，"我对女儿说。"爸爸说可以，而且不管怎样我们都要去。"女儿回答我。

> 最后的结果是我们每个人都很生气。我既对女儿和她男朋友感到恼火，也对自己和丈夫感到不满。好多年以后，我和丈夫才意识到我们两人需要协同努力，达成一致。

为了能够达到自己的目的，所有孩子都会设法让父母中的一方与另一方对抗。他们生来就能学会并掌握"分而治之"的策略，并能分辨出父母中哪一个人"比较容易对付"，这点让人感到不可思议。每位父母都知道，当自己刚刚订立了某个规矩就听到孩子说"爸爸说我可以"或者"妈妈认为可以"时，自己内心是何等恼火。更糟糕的是，如果父母中有一方对孩子说"我们可以这样做，但不要告诉妈妈"，或者"只要别让爸爸发现，你就能够这样做"——这将极大地损害另一方的威信。

如果当父母中有一方说"不"的时候，另一方能给他支持和鼓励，那么教育子女就会顺利得多。即使在父母双方分居或离异的情况下，两个人越是能放下敌意，团结合作为孩子的行为设立清晰、一致的界限，孩子的安全成长就越能得到保障。

希拉　在我们还没能形成统一战线时，力奇和我不同的教育方式引起了很多问题。孩子小的时候，我严格禁止他们在床上吃东西。在晚餐时，孩子们想吃多少都可以，但我会明确告诉他们这是当天的最后一餐。

然而，如果力奇去跟孩子们道晚安，某个孩子就会发牢骚说自己太饿了，根本睡不着。接着力奇就会拿三明治、水果、饼干给他吃——甚至有时都可以和酒店专职送餐服务的五道大餐相媲美。孩子们的熄灯时间就会延迟30分钟，而我感到自己的权威受到了严重的挑战。

我们感到，需要坐下来谈一谈，找到折中的办法。我们最终决定，力奇以后再拿东西给孩子吃之前要先找我核实一下，看看孩子们在正餐时是不是已经吃饱了。如果是，力奇同意会狠下心来拒绝孩子们吃零食的请求。同时，我也做了让步，力奇可以偶尔打破规则，款待孩子一下。

团结一致、弥合分歧的建议

- 不要在盛怒之下争吵。选一个孩子不在场而且双方都不太疲惫的时间。

- 确定引起矛盾的主要问题。可以想象一下，问题本来横亘在你们中间，但现在你们把它搬出来放在面前。这有助于你们共同面对问题，而不是互相攻击。

- 依次听取对方的看法。接受彼此之间可能存在不同观点的事实，尽量不要互相责备。坚持自己的立场不让步并不能解决任何问题，只会引起更多矛盾。只有通过商量才能找到解决问题的方法。

- 一起想一想可能的解决方案。写一个清单。

· 找一个彼此都能接受的解决方案并试验一下。

· 如果该解决方案行不通，一致同意再回去看看清单，尝试另一个
方案。

· 如果无法达成一致，一起向站在不同视角的局外人寻求帮助。

在已经定好界限的前提下，父母拥有按照自己的性格特点教养孩子的
自由。有位母亲，她陪伴孩子的时间多于丈夫。她不满丈夫哄孩子睡觉的
方式，常常指手画脚。这位母亲说："我们一直都这样做。"丈夫回答：
"不，你一直这样做。我不是。"

有些夫妇，由于他们原生家庭的教育风格完全不同，所以各自都可能
强烈认为自己的方式才是"正确的"。当我们试图通过对孩子更严格或更
宽容来矫正伴侣的教育方式时，问题就来了。除非一方极其强势、无情，
夫妻双方共同商量出一个原则才是上策，而不是非要选择某一方的教育方
式。在教育孩子的问题上团结一致，意味着父母双方要相互妥协，但这样
做的目的是为了孩子有更好的未来。

重组家庭让协商教育孩子的任务变得更加复杂同时也更加紧迫。有位
继母说，当儿子告诉她，自己可以在生母家玩一整晚的电脑游戏时，她感
到十分震惊。后来，孩子的父亲打电话去前妻家核实后才得知事实并非如
此。在这件事上，他们迅速为两个家庭制订共同的规则。此后，这位继母
才感到自己有了制订其他重要界限的权力。

在重组家庭里，父母面临的一大挑战就是不能偏袒自己的孩子。要做
到这一点并不容易，但父母必须努力平等对待每个孩子，以避免引起其他
孩子的嫉妒和怨恨。我们有位朋友，她与前夫生了3个孩子，与她现在的
丈夫也有3个孩子。她告诉我们："再婚后，我和丈夫一起参加了亲子教
育课程，想找到以后一起教育孩子的方法。我们讨论了很多，但关键问题
是如何在制订新家规方面达成一致。我还发现，花时间跟每个继子女相处

是成功的关键。通过花时间跟他们相处，我赢得了他们的爱，然后我便能订立界限。"

4．保持幽默感

孩子的行为可以考验我们的耐心极限，而幽默感则有助于我们保持对事物的洞察力。有位母亲记述了自己最受挑战的时刻：

> 我的两个孩子都特别喜欢到处洒饮料。这实在让我恼火不已：桌子总是黏黏的，会引来黄蜂，孩子们的衣服也老是湿的，还要多花冤枉钱，最糟糕的是，本来欢乐的时光都被毁了。但我很清楚，他们并不是故意这样的，他们还是孩子。但我发现自己很容易反应过度，变得脾气暴躁，大吼大叫。好在我老公约翰很有幽默感，这也让我学着掌握分寸。丈夫常常嚷嚷着要出一本书，名字就叫《我在世界各地洒饮料》。丈夫每次的反应都是"太好了！我们的书又添了新地方。以前应该没有比萨机场吧！"这时，他和孩子就会哈哈大笑，我也只能勉强挤出个笑脸。

设立界限需要惩戒和幽默并行，这样才能让遵守界限变得轻松愉快些。不仅对我们，对孩子也是如此。对一个5岁的孩子说"我真希望没看见你把手上的果酱都抹在椅子上了"，或者对一个8岁的孩子说"你卧室地上的衣服看起来像是没人要了，不如把它们送人吧"，这样的话能让家里的气氛显得轻松活泼许多。

幽默感对于青少年来说同样有用，但需要小心对待。青少年对命令或嘲笑极其敏感，而且很可能觉得父母的幽默感让人生厌。

5．建立平衡

从我们自身的经验来讲，养育子女最难的地方是晓得为孩子订立界限时该从哪里下手以及如何下手。父母们也会常常为这个问题自我反省。

为了避免过度严厉和过度放纵两个极端，我们有时感到自己不是犯这个错，就是犯那个错。我们认识到，并非只有我们是这样的。正如一位父亲所说："养育子女不是一门要求精准的科学。一路走来，我和妻子难免犯错，但之后弥补就好了。"

父母必须把界限定在两个极端之间。好在，教育孩子并不是走钢丝，孩子的幸福不会因我们一步走错就毁于一旦。其实，对于教育孩子，一个更恰当的描述是我们走在宽宽的大道上，可以自由地选择自己的道路，然后充满信心、一如既往地坚持这些决定。没有哪两个家庭的道路是完全相同的。有些家庭可能较宽松，而另一些则可能较严格。

当然，对自己受到的不公正待遇，孩子会表现得极度敏感，而且有时会抱怨："强尼就不需要……"或者"吉玛就能做……"但我们不能被其他父母的决定所累。对有些父母来说最重要的事情，对其他父母来说可能不那么重要。因此，我们要选择适合自己的道路。有对夫妇，孩子年纪尚小，他们对我们说："我们认为，孩子要说实话并且善待他人，这是最重要的。在这一点上，我们对孩子非常严苛。然而，在保持整洁以及在正餐之间吃零食等方面，我们则比其他父母更宽容。因为这些事对我们而言没那么重要。"

6．调整方法

根据孩子的年龄和性格适当调整界限并不容易。孩子可能已经迈入了一个新阶段，而我们却仍然停留在过去。与拥有同龄孩子的父母谈一谈可以帮助我们继续前进。有位母亲，孩子正当青春期，她说："我会跟其他父母就孩子在外过夜或周末参加什么活动这类问题进行沟通，最后达成共识。这样做给了我很多自信，让我知道自己并非一个暴君。"

我们还发现，对某个孩子在某个年龄段有效的办法，在几年后或者对另一个孩子来说则会失去作用。

力奇　老大柯丝蒂做作业不太需要督促。她做事认真，而且对电视节目不
是特别感兴趣。柯丝蒂十几岁时，我们还得时不时地鼓励她适当休
息。但说起儿子们，情况就大不相同了。我们必须明确规定他们看
电视的时长以及何时应该去做作业，以便他们能在合理的时间内完
成作业。

随着孩子们慢慢长大，我们尽力调整全家用餐的时间以配合他们的
需要。我们还给孩子增加了责任，让他们自主决定什么时候开始做
作业，多长时间完成。我们做的也不一定都很好——或许我们对年
长的孩子有点过严，而对年幼的孩子又过于宽容。

7. 把它看作一个过程

孩子学习自主调整个体行为的过程，是一个渐进的过程。萨姆是4个
孩子的母亲，孩子都还不到8岁，她说："年幼的孩子看不到全局——他
们能看到的仅仅是自己现在想吃的巧克力饼干，或者睡前想玩的某个游
戏。然而，作为父母，我们可以统观全局，在把孩子训练得能自己做出明
智的选择前，我们要负责为孩子做决定。"

对于孩子的安全与健康成长，父母在初期负有全责。随着孩子慢慢长
大，父母需要逐渐放权给孩子，让他们自主做一些决定，直到（孩子18岁
左右时）孩子能够完全独立抉择。到那时，孩子就应该能够深刻体会到顾
及个人行为的长远后果，以及在适当的时候自我克制的重要性，也学会了
尊重他人及财物，并养成适当的自我控制能力。

结　语

记者达米安·惠特沃思曾对父母缺乏管教孩子的勇气进行过报道，他认为：

> "不"作为英语中最简短、最常用的词，同样也是最难在关键时刻说出来的词——对于当代父母尤其如此。教育家们认为这一代的父母已经忘记如何说不，其后果是孩子长大后会缺乏自尊，无法自如地应对成年生活。[1]

菲奥娜·哈曼斯是位高中老师，她注意到了在家里缺乏管教对学生造成的影响："如今这一代的父母并不赞成对孩子进行处罚。如果父母说'你被禁足一年'，孩子就会哭闹，然后父母就会说：'噢，好吧，那算了！'太多的父母不懂得如何管教孩子，却让孩子做了主。"[2]

我们都会有偶尔想要放弃的时候。跟孩子的争执似乎没完没了，而日子又是那么漫长。我们会想："还是让学校、青少年小组的负责人、警察或者祖母管教孩子吧。"但我们不能把教育孩子的责任交给别人。如果我们不教孩子学会如何行为处事，那么将来无论他们走到哪里都将处于劣势。而且从长远来看，如能设立良好的界限，家庭生活将更有乐趣，更加和睦。

在管教孩子方面，我们无法做到尽善尽美，也无法成为完美的父母。有时会感觉自己想要改善孩子行为的努力徒劳无果，不过，真正让人烦恼的是外人比我们更能看到效果。他们会表扬说："你的孩子真有礼貌。"而回想到孩子们早饭时的表现，我们不由得怀疑自己到底是不是合格的父母。

---

[1] Damian Whitworth, 'Just Say No', *The Times*, 20 July 2007, p.4.

[2] 同上。

停一停·想一想

· 孩子是否知道界限在哪里？

· 你自己是否知道界限在哪里？你对这些界限满意吗？

· 你上次对孩子说"不"并坚持到底是什么时候？

· 你和伴侣在设立界限方面是否存在不同看法？你们是否愿意一起讨论最棘手的问题，或你是否需要帮助，找寻共同的解决办法？

第十章 为 0—5 岁儿童立界限

Setting boundaries with pre-school children (aged 0-5)

要知道，任何事物的开端都很关键，对于年幼、稚嫩的孩子尤其如此，因为人生的开始阶段是品格形成的时期。

> 柏拉图
> 哲学家

比起 5 岁大的孩子，我们更容易对 1 岁大的孩子说"不"。因此，如果孩子年幼时就开始设立界限，那么以后会容易得多。

> 萨姆
> 母亲

每当孩子们变得狂野不羁、难以管教，我就用安全护栏把他们圈在里面。等他们都安静下来，我才会让他们从护栏中出来。

> 厄玛·庞贝克
> 专栏作家

教养孩童，使他走当行的路，即使到老也不偏离。

> 所罗门王

为年幼的孩童制订并执行规则非常麻烦，而且会有诸多不便。当孩子第一次挑战我们，故意把午饭扔到墙上时，我们可能会感到很震惊。我们需要找出应对的办法。泰莎·利文斯通曾参与过英国广播公司（简称BBC）的一档亲子教育系列节目《我们这个时代的孩子》。对于这个关键时刻，她这样写道：

> 在一岁半到两岁之间，孩子很可能已经能够区分无意做错事与故意做错事。制造麻烦十分诱人，一部分原因是父母或照看人会做出非常强烈的反应，另一部分原因则是，制造麻烦可以产生令人兴奋的控制力。无论原因如何，大多数孩子会从中体验到愉悦、挑衅和困扰的情绪。正是在这种错综混乱的情感背景下，两岁的孩子开始形成道德意识。而此时，对孩子的管教问题也变得更加重要。[1]

"威廉，那可是中国明朝的花瓶。"

---

[1] Tessa Livingstone, *Child of our Time*（Bantam Press, 2005）p. 205.

从小开始

1．了解设立界限的必要性

出于各种各样的原因，有些父母在孩子小的时候不愿意管教孩子。有些是因为不知道该如何管教，有些是因为认为没有管教的必要，有些则是因为担心别人的看法。有位母亲向我们叙述了让她转变态度的原因：

> 老大亚历克斯刚刚学步时，由于没有及早管教他，让我非常头疼。我的错误是不想当着别人的面管教孩子，因为我觉得那样对孩子和我都很丢脸。因此，每当孩子举止粗鲁时，我就会很尴尬，但又不愿责备他。

> 像有些母亲那样，我妄想着没有人会注意到这个问题。结果差点发生了一场灾难。有一天晚饭时，亚历克斯无缘无故地朝他教母女儿的脑袋扔了一把叉子，差点伤到了对方的眼睛。再也没有什么借口可找了。

> 我不得不第一次当着别人的面处罚亚历克斯。以前我一直没有这样做，其实是对孩子的伤害。看到我管教孩子，另一位母亲的反应从惊骇变成了尊重。我并没有丢脸，终于做了家长该做的事。

2．教导孩子对与错的选择

"对与错的选择"这一概念对我们而言非常重要。特莎·哈丁汉姆是我们孩子幼儿园的创始人，她表示两岁半的幼儿上学后能很快明白什么是对的选择，什么是错的选择：

> 为了能有效地向孩子教导对与错的选择，我们必须告诉他们三件事。首先，孩子必须明白什么行为可以接受，什么行为不能被接受。他们需要知道有些时候存在一些界限。比如，两岁的

孩子已经足够大了，能够懂得乱扔食物、揪头发或者乱扔硬质玩具是不可接受的。孩子必须清楚地知道我们对他们的期望。

其次，我们要告诉孩子守与不守界限的不同结果。他们很快会发现其中一个结果是让人愉悦的，另一个结果则不然。

再次，孩子要懂得自己要为自己的行为负责——是他们自己做出的选择。因此，如果我们告诉孩子停止后，他们仍然把玩具在房间里扔来扔去，我们就可以对孩子说："这是你的选择：如果你不停止扔玩具，我就罚你去坐楼梯。"如果他们选择停止，我们可以说下面这样的话来鼓励孩子："做得好！你的选择是对的。"否则，他们就得自食其果。

"你把米饭扣到约翰头上，所以今天你嘴里就吃不到冰淇淋了。"

这个简单的技巧教给孩子人生的重要一课。特别是：

· 孩子不能总是随心所欲地做自己喜欢的事情。

· 好的行为会得到嘉奖。

· 不良行为则会带来不良后果。

· 他们必须对自己的行为负责。

表扬是强化孩子良好行为的有效方法。我们应该让孩子清楚为什么表扬他们。下面是一些例子："你让艾丹玩玩具车，这样做很棒。""你能把衣服放在椅子上，做得很好。""谢谢你把沾满泥巴的鞋子脱在门外。"通过表扬来强化好的行为，通常会激励孩子继续这样做。

与此同时，针对不良行为的处罚必须是孩子不喜欢做的事情，以此作为对孩子不良行为的抑制，例如让孩子独自在楼梯口罚坐、不让看电视或DVD、不给糖果吃、不能玩游戏，或者暂时没收孩子最喜欢的玩具等。

3. 区分幼稚与顽皮

当孩子做了让我们不高兴的事，我们应该问问自己："是否应该为此大动干戈？"我们发现，正确区分天性幼稚（natural childishness）与顽皮（naughtiness）对于明确在哪儿及如何立界限很有帮助。

顽皮是指孩子故意不听话并且挑战我们的权威。他们想看看我们是否会坚持已设的界限。他们常常试探我们，想看看自己到底能侥幸做些什么，比如：催促了三四遍也不从浴室里出来；明明被告知要紧跟着大人，却照样跑开；刚刚告诫过他们停止争吵，又故意打伤手足。

天性幼稚只是孩子展现孩子气的一面。可能有时很恼人，但孩子不可避免地会犯错误，发生意外。有些孩子往往意外连连：3岁的孩子打翻一大杯牛奶；由于没考虑生锈的问题，把玩具丢在外面淋雨；游泳回来后把湿浴巾扔在床上，弄湿了被子；穿着最好的T恤出去玩，却被树枝刮坏了。

除非我们刚刚告知孩子不要这样做，否则这些行为均是孩子年龄小和不成熟的结果，不应为此处罚他们。

希拉　我发现，孩子们年幼时约束他们的关键在于，我能够分清他们的幼稚行为与顽抗行为。牢记两者的区别明显减少了我教训他们的次数，且有助于让我在重要界限被打破时坚定自己的立场。

力奇　当孩子由于年龄小而无意中损坏物品时，我们要努力克制自己，不要发脾气，也不要处罚孩子，这同样很重要。

我们家楼下以前有一家邻居收藏了一些珍贵的旧书籍。每年，男主人都会把书摆在餐桌上，仔细用油擦拭书的皮质封面。而我们家浴室恰巧位于他们家餐厅的正上方。

有一年，楼下的男主人把刚刚擦好油的书晾在餐桌上后，下午便跟全家出了门。4岁的巴尼当时正在洗澡。他第一次发现浴缸和墙之间的硅胶密封线上有个小洞。于是，巴尼开始用自己的塑料小桶往小孔里倒水。邻居回到家后发现水正在往书上滴——使书的价值大打折扣。

收到邻居从楼下打来的警告电话后，我们立即冲进浴室，发现巴尼正全神贯注地致力于把下一桶水倒入小洞中。我们的本能自然是冲他发火，但实际上我们应该做的是制止他（同时向他解释浴缸里的水应该留在浴缸里），而不是惩罚他。

在这种情况下，我们必须首先问自己，是否已经告诉过孩子我们希望他们怎样做。朋友4岁的孩子爬上家里最好的窗帘，来回摇荡，结果把窗帘横杆从墙上拽了下来，这让朋友恼火不已。他们的怒火刚要爆发，但随即意识到自己从来没有真正向孩子讲过不可以爬窗帘。那么如果因此而处罚孩子，就会有失公平。而现在孩子已经明白了这一点。如果他再爬，就会受到处罚。

天性幼稚还指小孩子缺乏时间意识，不怎么重视最后期限。当我们试图让孩子赶紧上车，而他们则磨磨蹭蹭，无视我们的时间表时，我们可能会感到压力重重。假使我们把迟到的不愉快情绪发泄到孩子身上，抑或为孩子不关心我们忙碌的日程而恼火，则对孩子不公。这只是孩子天性的一部分。解决办法是为可能遇到的所有延迟增加额外时间。这样细微的调整能够产生非凡的效果——提前5分钟送孩子去幼儿园能使大人和孩子都开心很多。

一些成功人士，他们惯于使用最后期限来促使自己高效产出，而这可能成为他们在养育子女方面面临的一大难题。至于一天内能完成多少事情，我们可能需要彻底改变自己的期望。否则，当我们拖着孩子急速前进，把待办事项清单上的事情一件件勾掉时，我们和孩子最终都会变得疲惫不堪。降低期望值有助于让我们放松自己，甚至能使我们跟随孩子的步调享受每次活动。有位家长表示："当我跟孩子漫步前行，捡起树枝或者随便其他东西，观察毛毛虫从面前爬过或者吊车卸载货车时，我咬紧牙关对自己说：'总有一天我会怀念这些美好记忆的。'"

4．给予适合孩子年龄的教导

我们为孩子设立界限时，需要考虑以下问题。首先，孩子是否足够大并且能够理解我们的话？如果我们在海滩上，告诉两岁的孩子"你一定不能离开我的视线"，与告诉6岁的孩子同样的话，效果差别很大。6岁的孩子能记住我们的话，并且能够理解其中的危险。若是两岁的孩子走失了，这是我们作为父母的责任，无权对孩子发脾气。

让人很受挫的是，小孩子忘得快。如果我们强调过一次"不要把枕头拿到外面去"，三天后他们还会照样去做。不过，这不是调皮使然，而是孩子幼稚的表现。年幼的孩子与成人的关注点不同，他们往往无法记住我们前一天或上一周对他们的教导，需要我们时常提醒。

5．巧妙运用我们的声音

我们要教给孩子的一个主要功课是学会对我们所讲的话做出回应。孩子能够逐渐领会到，我们希望得到他们肯定还是否定的回答。我们讲话的语气会和所用的话语一样有影响。如果我们为了设立界限而需要跟孩子说"不"时，总是能够保持严肃认真的语气，那么"不"就会成为孩子最早听懂的词汇之一。

我们第一次跟孩子说"不"的时候，很可能是关乎孩子的人身安全。如果刚刚学会爬的孩子要爬向危险的地方，比如楼梯或者热炉子，我们就要坚决地对孩子说"不"，并把他们抱离危险的地方。只要我们语气坚定并辅以把孩子抱离危险源的动作，孩子们就会迅速理解我们的意思。用与"是"相同的语气说出来的"不"显得比较微弱，就会不起作用，甚至产生相反的效果。

用平静、坚定的声音提出要求比时常大喊大叫、发脾气更有效。这是帮助孩子走向成功的一部分，而且孩子一般也不会辜负我们的期望。如果我们每次处理问题时都预期孩子会不听话，那么我们就会得到这样的结果。而如果我们平静地说"艾米丽，你知道的，没有爸妈的许可，你不能自己拿橙汁喝哦。请把它放回橱柜里"，孩子就能根据我们的语气判断我们是否真的期待她听话。当然，有些时候艾米丽可能会不听话，这时我们需要语气更加坚定。倘若孩子仍然不听话，就要对她实施相应的处罚。不过这样的情况应该不会经常发生。

随着孩子逐渐长大，我们设立界限更多是为了他们的情感安全。设立界限的原则是完全一样的。孩子会领悟到我们说"不"就是不，因为我们爱他们，希望他们安全、幸福。

预先制止不良行为

生活中在一些常见的情况下，孩子可能会不听话或者发脾气，这些情况值得我们注意，包括：吃饭时间、离开社区游戏场时、购物时、必须与人分享玩具时、离开别人家时、在一天结束打扫时、穿衣服和脱衣服时、洗完澡时、睡觉时等。当然，这些情况占据了一天的大部分时间，这也是教育子女永无止境的原因！

下面这些方法可以帮助我们领先一步。

1．找到不良行为的诱因

记得参考上一章提到的HALT清单（饥饿、焦虑、孤独与疲倦），来找出孩子调皮捣蛋、让人头疼的其他原因。有位母亲发现，一岁半的儿子如果下午不睡觉就会很难哄。因此，她会根据儿子的作息时间安排自己一天的活动。如果我们找到不良行为的诱因，就会避免很多不必要的冲突。

2．转移注意力

这是一个绝妙的办法，很多父母却没能足够重视和充分利用它。这个策略非常奏效，尤其对于学龄前儿童。社区游戏场上，当欧文就要爬上对他来说过大的滑梯时，我们可以说："快看，欧文！卢克在那儿。他正在那儿高兴地荡秋千呢！我们也去他旁边的秋千上玩吧！"要想转移孩子的注意力，就得迅速想出其他足够有趣的事情。

希拉 孩子们小的时候，我的母亲非常擅于用转移注意力的方法。如果我们把孩子留给母亲时，他们哭闹不停，母亲就会坚持让孩子好好与我们道别，然后拉着孩子的手或者把孩子抱进怀里，对他们说："咱们去喂小鸟吧！"说完，母亲就会忍受着孩子的哭喊，带他们去喂小鸟。而孩子们往往一看不到我们就不再哭闹，因为他们突然发觉拿着坚果去喂小鸟更有趣。

3．给出选择

给孩子一些选择可以化解很多直接冲突。比起对孩子说"不，露丝，你不能把所有的玩具都带去莎莉家"，可能更好的说法是："露丝，你想带玩具球还是故事书去莎莉家呢？你来选择吧。你想拿哪个给莎莉看呢？"

事先考虑为孩子提供另一种选择还可以避免重复性的冲突。如果知道超市里的糖果货架可能会带来麻烦，我们可以选择在家里放一个"糖果罐"。每周购物之前，可以检查一下罐子，看看是否需要补充。去购物时，我们可以告诉孩子，他们每人可以为家里的糖果罐选一小袋糖果。

如果我们陷入与孩子的意志较量，孩子非常固执，不愿妥协，那么给出选择通常可以为孩子提供退路。假如孩子为了抗议先前的某件事而决心不吃东西，我们可以给孩子两个选择：要么待在饭桌前至少吃完五口饭，要么不吃饭，但之后也不能看电视。我们不会向孩子的怒气和泪水妥协，但当孩子明白自己赢不了我们时，给出选择可以使孩子更容易让步。

与转移注意力一样，这个技巧在孩子小时候有用，但等孩子接近上学的年龄时，我们应该逐渐停止使用这个方法。否则，孩子便无法学会听我们和老师的话。

4．提供奖励

对于学龄前儿童来讲，奖励好的行为与惩罚不良行为一样，都需要马上去做。有位家长说："有时我告诉4岁与2岁的孩子，如果他们在下午茶时表现得好，我就会陪他们玩'寻找聪明豆'的游戏。这只是一个小小的激励手段，但很管用。"如果为了让大发脾气、高声尖叫的孩子消停下来，而给孩子聪明豆的话，就变成了鼓励不良行为。我们应该把这个策略与之区分开。此外，我们应当避免每次让孩子做事时，都必须拿东西收买他们，他们才肯做的情况。

随着孩子慢慢长大，好的行为与奖励之间的时间可以拉长。一位父亲分享说："我们建立了一套简单的累积奖励制度，例如，每5次吃饭或10次睡觉时表现好就给予孩子奖励，他们可以选择一个小奖品。这对我们家3岁和5岁的两个孩子非常有效。"

应对耍脾气

如果家里有一个蹒跚学步的孩子，父母往往最害怕的就是孩子使性子、耍脾气。下面这个场景应该不会陌生：我们用手推车推着孩子购物。一切看似平静，但我们内心却很紧张，随时准备应对可能发生的事。我们在拐角处转过弯，进入旁边的过道，接着事情就发生了——孩子发现了货架上的饼干，要求现在就买！我们用尽可能平静的语气说"不可以"，然后孩子的情绪就爆发了——扯着嗓子，又哭又闹，扭动着身子，挥舞着胳膊，乱蹬乱踹——附近的人都扭过头来，看看是谁在吵闹。

我的一位朋友有两个孩子：6岁的山姆和4岁的艾米。她向我们讲述了自己与丈夫科林是如何当众处理上述状况的：

> 我们的首要原则是"忽视周围人的评论"。就当自己是外国人，听不懂大家说什么。有一次，艾米在宜家家居的桌椅区发脾气、打滚，科林拉着山姆走入旁观的人群，声明自己与这个嚎叫的孩子没有任何关系（从那时起，科林就再也不去宜家了）。而我则坐在艾米旁边，假装在读杂志，不去注意艾米堪比奥斯卡影后的表演。

> 还有一次，我给每个孩子2英镑用于在书展上买书。艾米不相信山姆两本书的花费与她一本书的费用一样。她很愤怒，因为山姆有两本书，而她只有一本。于是她躺在学校图书馆书架之间的狭窄空间旁又哭又闹，绊倒了一些家长和孩子。我试着想把她劝到一边，不让她碍事，但一个处于愤怒中的孩子很难劝得动。

最后，我不得不坐下来，等着艾米停止哭闹再把她带出去。周围的人对我说"你真淡定"，但其实我别无选择。最终，艾米不再哭闹，我们买完书，准备回家。那时图书馆已经没剩下几个人了。我想那年的校园书展肯定损失不小。

儿童心理学家多萝西·恩南博士揭示了家长保持冷静的重要性：

> 有80%的20个月到4岁大的孩子会耍脾气，而且多数是针对母亲的。当你面临孩子随时可能的爆发时，明白孩子心里在想什么会很有帮助，尤其是你对孩子的反应会在很大程度上影响其怒气持续的时间以及反复的可能性。如果你也发怒，就会落入孩子的圈套。处在爱耍脾气这一年龄段的幼儿渴望得到母亲的关注，如果看不到你的微笑，那么他们宁愿惹你生气也不愿被忽视。[1]

这一切都需要我们有自制力，并且在必要时能对自己的反应按"暂停键"。（我们将在第十四章中进一步描述这一观点。）在亲身经历了4个孩子的耍脾气年龄段后，我们发现以下建议很有帮助。放心，孩子耍脾气的阶段不会永远持续下去。

如何应对孩子耍脾气

· 耍脾气是学步幼儿常见行为。

· 我们并非不称职的父母，我们的孩子也并不恨我们。

· 在孩子很可能会耍脾气的时候，预先考虑自己应该如何应对，会对我们有帮助。

· 孩子耍脾气时最好的做法是不要太在意。脸上摆出一副无动于衷的表情，不要与孩子有目光接触，什么也不说（或尽量少说）。

[1] Dr Dorothy Eiono Quoted in 'How to Cope with Toddler Tantrums' by Louise Atkinson, *The Times*, 12 December 2000, p.8.

如果我们对其太过关注，孩子以后很可能会重复这种行为。

· 我们既可以抱起孩子，把他带离当时的情形，也可以到另一个房间去，在保证孩子安全的前提下让他自己待着。

· 如果可能的话，尤其是在公共场合，紧紧抱住孩子，直到孩子怒气平息，告诉旁观者："只是小孩子耍脾气而已。"

· 孩子耍完脾气，不要表现出松一口气的样子，也不要给予过多关注。否则会让孩子为了获得更多关注而更加频繁地耍脾气。

· 之后可以与伴侣或朋友笑谈此事（但不要让孩子听见）。

"我再也不能忍受你乱发脾气了，
也不能忍受孩子的脾气。"

果断处理不良行为

设立界限不仅需要正确的方法，而且需要付出极大的努力，这是无法回避的现实。很多家长放弃管教孩子，仅仅因为他们没有精力继续坚持下去。下面介绍七种方法，能让管教孩子变得更容易些。

1．采取果断行动

孩子在很小的年纪就知道如何能侥幸行事。设想一下这样的情景：我们带孩子去社区游戏场，孩子随着小伙伴到处跑，这时我们的手机响了。我们接起电话，一边讲话，一边关注孩子在干什么，而此时他正准备踏入一个大泥坑。我们坐在长凳上，回过头瞥了孩子一眼，说："不行，萨米尔，不能到泥坑里去。你没穿靴子。"然后我们转过身，继续讲电话。与此同时，萨米尔正站在准备要踏进的泥坑旁。我们再次转过身，用更大的声音说："萨米尔，我说了，不要踩那个泥坑！萨米尔！我再说一遍：'不要走到泥坑里！'"这时，我们仍然坐在长凳上，通着电话。萨米尔抬头看了看，然后没有片刻犹豫地径直走进了泥坑。他知道自己有足够的时间，在吃惊的家长离开长凳赶过来之前，就能跳出泥坑，跑到滑梯那边去。再说，我们这会儿还在电话上呢。

上述情景之所以会出现，通常是由于我们希望与其他朋友聊聊天而不被打扰，而且说实话，也因为我们感到太累了，不想再操心了。我们都有过这样的经历！要是我们能用可伸缩的狗链控制孩子该有多好啊——那样我们就能按一下按钮，拉住孩子，然后继续和朋友聊天。

另一种更好的方案是立即采取行动。一旦看见萨米尔靠近泥坑，如果我们不想他弄湿自己，就要停止聊天，站起来走到萨米尔身边，弯下腰对他说："萨米尔，请按照我说的做。因为你今天没穿靴子，所以不能踩泥坑。"然后我们可以带他离开，去滑滑梯或者爬攀爬架。通常，新活动会转移踩泥坑对孩子的吸引力。

如果萨米尔又回到泥坑旁，而且无视我们的反复强调，故意不听话，那么就需要让他承担一定的后果。尽管做起来有些困难，我们也要让萨米尔知道这次他无法逃脱处罚。我们可以离开游戏场。也可以带孩子到长凳上静坐5分钟，不允许他继续玩耍。不管怎么做，我们都必须采取行动。如果我们放手不管，继续和朋友聊天，可能当时会很轻松，但如果从现在起就投入精力管教孩子，未来几年内一定会收获丰厚的回报。

2. 让问题远离孩子或者让孩子远离问题

假设以下场景：3岁的儿子经常毁坏家里像样的家具，我们便要求他不要再拿塑料板球拍击打椅子。如果他继续搞破坏，我们会问他："尤安，你这样做是对，还是错呢？"尤安有可能自己意识到（但可能性不大），或者我们得告诉他："这样做是不对的。我已经告诉过你了，球拍是用来打球的，不是打家具的。我会把球拍拿走。"然后迅速拿走球拍，不要理睬孩子的叫嚷、哭闹以及其他形式的抗议，也要避免陷入与孩子的讨价还价中。要把球拍放到孩子拿不到，最好是看不见的地方。接下来我们可以对孩子说："走吧，我们去找点别的东西玩。"

在别的情况下，我们可能需要让孩子去"冷静区"冷静一下，以使他们远离问题。一条很有用的经验是，孩子年龄有多大就让他冷静几分钟——时间太长往往不易执行，太短又效果不大。

希拉 根据犯错孩子的年龄，家里很多地方都曾被我们用作孩子的冷静区。冷静区必须是安全的，当然也要让孩子待得不如往常那么舒适愉悦。如果孩子只是换个地方继续坐着玩自己的玩具，那么处罚将变得毫无意义。我们从不把孩子锁在房间里，因为这样会吓到他们。

记得孩子有时会把食物扔到地上，力奇或我会频繁地把孩子领到楼梯口，并且重复多遍："你得在这儿待够3分钟。然后才能回来和我们一起吃饭。"我们往往需要让孩子回去四五次，才能保证他们待够3分钟，也不知道这样做是不是真的有用。最终，孩子们领会到了我们的用意，认识到我们对用餐礼仪的要求是认真的。

3. 提前给予警告

提前给予警告对大家都有好处。例如："我们很快就得离开，所以只能再骑最后一圈。"或者："快该回家了——最后再荡一次秋千。"但必须让孩子明白我们会说到做到。孩子们能识破那些无力、不认真的指示并且会采取他们擅长的拖延战术。一旦时间到了，我们就要起身，收拾好东西离开。

我们的警告也要合理、恰当。若是你从另一个房间对学龄前幼童喊"该把玩具收起来了，因为10分钟后就得洗澡啦"，然后5分钟后去检查，发现孩子还没开始收拾，就大动肝火，这样做对孩子有失公允。

希拉　孩子们小的时候，我对他们不认真按照我的要求去做感到很受挫。于是我开始使用计时器。我会事先告诉他们还有10分钟的玩耍时间，计时器响起来后，我会过去帮他们一起把玩具收起来，然后直奔楼上去洗澡。当孩子们意识到我真的开始计时并且不会额外增加20分钟的时间，他们就会变得很配合。

4．做出切合实际的警告

有位母亲向我们讲述了她的经历。那天，作为给孩子的圣诞礼物，她陪4岁的女儿安娜、安娜的朋友莎拉以及莎拉的妈妈一起去参加一次特别的儿童展览会。在去展会的途中，莎拉打了安娜一拳。莎拉的妈妈警告莎拉，如果她再这样做，就不让她在展会上玩旋转木马或者买任何玩具或糖果了。但毕竟去展会就是为了让孩子好好玩，所以，如果莎拉妈妈真不让莎拉玩，那大家一整天都不会玩得开心。后来，莎拉又打了安娜。当然，抵达展会后，莎拉妈妈没法执行先前的警告。直到莎拉都已经在旋转木马上开心地骑第三轮时，她妈妈才咕哝着说，明天不会让莎拉看她最喜欢的电视节目。

我们很容易做出一些无用的警告。如果我们没能按照自己先前说的话让孩子承担后果或接受处罚，就会给我们和孩子造成损害。孩子会觉得自己做错时也能逃脱惩罚。这样做并不是为孩子着想。假如莎拉的妈妈能这样说"如果你再打安娜，你就不能玩第一轮旋转木马了"，然后到达目的地时，先陪莎拉在车里坐10分钟，这样可能效果会好得多。

5．执行处罚

有时执行处罚并不那么容易。孩子越小，我们行动迅速就显得越重要。这样，孩子就能把处罚与自己的过错联系起来。假如我们陪孩子在公园里玩时对孩子说"如果你再推肖恩，我们就得回家"，那就必须说到做到。当我们刚到那儿没多久，尤其是还有其他孩子在旁边玩得很开心时，回家往往是我们最后的选择。但孩子通常能看得出我们是发出无效的警告，还是会说到做到。因此，我们有必要做出决定，针对某一情形作何处罚最恰当，且最可行。我们往往能在公园里找到一个地方，可以让犯错的孩子静坐五分钟，不许玩耍。

孩子能敏锐地察觉到父母的不公正和偏爱。当然，如果家里一个孩子比较听话而另一个很固执的话，就很难保持公平公正。

希拉　这一点非常符合我们家的情况，尤其是孩子睡觉前。我们家的规矩是，讲完故事后每个孩子回到各自的床上，接着我们陪孩子们祷告完毕，就会关上灯。4个孩子中，有一个小的时候格外固执。当时这个孩子两岁半，决定睡觉前不再遵守规矩。他总是从床上爬起来，影响别的孩子睡觉，或者在其他孩子待在床上时跑到楼下。为了表示公正，我们不得不连续两周持续对这个孩子进行一些不甚愉快的惩罚，好让他和其他孩子明白这条规矩不容商量。到最后，我们都快放弃了，还好孩子们终于明白了我们的用意。

找到恰当的处罚

下面列举的处罚应该视孩子的年龄及其不当行为的严重性而定。

- 孩子几岁就罚他去另一个房间待几分钟。
- 罚孩子坐在楼梯底部，或者罚孩子坐"淘气角"。同样，几岁就罚坐几分钟。
- 没收一件孩子最喜欢的玩具。
- 当天不给孩子放《小建筑师巴布》或者他们当时最喜欢的动画片。
- 如果孩子喜欢在洗澡时玩耍，那就缩短洗澡时间。
- 不给孩子玩通常会玩的游戏，或者少带孩子去一次社区游戏场。
- 取消睡前故事（避免频繁使用）。

6. 避免争执

很多父母因为与孩子争吵而把自己搞得精疲力竭——试图说服孩子、解释、哄骗、竭力想让孩子按照自己的要求去做——最终却以失败告终，因为孩子明白自己不会因为行为不当而受到处罚。美国畅销书作家及临床心理学家托马斯·费伦建议，对孩子做出惩罚前，家长可以给孩子两次改正不良行为的机会，而不是立即与孩子发生争执。他把自己的这套方法称作"1-2-3魔法"（尽管他说其中并无"魔法"可言）。费伦解释说：

假设家里6岁的儿子想吃饼干，而你当时正在帮他烧水泡茶。你对孩子说"不行"，因为茶要15分钟才能好。儿子开始哼哼唧唧地抱怨，或者踢厨房的碗柜，叫嚷着抗议。

不要与孩子争执（事实上，不要表露任何情绪），你只需伸出一根手指，平静地说"1"。假如孩子继续央求吃饼干，或者指责你残酷，或是在地板上打滚，叫嚷的声音大得隔壁都能听到，你可以等5秒钟，然后伸出两根手指说"2"。如果孩子继续上述行为超过5秒，你可以伸出三根手指说"3。回自己房间去待6分钟"（孩子年龄多大，就让他待几分钟），或者做出一些其他的惩罚，比如不让他看电视或早点上床睡觉。[①]

对于孩子的有些行为，比如打父母，家长应该直接数到"3"。处罚孩子前不必再给机会。费伦还描述了让孩子独自在卧室待够时间后应该怎么做："什么也不要做。不要说话，不要有任何情绪，不要道歉，不要训斥孩子，也不要谈论这件事。除非绝对必要，否则一句话也不要说。"

我们认识一位英国母亲，每当孩子表现不好时，她就使用类似的方法，给孩子3次机会并且对他们说，"你已经失去了一次机会"或者"你已经失去了两次机会"。孩子们清楚母亲会真的处罚，所以只需警告说"你就要失去一次机会了"，他们就会好好表现。

使用这种简单、清楚的机制有很多好处：

· 孩子能够认识到表现不好就会受到处罚，而父母不必再经常与孩子发生争执或者大声呵斥孩子了。

· 父母不会纵容孩子发牢骚、大声叫嚷、耍脾气或其他伎俩。

· 得到明确的警告后，孩子们开始为自己的行为负责。

· 父母成为主导。

父母不必为了说服孩子而对每条规矩、每个界限都给出详尽的理由，这样做只能让自己筋疲力尽。

7. 始终如一

孩子在对界限有了充分了解后会表现得更好。让孩子始终如一地做他们能做的事情，可以使孩子与我们的生活更加轻松舒适。这也意味着当把孩子托付给他人照顾时，我们要向别人明确自己管教孩子的界限，这一点

---

①   Thomas W.Phelan, *1-2-3 Magic* （Parent Magic, 2003）, p.27.

很重要。如果（外）祖父母或者其他照看孩子的人比我们更宽容或是更严格，可能会引起摩擦。

有位母亲对我们说："我会跟替我照看孩子的人解释清楚我对孩子的要求，她便按照我们的原则管教孩子。假如每周她替我照看孩子的那两天，不按照我的话去管孩子（比如说，在孩子的请求下给他们买了糖果或者允许他们看一整天电视），那么我们定下的规矩就变得毫无意义了。"

结　语

如果能尽早为孩子设界限，那么等孩子再大点时，教育他们就会容易得多。一位母亲体会到了在孩子蹒跚学步时就开始管教（有时包括处罚）孩子的作用，她这样描述其对家庭生活的长远影响：

> 我认为"讲道理"（那些受过过多教育、担心过多的中产阶级家长所推崇的方式）一点用也没有。如果客气地问自己两三岁的孩子"现在想不想睡觉？"或者"你觉不觉得看电视的时间已经足够长了？"，那父母得到的一定是孩子斩钉截铁的"不"以及之后一大堆的麻烦。

> 我发现，如今孩子们长大了，不再需要很多处罚。不过，认可和奖励还是需要的。孩子们知道"不"就是"不"，警告他们不给零花钱就已足够，这可能是因为孩子从学步起就懂得了界限。管教能培养出快乐的孩子——他们知道自己能够走多远，还能享受偶尔前进一小步的乐趣。[1]

---

[1]　Interview with Jan Parker and Julie Myerson, *Red Magazine* （1999） pp. 95-98.

停一停·想一想

· 辨别孩子的行为中哪些属于幼稚而不是调皮淘气。

· 孩子知道你对他们有哪些期待吗？

· 孩子已经大到能懂得并且执行你的指示了吗？

· 对每个孩子来说，最有效的负面后果或处罚是什么？你是否与伴侣讨论过这些问题？

· 你对孩子的警告是否都真实有效？当孩子持续表现不当时，你有没有说到做到，执行处罚？

· 如果家里有不止一个孩子，你在管教孩子时是否做到了公正公平？

· 孩子的不良行为会不会有医学方面的原因？如果你怀疑有这种可能，请咨询一下医生。

第十一章　为6—10岁儿童立界限

Setting boundaries with 6 to 10-year-olds

我的工作中经常会与人谈判，不过这跟我与孩子之间的谈判比起来便成了小巫见大巫，因为他们会用到书上描述的各种伎俩。

一位3个孩子的父亲

商人

我小时候特别希望父母能对我少发脾气多沟通，所以我现在对待自己的孩子时会尽量做得更好。

吉姆　36岁

从小我的父母让我想做什么就做什么，结果现在我很难对他人说"不"，尽管我知道我应该拒绝他们。

萨拉　27岁

包括处罚机制的训练可以改善行为习惯，而良好的行为习惯可以建造品格。

乔·格伦校长

我的女儿不爱收拾自己的房间。如果她把自己的衣服扔在地下，我们就会把它们放到一个大垃圾袋里，她必须保持整洁才能拿回衣服。

麦当娜

歌手

从6岁起，孩子的变化日新月异，而我们的教育方法也应该随之转变。这时，孩子变得更加独立，他们的注意力也由家转向学校，转向如何建立友谊。他们会更加关注他人的感受，别人高兴他们也高兴，别人伤心他们会表示同情。生活中，别人对他们的期望值也增加了。

大人们会期待孩子在课堂上好好表现，乖乖配合老师，认真完成家庭作业。孩子则需要机会能够谈论学校里的事、身边的同学朋友以及对生活的感受（无论积极与否），而且他们需要我们倾听。这个年龄的孩子依然需要很多关爱与安慰，同时也需要我们为他们设立明确的界限，以区分何种行为可以增进关系，何种会损害感情。我们所设立的这些界限是孩子自我控制的根基，可以帮助他们与他人融洽相处。

在这个年龄段，我们应该在家中赋予孩子更多的责任，以此来帮助他们学习如何为家庭生活做出贡献，比如饭前摆好餐具，饭后收拾餐桌，整理玩具和衣服，把碗碟放进洗碗机，整理床铺等。这些都可以帮助孩子变得更独立，使他们能够考虑到别人。

由于孩子在这个年龄会与更多的人交流，所以培养良好的行为习惯变得尤为重要。这包括如何礼貌地与成年人沟通（学会说"你好""再见""请"和"谢谢"等），如何表示尊重，如何适时地表达他们的情感，如何察言观色并做出正确的反应。这些任务对于孩子来说要求较高，我们不可能一蹴而就。

力奇　这些年来，有时我们会感到自己的脚步一直停滞不前——我们似乎总是在解决同样的问题，反复教导孩子同样的举止礼仪，让我们不禁怀疑所做的一切是否有效。

这种时候，我们鼓励你不要失去信心。尽管当下我们可能意识不到，但这些日复一日的教导确实会对孩子产生潜移默化的影响。

此时，我们需要认真思考如何才能强化我们所设立的界限。我们的目标在于对孩子严格而非严苛，引导而非强迫，教孩子学会顺服而非压制个性；在亲子关系中，享受爱与尊重，避免持久的愤怒与憎恨。

本章我们将探讨如何为6—10岁儿童设立界限，这一章的内容将以前一章为基础，但也有一些差别。这

龄段的孩子更能够接受大人跟他们讲道理，其不良行为与所受处罚之间的时间间隔也可有所拉长。

请不要忘记"HALT"清单（参看第九章），它适用于任何年龄，不论是孩子，还是我们！

花些时间想想每一个孩子

喝杯咖啡，或者出去散散步，思考一下下面的问题：

· 你和孩子之间最常出现的问题是什么？

· 在哪些事情上你必须坚持立场？哪些事情没那么重要？

· 之前有什么措施帮助这个孩子为其行为承担责任？

· 你如何能帮助孩子增强责任感？

明确规定与界限

我们应该让孩子清楚，我们期待他们怎样做，以及不服从的后果是什么。

希拉 我们在教导孩子的问题上也并未做到尽善尽美，不过对于某些规

定，我会非常明确，尤其是涉及他们的人身安全时。

当我们的4个孩子分别是8岁、6岁、3岁和1岁时，如果我们到公园去散步，两个小一点的孩子就会坐在婴儿车里，另外两个走路。我已经反复教导过两个大点的孩子如何遵守道路安全规定，并确信他们不会突然冲到马路上或者尝试自己过马路。所以，我允许他们走在前面，因为我知道他们不会跑出我的视线范围，或者自己跑过转角。假如这样做了，他们很清楚自己就得回来，乖乖地把手扶在婴儿车的两侧跟着走。这就是违反规定的后果，这一点我往往需要经常提醒他们。

我们需要像这样一次又一次地对年幼的孩子强调我们的指令，而不能指望他们已经记住了。

"我们这就说定了，
还是你需要些时间考虑一下？"

有一些规定并没有那么重要，但是为了让家里安宁，我们仍然需要坚持执行。罗伯和珍夫妇两人的孩子6岁了，性格非常倔强。她拒绝穿枕头下面的蓝色睡衣，而要穿粉红色的那套。等到她真的穿上了粉红睡衣，她又会想穿蓝色的。

　　她的妈妈会说："不可以，今晚你必须穿蓝睡衣，粉睡衣明天穿。"而爸爸在把她放到床上时会这样说："你必须穿蓝睡衣，没得商量。明天的事情明天再说。"然后小女孩就会大哭大闹。最终，他们制订了一个"3天"规则：先穿3天蓝睡衣，再穿3天粉睡衣，这才算解决了问题。

"上身穿蓝色，
下身穿粉色……"

力奇　对于我们来说，关于睡前故事时间长短的吵闹差点让我们彻底放弃了睡前故事。最终，我们定下规矩，明确每天讲几个故事，并坚持执行。不久之后，孩子就再也不会闹着要我们再讲一个故事了。

　　在制订规则的过程中，我们必须问清自己，是不是对孩子提出了过高的要求。如果有父母希望孩子做到井井有条，或者时刻保持安静，那么他们需要认识到问题出在自己，而不是孩子身上。

采取激励措施

有效的处罚策略在于赏罚分明。对于许多家庭来说，使用"奖励表"是对良好行为的有效激励。（如果孩子做得好，就可以在表格上贴一个小星星，当其中一栏或者整个表格贴满星星后，孩子就可以得到奖励。）

"天上有这么多星星……"

我们认识这样一个家庭，他们有3个儿子，如果其中一个孩子的奖励表上贴满了星星，全家就会在周末出去玩，具体做什么由获得奖励的孩子决定。奖励可以是一个小玩具，也可以是一顿比萨大餐，或是一场电影。

奖励表只有在契合我们自己的个性和教育模式时，才会起作用。我们的一位朋友就说，她没法用奖励表，因为她应付不来。她总是忘记在表格上为孩子们贴小星星，最后都没人记得到底谁得了多少小星星了。

希拉　根据我们的经验，奖励表只在有限时间内，对特定的活动有效果，如整理衣服、穿好衣服、良好的餐桌礼仪、洗澡时不哭不闹、坐车时表现好，等等。每个孩子都享有平等的机会，要让他们通过适合其年龄的活动，来获取小星星。

我们发现，奖励小星星在一开始可以明显地促进孩子好好表现，不过几周之后，它的效用便会逐渐降低。小星星给孩子们带来的一些行为上的改进会继续保持下去，如若不然，就意味着我们需要采取新的激励措施了。

一位母亲告诉我们，她使用过一种"负面奖励表"，表现不好就必须接受黑色标记。不出所料，孩子们常常变得很生气。当她取消这一做法并开始奖励良好行为时，孩子变得配合多了。

另一种简单的奖励机制是"弹珠罐"，适用于6—10岁年龄段中年纪较小的孩子。在罐子里放入一定数量的弹珠（如20颗），放在孩子够不到的地方，如果孩子按你的要求去做，就在罐子里放一颗弹珠。如有不良行为，就拿走一颗。如果在规定时间结束时（比如一个星期），罐子里的弹珠多于20颗，孩子就可以获得奖励。

一些家长只有在孩子表现好的时候才会给零花钱。我们没有这样做，因为我们觉得零花钱的一个重要目的在于使孩子学会储蓄、捐助和支出，以及在这三种选择之间保持收支平衡；即使只拥有一笔微小却稳定的收入来源，也可以让他们得到锻炼。偶尔，如果我们的孩子需要存钱买某样东西，我们就会让他们通过做额外的家务来赚更多的钱。同样，有时如果孩子表现不好，他们就会失去一周的零花钱。

奖励良好行为并不意味着我们要"贿赂"自己的孩子，让他们对我们言听计从。"如果你表现好的话，我就给你买冰激凌"，或是"如果你对弟弟好一点，就可以晚点上床睡觉"这类承诺都是诱惑策略，而我们的期望是孩子无须贿赂，也可以好好表现，善待他人。假如这样的贿赂延伸到生活的各个方面，那么我们的孩子就无法真正学会顺服。他们会将这样的奖励视作自己的权利，到最后，每当我们叫他们去做什么事情时，他们都会讨价还价一番。

信守诺言

只有我们自己做到始终如一，孩子才会懂得我们说"不行"就是不行，说"可以"就是可以。假如孩子问"我可以吃饼干吗？""你能给我买一件新T恤吗？"或者"我可以去看电影吗？"而我们的回答是"不"，那就一定要坚持立场（除非我们有正当理由改变主意）。倘若我们最终屈服于他们的哭闹和抱怨，那么我们的"不"就不再意味着"不"了。事实上，这等于告诉他们，只要磨上足够的时间，他们就可以得到想要的一切。与此同时，如果孩子觉得他们的每个要求都会被直截了当地回复"不可以"，那么他们就会感觉很受挫。这种情况下，如果我们有时能提供另外一个比较正面的选择，会比较有帮助。比如说，孩子问："我可以吃饼干吗？"你可以回答："现在不行，不过你可以先喝一点香蕉奶昔。"或者孩子问："能给我买一件新T恤吗？"你可以回答："那买这件T恤作为你的生日礼物好吗？"

对于说了"可以"的答复，我们也一定要兑现。我们可能会对6岁的孩子说"我们可以帮你做模型"，对8岁的孩子说"我们可以带你去游泳"，或者对10岁的孩子说"我们可以带你去购物"。然而，电话响了，于是我们坐下来聊了20分钟的电话，最后错过了做这些事情的机会。这等于告诉孩子，当爸爸妈妈说"可以"的时候，可能并不意味着真的会做这些事情。唯有自己遵守诺言，做到始终如一，我们才能够帮助孩子了解信守诺言的重要性。

行为果断

希拉 有10年的时间，我每天要花时间开车接送至少五个孩子上下学。为了使这段时间尽可能愉快一些，我对孩子们做了明确规定：不可以相互无礼、喊叫或打闹，否则作为司机的我会精力不集中。这类行为的直接后果就是丧失他们梦寐以求的，轮流坐副驾驶的机会。他们很快就发现，如有必要，我真的会一视同仁，强制执行这一处罚，毫无商量的余地。

只有孩子真正在意，处罚措施才会行之有效。一位家长告诉我们："我的儿子6岁时，每次放学后表现都很差，比如提出无理要求、对人粗鲁、很难相处等。为了解决这一问题，我几乎用尽了所有办法。最后，我警告他说，如果再有任何不良表现，就禁止他那周和小朋友玩耍。后来我执行了这一处罚，跟每周四都来找他玩的小朋友取消了约定。一夜之间，他的行为就改变了，这对我们两个都是一种解脱。我还记得这样坚持并不容易，尤其是当儿子朋友的妈妈对我取消周四的约定感到困惑和失望时，让我感觉很过意不去。"

父母的许多精力都用在与孩子争执到底什么事情他们可以做，什么不可以，不过这些争论大多不起作用，因为孩子通常不会被我们说服。我们也许是在培养优秀的律师，可我们并没有教育出有良好教养的孩子。这并不是说我们无须聆听孩子的心声，实际上恰恰相反。但是，在定下毫无商量余地的规矩（如：何时上床睡觉，准时到餐桌前吃饭，不可以打人骂人，等等）之后，如果我们能把精力放在冷静、一贯地执行这些规定上，会比陷入哄骗、争论和喊叫之中要好得多。

对事不对人

我们希望孩子能够认识到，处罚只是因为他们的某一个行为不对，而不是因为自己天生就有错。如果我们经常对孩子讲他很顽皮，他就容易将其变成现实，或是自我感觉不好。我们需要帮助孩子认识到"那样做很顽皮、很不友善或者欠考虑"，而不是跟他们说"你是个坏女孩"或"你是个傻男孩"。有时候，等大家都冷静下来之后再讨论事件比盛怒之下痛斥孩子更有效。罗伯·帕森斯写道：

要记住，孩子的自尊心很脆弱。在管教孩子时，我们只可以批评孩子的行为，而不可以进行人身攻击。在坚持这一原则的同时，关于孩子的所作所为，我们可能仍有许多话要说，但绝对不能说："你真蠢。"[1]

避免被操纵

孩子会自然而然地通过操纵父母来避免不愉快的后果。这是成长发育过程中的正常表现，并不意味着孩子出了问题。孩子经常会诱使我们卷入一场情绪化的讨论，并希望通过这种方式来消耗我们，以便最终得到他们想要的。他们会说："你太小气了！怪不得你不给我买电脑游戏。""你爱迈克尔比爱我多。""这不公平！我的朋友都睡得比我晚。""如果你拿走我的电话，我就离家出走。""打碎镜子不是我的错，是你惹恼我的。""禁止我看电视实在太傻了，这样做不会有任何效果。"

不必陷入为自己辩护的漩涡，也不需要没完没了地解释每一条规定，这样只会鼓动孩子继续斗争下去。只有旨在训练和教育孩子的解释才是有帮助的，没有必要为我们的每一个行为辩护。所以，对于上床时间不合理的问题，我们可以说："我知道，但这里的上床时间就是7点30分。"或者，面对太过小气的指控，我们可以说："我已经告诉过你，为什么我不想让你玩那个电脑游戏。"然后不再纠缠于此。

有时我们需要坚持自己认为正确的事，即便其他家长不赞同我们的界限和管教方式。同时我们也可以和其他家长交流一下他们为孩子定的界限，也会对我们有所裨益。

避免无效的威胁

我们都会在盛怒之际，对孩子做出不切实际的威胁，如"如果你不

---

[1] Rob Parsons, *The Sixty Minute Father* (Hodder and Stoughton, 1995), p.83.

听话，下次去度假就把你一个人扔在家里"或"明年你不会收到任何圣诞礼物"。一些家长经常说这样的话，而孩子并不笨，他们知道我们并不会这样做。我们需要有一些切实可行的锦囊妙计，尤其是在我们实在没有办法、已经不能进行理性思考的时候。一位父亲跟我们讲了这样一个故事：

> 有一次我们和朋友一家一起度假。一天早上，他们的一个孩子因做错事而被告知："今天不许吃冰激凌。"当时我们并不知此事。后来我看见一辆冰激凌车，就提出要给每个人买一份冰激凌。于是，朋友跟我们解释了情况。那个可怜的孩子也想起了这个处罚，便哭起来。

> 接下来发生的事给我留下了非常深刻的印象，朋友夫妇坚持执行了这一处罚，小声而又温和地提醒这个孩子为什么他不可以吃冰激凌。然后，在其他人都吃冰激凌时，其中一位家长带着哭泣的孩子去河边散步、看天鹅。回来的时候，孩子已经不哭了。这就是有效的教育方式——公平、坚定、一贯，毫无报复性质。我想那个孩子也一定会记住这件事的。

找到合适的处罚措施

管教孩子是一个漫长的旅程。一些在孩子小时候非常管用的方法，等孩子再大点时可能就不那么奏效了。经常反思一下我们的所作所为是有必要的。有些事情，孩子5岁时我们这样做可能是对的，9岁时还这样做就不太合适了，甚至会令人难堪。例如，随着孩子年龄的增长，我们应该避免在他人面前教育孩子。最好是带他们到一旁去谈话，以保护他们的自尊心。有时，为了避开孩子的兄弟姐妹，我们也可以事后再对孩子进行教育。

在种种有效却不过分严厉的教育方法中寻求平衡，需要不断地仔细推敲。如果我们觉得自己在教育孩子时容易过于仁慈，那么就要确保在管教时能给孩子留下深刻印象。同时，如果觉得过于苛刻，我们也要注意不能反应过激，以免孩子产生怨恨情绪。

我们对孩子的处罚应该与他们所犯的过错相当。通过这种方式，孩子才能领悟到错误有轻重之分，以及哪些错误在父母眼中最严重。偷窃与说谎的后果，当然会比不睡觉或者饭前吃香蕉更为严重。

找到合适的处罚措施还要求我们了解每个孩子。对这个孩子有效的方法可能对另一个丝毫不起作用。阅读以下清单，问问自己，哪一种处罚最有效？哪一种适用于比较严重的不良行为？有没有其他更恰当的处罚措施可以添加到此清单中？

适用于6—10岁孩子的处罚措施

· 在卧室关禁闭

· 提前上床睡觉

· 一天不许看电视

· 一周没有零花钱

· 没收游戏机或者最喜欢的玩具

· 一天、一个周末或一周之内限制玩电脑时间，或不许玩电脑

· 不许和朋友玩耍

· 不许吃糖、薯片或冰激凌

· 做额外的家务（例如洗车或者扫落叶）

· 不许游泳、踢足球或者跟父母一起出门购物

尽可能避免大声喊叫

如果我们能够做到在孩子遭遇危险或者紧急情况时大声喊叫，而在孩子不听话时尽量小声但严肃地与他们交谈，会非常有好处。倘使我们一直在孩子耳边大喊大叫，那么在真正遭遇紧急情况时，他们将不会及时做出回应。

我们有一位朋友叫约翰，他的4个孩子都不到12岁，约翰平时说话总是轻声细语的。最近，他告诉我们，有一次他带4个孩子走路去公园。当走到第一个路口时，他9岁大的女儿在交通信号灯变绿后便开始往马路上走。这时，在她身后几步之遥的约翰突然意识到，一辆超速行驶的汽车根本没有减速。于是他用最大的声音喊出了女儿的名字，而女儿从未听过他如此大声喊叫，立时僵在了原地——那辆汽车在距离她几英寸处与她擦肩而过。

向前看

我们都在处罚孩子之后懊悔过。我们应该在孩子犯错误或是让我们失望时原谅他们，同时也应该在冤枉孩子时能够宽恕我们自己（并向孩子道歉）。孩子也需要和我们一样不计前嫌，向前看。总是旧事重提，讲孩子之前如何顽劣，丝毫无益。一位朋友告诉我们："我小时候犯错时，会很想知道处罚是否已经结束，自己是否已得到原谅。"

结 语

管教孩子是一项令人精疲力竭的任务。我们许多做父母的都愿意为换取片刻安宁而去做任何事。不作为总是比有所作为更容易，然而良好的家庭教育需要我们付出努力和精力。把所有事情都推到以后再做或许是一个更容易的选择。然而，如果我们选择采取行动而不是放任不良行为，将它们扼杀在萌芽之中而不是任其恶化升级，那么孩子与我们都会收获丰厚的回报。假如一个7岁大的孩子发现，自己可以从容应对在学校的排名不够靠前或是遭到老师拒绝这类的事，他会感觉很棒。当看到之前因为自私而受过处罚的孩子，现在能够善待其他孩子时，我们做父母的也会感到异常欣慰。

当我们能够坚持执行各类行为界限，同时又不乏肯定、鼓励和幽默时，我们的孩子便得以在一个愉悦而安全的家庭氛围中成长。他们更容易成长为成熟的孩子，能够自然而然地尊重他人、拥有自信，并勇于为自己的行为负责。

停一停·想一想

· 你的孩子有没有需要纠正的不良行为？

· 你现在最需要教给孩子的举止行为是什么？

· 有哪些激励措施可以用来奖励孩子的良好行为？

· 对于不良行为，你可以采取哪些不愉快的处罚措施？你的孩子真的会在意这些处罚吗？

· 你是否清楚不同程度的顽劣行为应予以何种处罚？

· 你和伴侣能够就处罚方式达成共识吗？

· 你会真的照着你告诉孩子们的方式予以处罚吗？它们是否公平、切实？

第十二章　对11—13岁的青少年逐渐放手

Letting go gradually with 11 to 13-yea-olds

我们应该给孩子们两样东西：一样是根基，另一样是翅膀。

> 霍丁·卡特
>
> 记者

青春充满了各种实验。

> 罗伯特·路易斯·史蒂文森
>
> 作家

一些家长有控制欲，这往往导致在放手过程中，自己痛苦万分，孩子忍无可忍。

> 罗伯·帕森斯
>
> 作家

我们在那个年龄段时，如果不同意某条规定，就会讨论解决。

> 琳恩　28岁

"就算我告诉你，你也不会明白。""你把我当7岁小孩。""我已经够大了，完全可以自己出门参加聚会了。""你太严厉了。""其他父母都允许孩子这么做。""哼！"

这些话听起来是不是很耳熟？如果是这样，你家里可能有一个11—13岁的孩子。有些喜怒无常是出于荷尔蒙作用，有些矛盾则是源于孩子想谋求更多他们还不足以应对的自由。不过大多数的刁蛮行为是孩子自然成长的一部分，他们日益独立，开始做好离家的准备。

这是一个过渡期。一位有两个这个年龄段孩子的父亲解释说："这一时期，管教和引导孩子都需要，而且有时候还不奏效。不过这没关系，第二天可以重新开始。无论父母还是孩子都不应该成为掌控者，因此我发现立界限需要很多耐心，还要时常用点幽默。"

当然，孩子走向独立的过程已经持续了很长一段时间。当孩子第一次去幼儿园，或者在朋友家过夜，我们可能会有分离和失去控制的感受。不论这有多么难，我们都应该渐渐放手。这正是家长角色的核心所在。

当孩子们进入青春期，甚至是整个青少年时代，放手变得尤为重要。这段时期对于学习如何独立至关重要。青少年们需要空间来探索，适应越来越多的自由，发现自我以及建立家庭以外的关系网络。这些年我们的任务就是要逐渐拓展这一空间，直到孩子们完全独立，成为真正意义上的成年人。这一过程通常始于11—13岁，我们放手的速度取决于孩子的成熟度，在这一点上，每个孩子又有所不同。针对每个孩子采取合适的速度渐渐放手是一个非常复杂的过程，以下原则曾给予我们很大帮助。

学会分辨哪些是正常的表现

进入青春期后，孩子的情绪和行为可能会突然出现一些连家长和孩子自己都意想不到的变化，而且有时比想象中来得要早。不过别忘了，孩子那些看似轻率、令人恼火的表现，往往是前青春期和青春期的典型行为。

正常的前青春期和青春期行为

- 将父母拒之门外

- 少言寡语

- 反应迟缓，不在意他人感受

- 需要长时间睡眠

- 在公开场合被人看见和父母在一起会感到尴尬

- 不听话，采取相反的做法（跟父母反着来）

- 时间观念淡薄，无视限期

- 惹恼父母或兄弟姐妹（有时是故意的）

- 怒气冲冲，讽刺挖苦

- 健忘

- 霸着电脑或电视，无视其他想要用的人

前青春期和青春期少年常有的感受（有时会表达出来）[1]

- 没有人喜欢我

- 我觉得自己很难看

- 没有人理解或在乎我

- 哪里都比这儿好

- 我想离家出走

- 我希望所有人都不要打扰我

- 爸爸妈妈拿我当小孩子

- 我总是想哭

- 有时我觉得我快疯了

- 每个人都在看我

记着我们是同一阵线的

当孩子不断要求更多自由时，有时我们的回应好像只有唠叨、批评、抱怨和拒绝。父母和孩子会感觉像敌人一样。其实大家是同一个阵线的，我们需要和孩子们一起努力，帮助他们适应生活，而不是站在他们的对立面。父母和孩子都应去适应这一新状况。

帮助孩子成为有责任心的、独立的成年人，需要的不单单是设立界限。孩子在前青春期和青春期早期会产生自我矛盾的情绪：前一秒还渴望长大，下一秒却希望自己像孩子一样被呵护。因此，不时地观察孩子，并判断何时坚持、何时放手就显得尤为重要。

---

[1]　改编自Tim Smith, *Almost Cool*（Moody Press, 1997）p. 33。

即使孩子试图表现得比实际更成熟，他们仍然时常需要确认父母对他们的爱。孩子想要知道，我们是否在意他们，在面对青春期的自我怀疑时，他们需要我们的充分肯定与大量的鼓励。他们想要确认，我们支持、相信他们。找到一个父母和孩子都喜欢的活动能够为沟通创造良好的机会。比如，一位母亲会带着自己11岁的儿子去当地俱乐部看足球比赛；还有一位父亲，为了能更多陪女儿，学习了风筝冲浪运动。父女俩开车去海边和回家的这一个小时，就是他们最好的聊天时光。

给孩子更多自由

当孩子们还小时，我们管理他们的全部生活。他们无时无刻不在我们的掌控之下——我们决定他们交什么样的朋友，管理他们的时间，决定他们的吃穿用度。然后，突然之间，一切都变了，可能会让我们接受起来比较困难。一位家长回想说："好像一夜之间什么都变了，对我冲击很大。"我们可能会感到被拒绝，会误解他们的意图。为什么孩子们想要远离我们，在家待的时间越来越少？就好像他们宁可和其他任何人在一起，也不要我们。

力奇　当我们的老大第一次问我可不可以周末在外留宿时，我吓坏了，因为她不是要住在奶奶、外婆或者是我们的好朋友那里，而是和一个同学在一起，而我们并不熟悉那个同学的父母。假如你们能看到我当时的反应，肯定会以为我那10岁的女儿是在要求独自背包环游欧洲。想到女儿即将远离我们的视线，脱离我们的控制，在其他成人的影响下度过整整一个周末，我不由得陷入了复杂的情感中——占有欲、焦虑感，而且突然间觉得自己变得不再重要。

希拉　这事之后，儿子们有一次提出想要周五晚上和朋友们一起在外过夜，这让我感到非常受伤——他们不再想要和我们在一起了。从他们非常小的时候开始，周六的早餐就一直是我们的特别家庭时光，然而突然之间，他们不想参加了，也不想吃我准备的早餐了。至少这是我作为母亲所产生的感受。

　　作为家长，我们会为不同的事情烦恼。孩子可能会突然想对我们保密，渴望拥有一个相对独立的世界。一位母亲告诉我们，她儿子说自己正在思考一些事情，却不愿意跟她说是什么。这还是头一次发生，她当时感觉要哭出来了。而对于单亲父母，情况可能更严重，因为这虽然让他们拥有了更多自己的时间，却会使他们变得更加孤独。

　　对自由的渴求是孩子的权利，也是他们成长过程中的一个正常环节，就好像小鸟一定要离开鸟巢才能学会飞翔。我们必须允许孩子张开翅膀，强壮起来——总有一天，没有我们的监护，他们也可以自由飞翔。

给孩子时间与朋友相处

　　现在的青少年都会花费大量的时间，通过电话、短信或各类社交网站如脸书网（Facebook）来相互沟通，做各种安排。这件事情的兴奋点就在于他们可以摆脱家长，自己做计划。如果父母试图询问，他们可能会耸耸肩膀向我们保密。这是正常行为，也是他们学习自己做决定的一种方式。一位12岁男孩的母亲向我们讲述了这样一件事：

期中假时，我的儿子开始和他学校里的朋友为复活节做打算，他要我别排满他复活节假期的3周时间。接下来的一个月里，儿子每天都会关起门来长时间地打电话、连珠炮似的发信息，为复活节前那个周六的神秘活动做筹划。这还不算，他们还长篇累牍地写电子邮件，并频繁地使用MSN对话。

那一天渐渐临近，当被问到谁会参加以及要去哪里时，他们的回答是："我们不能说。"于是我们温和地提醒他们我家的一条不容商量的黄金准则："我们需要知道你们打算去哪儿，跟谁去，何时去。"他们说了几个女孩子的名字，并提到会在午饭时间去一条不怎么样的购物街——街上有一家古怪、便宜的小餐馆。"那你们怎么去？"唉！显然他们之前并未考虑到这个问题，而我和丈夫都没有时间开车送他们。他们只是提了句可能会坐火车去，然后就继续玩游戏了。

那天下午3点30分左右，我回到家，竟然发现孩子们仍然穿着睡衣，一副一筹莫展的样子。我想到他们过去六周都在热火朝天地为这一天做筹划，便随口问起他们有何安排。他们却说："你能开车送我们吗？"我随即将他们送到目的地，只是有些担心，因为这比他们原计划的"午餐时间"晚了3个小时。"您能来接我们吗？"他们又问。"我不能。"我说道，"你们可以乘火车，记得要在7点之前回到家。"然后我就把他们丢在那里回家去了。孩子们在6点59分时匆忙进门。虽然在火车上遇到了些奇怪的人，他们多少有些心神不定，不过还是显得挺愉悦的。能感觉到他们的聚会应该还不错。一个多小时后我问道："你们见到那些女孩子了吗？""没有。"他们答道，"我们后来踢足球去了。"

赋予孩子更多责任

这个年龄段的孩子通常会以自我为中心，然而我们并不应该因此就害怕增加他们在家应该做的事情。毕竟，他们已经长大了，有能力帮家里做更多的事。通过赋予他们更多的责任，如饭后洗碗、整理房间或帮忙做户外杂活，我们可以教导他们超越自身的需求。他们开始学习照顾他人，承担起自己的责任，先是在家里，最终是在社会上。

帮助孩子增强责任感

在为孩子的行为立界限时，我们的目标是由设立外在的、人为施加的界限过渡到帮助他们建立内在的、自定的界限。这意味着，我们要从对他们说"该去洗澡了""该睡觉了"或"你只能看两个电视节目"并且确保他们按要求去做，过渡到让他们掌握自主权，自行决定何时关掉电视，何时做作业，洗澡或者上床睡觉。他们的自制力会越来越强。这一过程需要我们相信孩子们，反过来也培养了他们对我们的信任。在我们赋予孩子们更多责任时，他们也会越来越自信。《实用育儿全书》（*Parenting*）的作者佩内洛普·里奇（Penelope Leach）这样说道：

> 正是由于我们拒绝他们进入成人世界，才使得许多青少年对成年人一律排斥，只依赖于同龄人的陪伴。我们很难相信他们会变得善良、理智、富有责任感，这让他们对自身品格产生了怀疑，以至于有时会扮演反社会的角色（在他们眼里，这似乎才是我们对他们的预期）。还有，因为我们不能认真对待他们，甚至无法按照我们希望他们对待他人的方式来对待他们，这些使得他们很难相信我们。[1]

---

[1] Penelope Leach, 'Bringing up today's child' Part 3, *Sunday Mirror*, supplement, 25 April 1999, p. 5.

对于许多家长和孩子们来说，从小学到中学的过渡是一个转折点。在大多数孩子看来，更换学校意味着一次重大的生活调整。在他们身上，热切的期望、紧张焦虑与对未知的恐惧相互交织。孩子们正步入一个广阔却也令人畏惧的青少年世界，突然之间，他们变成了大池子里的一条小鱼。我们肯定也会为他们担心，但相信并赋予他们更多的责任，会帮助他们更快适应新阶段的生活。对孩子逐渐放手需要家长有意识地冒一些风险。

希拉 我清楚地记得我们每一个孩子第一天去上中学的情景。他们看起来好像心都跳到了嗓子眼，我的心也是。他们应该怎样去应对呢？东西都带好了吗？知道要到哪里去上第一节课吗？在各种各样的担心中，最令我焦虑的是他们能否自己上下学。

我们的一个儿子11岁时就开始和力奇一起骑自行车上学。最开始他跟在力奇后面骑，后来换到前面。当力奇认为儿子已经拥有了足够的经验时，就允许他自己骑车上下学了。记得接下来的一周我都很担心，假如让我来做决定的话，我可能不会允许孩子这样做。然而，孩子做得很好，而且随着对新责任的渐渐适应，他似乎明显地长大了。

不过，在某些地区，或对某些家庭而言，11岁的孩子尤其是女孩子，年纪太小，不适合自己上下学。最近，一位女性朋友这样对我们说："我记得小时候哥哥弟弟们可以走夜路，我却不行，当时我感到非常不公平。家人是为了保护我，但我还是觉得很不公平。然而现在我很感激父母没有向我的抱怨让步。"

父母由控制孩子到相信孩子的过程并没有一个固定的时间表。每个家庭采取的措施不同，孩子的个性也不同。一些孩子较为独立自信，一些孩子在这方面则相对较差。这一渐进过程取决于孩子的成熟度。

让孩子做更多决定

让这一年龄段的孩子在尽可能多的领域里自己做决定可以帮助他们成长，这些决定包括他们的发型、衣服、零花钱怎样花、如何装饰自己的房间等。记者朱迪思·威尔逊（Judith Wilson）认为，青少年的房间可以反映其性格：富有创造性的、叛逆的、喜欢乐趣的，最重要的是能反映出他们还在变化、成长的过程中。她为父母们提出了如下建议：

> 为什么青少年的房间会使得父母面色苍白、孩子自己叹息不已呢？父母们会说，孩子的房间简直是堆满了垃圾的"禁区"，而孩子们则会抱怨他们根本没有隐私和创意的空间。问题在于，当孩子步入青春期时，他们的房间会被赋予全新的意义。曾经使用欢乐可爱儿童主题装饰的整洁空间，现在更多体现的是孩子独立自主和日益发展的性格。突然之间，父母无法再向房间内张望，因为孩子把房门给关上了。

不过这个时候不要跟孩子计较。他们渴望的就是能够有发挥自己个性

去自由创造的空间。他们会做各种尝试，会有潜力创造出或时尚大胆，或细致周到，甚至是相当井井有条的房间。

对于父母来说，秘诀就在于鼓起勇气，交给孩子房间设计的大权。当然，他们可能需要帮助，如果他们主动提出的话，你就可以给些建议，另外还需要制订一个适度的预算。不必计较孩子在墙壁上画画或者贴海报，这些都很容易恢复。让他们放手去做——你永远不会知道会有怎样的结果，或许会收获一个惊喜呢。[1]

家长需要给孩子做决定的机会，让他们知道即使犯了错也不会挨骂。因此，如果他们花光了自己所有的钱去买一件不合适或者相当昂贵的衣服，那么以后他们就学会做预算了。下一次，他们可能会买更物美价廉的东西。承担后果可以教会孩子对自己的决定负责。

---

[1]　Judith Wilson, 'Welcome to my space', *The Daily Telegraph* 14 July 2007, p. 66.

"这是德里克。"

有些时候，和孩子一起自嘲糟糕的选择，或者讲一些我们曾经的失误，会对孩子很有帮助，能让他们知道这并不是世界末日。

同样在这一年龄段，许多孩子们开始探索与异性之间的关系。一位母亲向我们描述了她如何帮助女儿做决定："凯拉13岁了，我知道她可能随时会有一个男朋友。她身边的朋友都开始尝试了，但我还是希望她再等等，所以我和她讲：'你的初吻是很特别的，你永远都会记得。所以一定要和你真正想要在一起的人接吻。'我知道她听进去了。"

一开始要管得严一点

在给予孩子更多自由的同时，我们也要维持适当的界限。他们可能会抱怨说不再需要那些限制和规定，说我们比其他朋友的家长都要严。但是，对于11—13岁的青少年来说，要获得绝对的自由，他们还不够成熟，所以如果他们越界，就必须给予惩罚。

一开始要管得严一点，然后等孩子有值得信任的表现时，再允许他们做更多的事情，这样可以让我们显得比较正面。当他们表现好时，我们可以说："做得不错！"然后赋予他们更多自由，形成一个良性循环。

当孩子第一次独自乘坐公共交通外出购物时，我们要要求他们做到以下几点：和朋友一起去；让我们知道他们的路线计划；到达目的地后给我们打电话；在规定时间内回家。如果两三次这样的购物之旅中他们都能够遵守规定，我们即可延长外出时间，他们也只需要在遇到问题时给我们打电话。类似的规定同样适用于看电影、和朋友出门、参加派对，等等。我们发现，如果在短时间内给孩子过多的自由，之后往往又不得不更加严格，这样的倒退会让每个人都难以接受。

与其他父母进行沟通，告知我们的孩子在他们家里时，允许或不允许他们做什么，比如可以玩哪一类的电脑游戏。这样做能够增强我们坚持规定的信心。偶尔，我们也会感到来自各方的压力——朋友、其他父母或是我们的孩子。

当其他父母采取截然不同的方式时最棘手。例如，一群11岁的孩子们正在其中一个孩子家中过夜，他的父母会决定外出几小时，把孩子们交给一个年长一点的哥哥或姐姐照看。或者其他父母告诉我们会同时留3个男孩和3个女孩在家过夜，或允许一群12岁的孩子们看一部"15"级（译者注：适合15岁及以上的人观看，由英国电影分级委员会，审查并发放分级证书）的片子。那些父母也许会问我们："你们介意吗？"而我们则往往很难开口说介意。这个时候我们需要仔细考虑，到底哪些做法恰当、哪些不恰当，并要自信地坚持下去，即使孩子告诉我们："这太尴尬了，别人的父母都不介意。"要记住，最终还是我们负责任，只有我们能够决定在何处立界限。

监控派对

当孩子们步入青春期，他们希望举行或受邀参加派对，这会带来各种各样新的问题。如果派对失控怎么办？不管会发生什么情况，都让他们去？什么是安全的，什么又是不负责任的？孩子应该怎样拒绝邀请才不会失去朋友？这类问题时常困扰我们，有时只能屏住呼吸，往好处想。

有些时候，仅仅只是讨论这些问题，就会使孩子们觉得还是不去参加派对更好，但又怕朋友觉得他们"一点都不酷"。叹着气跟同伴说"我爸妈不让我去"，会是一个拒绝邀请的好办法，同时还可保全孩子在朋友圈里的信誉。

派对备忘录

下列清单里的问题可供家长在考量是否允许孩子参加派对时使用（有些问题只适用于年长一些的青少年）：

· 是谁举办的派对？在哪里？

· 这是私人还是公开派对？你在受邀名单里吗？还有谁会参加派对？

· 会有父母或者其他能够负责的成年人在场吗？

· 我可以和举办这个派对的大人谈一谈吗？（孩子通常会强烈抗拒这一提议，他们会说"这太尴尬了""只有你想要这样做"等，不过别放弃！）

· 派对何时开始？何时结束？

· 你怎么去？谁送你回家？

· 派对上有酒吗？如果你的同龄人都在喝酒或者都喝醉了，你要怎么办？

· 派对上会有人吸毒吗？（跟他们一起想出对策，来应对可能给他
们毒品的人。详细建议参见第十七章。）

鼓励孩子大胆探险

对于即将步入或刚步入青春期的孩子来说，摆脱父母的管控，独自面对挑战，是成长过程中的重要一步。无论在乡村、海边还是城市，探险都可以帮助他们独立设立界限，从而变得更加成熟、自信。

有些孩子们喜欢从事体育或者其他有一定危险性的户外运动。这些活动跟在家里不一样，可以教会他们团队合作，帮助他们发掘生存技能，使他们在身体、智力、情感、社交能力等方面都能得到锻炼和成长。专栏作家利比·波维斯（Libby Purves）写道："他们会了解到，衣服是为了保暖和提供保护，而不仅是为了好看；食物可以提供能量；太冷和太热都会夺去你的生命；最重要的是，你非常依赖你的同伴，他们也同样依赖你。"[1]

在户外面临体力挑战，也为青春期产生的强烈情感提供了一种健康的发泄渠道。有许多假日探险项目可供选择，如水上运动、骑自行车、钓鱼、骑马、徒步旅行或野战训练课程。

力奇　我们的孩子会定期参加社群青少年小组（这里是指那些旨在促进青少年追求共同信念、相互帮助、健康成长的团体与聚会）组织的周末远行活动，或户外中心举办的为期数周的活动。通过参加这些活动，每一个孩子都成长了许多。

暑假期间会有其他的探险机会。自从第一个孩子出生后，我们全家每年都会去同一个海边。对孩子们来说，这项活动有一种吸引力，

---

[1]　Libby Purves, *Nature's Masterpiece* （Hodder and Stoughton, 2000）p. 208.

那就是随着一年年渐渐长大，他们可以享受更多的自由。作为青少年，他们最喜欢的一项活动就是和同龄朋友一起划船，捕捉鲭鱼，将船停在一个小岛上，然后烤鱼吃。这成了我们家出游时的一项传统仪式。在开心的同时，这一活动也赋予了孩子们更多责任感，使他们得以成长。

每个孩子都清楚，我们需要对他们有一定程度的信任（例如：注意保管船只；不要驶入远海；在天黑前返回等），才能允许他们享受这一权利。他们也很快认识到，一旦信任遭到破坏，他们的自由就会大打折扣。

灵活处理

有时很难给这一年龄段的孩子立界限。我们如何知道怎样做才是对的？应该给予他们多少自由？如何在家庭时间和与其他人相处的时间之间寻求平衡？没人知道所有的答案，不过幽默感可以帮助我们避免"好说话"和"老顽固"这两种极端。

前不久，我们在朋友家住了几天。他们有一个13岁的女儿，还有三个分别是11岁、9岁和7岁的儿子。有一天，两个年长的男孩邀请了两位朋友来家里玩。他们计划好了晚上的安排，想先吃晚饭，然后拿着被子和枕头挤在客厅看电影。关于要看什么电影，大家争论不休。孩子们想看"12"级（适合12岁及以上的人观看）的电影，这显然并不适合7岁儿童观看。可大孩子们又觉得父母推荐的电影太无聊。假如告诉7岁的男孩，他什么也不能看，只能乖乖上床睡觉，那简直会引发第三次世界大战；建议大孩子们观看适合7岁孩子的电影也一样困难。

看着平时自信、能干的家长纠结于孩子们一大堆无法调和的要求，我们既同情他们，又庆幸自己不需要做裁决。经过反复讨论后，大家终于达成了妥协：所有孩子先看7岁孩子可以看的电影，等到了小男孩的睡觉时间，再换成其他人想看的电影，而小男孩可以第二天再看他没看完的部分。孩子们这才安静了下来。

我们自己也面临过许多类似情况。有时我们会强忍怒气，坚定立场。其他时候，我们也会重新考量自己的决定。

希拉 通常期中假期时，我会和孩子们去苏格兰探望力奇和我的家人。有一次，我们已经做好了计划，但11岁的儿子却突然说他想和另一个家庭去康沃尔郡冲浪。我们坚持说回去探望祖父母和外祖父母、叔舅、姑姨、堂表兄妹对他来说更重要。

出发前的一个月，他至少每隔一天就要提及这个话题。在我们看来，这事没得商量，还怪他不重亲情。

出发前8天，我们在教授一门亲子教育晚间课程时还谈到了聆听孩子心声的重要性。回家之后，我在枕头上发现了一张字条，一面用大字写着："妈妈：冲浪的事情劝一劝爸爸吧！"角落里，心形图案圈住了一行小字："妈妈，你想在床上吃早餐吗？或者我帮你洗什么？还是熨衣服、购物？"

另一面则写着："亲子教育友情提示：你的儿子是否感觉被剥夺了权利？他能够实现自己的梦想吗？他会不会永远都感受不到大海的力量了？他的兴趣是不是只能被贴在墙上（那时候他房间的墙上贴满了冲浪的海报）？无论现实中还是心理上，他的冲浪板是否会逐渐消失得无影无踪？"底部写着："爸爸妈妈，说点别的哈，你们难道不喜欢康沃尔郡的凝脂奶油吗？美味、凉爽又顺滑——儿子可以给你们带回来的很赞的礼物喔。"

他的新方法奏效了。第二天，在意识到冲浪的机会对于儿子来说有多重要之后，我们重新讨论并决定让他去做想做的事。

结 语

大部分家长都有保护孩子的本能。大多数孩子都有探索发现的本能。对于我们大多数人来说，过度保护是因为不希望孩子离开我们。我们在潜意识中拒绝分离的过程，就像一位家长所说的："许多年来，孩子都是我们忠实的陪伴，然而现在他们不再是孩子了，对此我们会有一种伤感。"

我们有时会过分严厉，有时又过于仁慈。对孩子放手并不容易，但是这样做却非常有必要。这会为孩子长大成人后，我们之间保持牢固而亲密的亲子关系奠定下基础。

停一停·想一想

· 你有没有逐渐赋予孩子更多的责任？比起孩子10岁甚至更小的时候，你会更信任现在的他吗？

· 是否有些方面你需要管得更严？有些则可以适当宽松？

· 你是否对孩子期望过高或过低？

· 你跟孩子讨论过界限吗？

· 孩子有机会进行户外探险吗？

第十三章　有效引导青少年

Teenagers-guiding without alienating

青少年家长经常处于两难的境地:当帮助遭到怨恨时应该如何去帮助,当引导被拒绝时应该如何去引导,当关心被视作侵犯时应该如何去沟通? ①

> 海姆·吉诺特
> 心理学家

如果你觉得和青少年一起生活很困难,那就想想我们这些和父母一起住的青少年。

> 乔舒亚　18岁

14岁的时候,我觉得父亲太无知,无法忍受跟他在一起。但21岁时,我却讶异于这位老先生在这7年中所学到的东西。

> 马克·吐温
> 作家

父母真是没完没了,得寸进尺。

> 亨利　14岁

我很高兴那时父母订立了界限,而且不多不少,恰到好处。其实你内心还是想要感受到父母在意你的安全,也希望他们会对一些事情说"不"。

> 柯丝蒂　28岁

---

① Haim Ginott, quoted in Tim Smith, *Almost Cool* (Moody Press, 1997) p.75.

我们的青少年子女需要我们。虽然他们自己也常常对此感到吃惊，但他们的确需要我们！不论承认与否，青少年大多渴望父母的关注、鼓励和支持。而且，青少年还没有成熟到能够做所有的决定，所以他们仍然需要适当的界限。"无所谓"或"妈妈，冷静一下"这类常见的回应往往掩盖了真相。其实他们需要也想让我们在身边，不过我们需要做一个积极且角色有所变化的家长。

这一章我们将讨论如何引导青少年子女，以便我们能够享受彼此在一起的时光——至少有些时候如此。亲子关系有时会变得很紧张，倘若有家长告诉你并非如此，你或许需要思量一下这话的可信度。

我们夫妇曾经陪伴4个子女度过了他们的青春期，在与每个孩子建立和维护相互之间爱、信任与尊重的过程中，我们经历了各种欢愉和挑战。以下几点曾给予我们极大的帮助。

考虑孩子的需求

根据我们的自身经验，一些儿童时期的基本教育原则依然适用，但具体的实施方法需做大幅调整，而对这一调整过程我们也乐在其中。

力奇 我们曾问一组来参加我们亲子教育课程的家长："在亲子教育中，你们面临的最主要的问题是什么？"他们中大多数回答说："不知道在哪里以及如何设立界限。"

我们没有直接回答他们的问题，而是花了一些时间讨论五种爱的语言，以及发现孩子感受爱的方式有多重要。那些家长回到家后改变了他们的做法。在一个月后的最后一节课上，我们询问这些改变有没有取得任何效果。所有家长异口同声地说自己的孩子变得开心多了，给他们立界限也变得容易了。

利比·波维斯（Libby Purves）指出：

> 简化所有青少年问题的真谛在于：只要孩子高兴，一切都会容易很多。这很显而易见，是不是？可是，你何时听到家长谈论如何让自己青春期的孩子更开心？不要只关注如何解决青少年问题，只想着如何控制他们不要出事，而是多想想如何让孩子变得更快乐。这种快乐并不等同于溺爱，而仅仅只是每个人生命中都需要的简单平凡的快乐。①

认清最终目标

作为父母，我们的一个长远目标是：当孩子独立之后仍想花时间和我们在一起，也会在有需要时向我们寻求建议。到那时，我们不再掌控他们，但仍然可以用我们对人生的长远眼光来帮助他们。青少年辅导员丹尼尔·汉恩（Daniel Hahn）就父母的角色变化这样写道：

> 家长面临两种选择。我们可以继续沿用孩子小时候的教育模式（然后自己恼火得要命），也可以认识到随着孩子逐渐长大，我们的教育方式也需要有所改变……不管有多难，我们也必须从"掌控者"转换为"顾问"。

> 顾问会怎么做？他们询问情况、给出意见、分享经验、提供选择并预测结果。到最后关头，他们却会退后一步，让当事人自己做决定。顾问清楚自己能为当事人做什么，不能做什么，当事人则要亲历过程和结果。②

从我们为孩子做所有的决定转换到我们帮助他们做最佳决定，这个关

---

① Libby Purves, *Nature's Masterpiece* （Hodder and Stoughton, 2000）pp. 187-188.

② Daniel Hahn, quoted in Tim Smith, *Almost Cool* （Moody Press, 1997）pp. 64-65.

系的转变是一个贯穿孩子整个青春期的渐进过程。

与孩子保持沟通

"我还好吗？我当然很好。
你到底怎么了？
让我自己待会儿吧。"

当然，跟青少年保持沟通并非易事。他们通常会变得寡言少语，想要更多的个人时间，比起父母，他们会更喜欢跟朋友在一起。一个14岁的孩子说："我都快疯了。每次我爸妈问我今天过得怎么样，我都回答说很好，然后他们还要不停地问这问那，如果我什么都不说，他们就会生气。可是学校里每天都大同小异，实在没什么可说的。"

注意到孩子的内在变化可以帮助我们，避免将他们这种缺乏反应看作是拒绝我们。新荷尔蒙的冲击和快速成长会消耗他们大量能量。此外，近期有关大脑发育的研究表明，青少年的前额皮质（通常被称为大脑的"首席执行官"），尚未完全发育成熟。作为管控功能中心，前额皮质负责制订计划、决定优先次序、整理思路、抑制冲动以及权衡行为后果。

在这一生长发育阶段，青少年通常觉得很难考虑他人感受。《新科学家》（译者注：*New Scientist*，创刊于1956年的周刊，内容主要是最新的科技发展）报道了美国圣地亚哥大学进行的一项调查，该项调查覆盖了300个10—22岁的青少年，主要测量他们感知他人情绪的速度。调查结果显示，10—11岁青少年的感知速度最多可比正常值低20%，要到18岁才能达到正常值。[1]

"鸡蛋是炒着吃，
煮着吃，还是煎着吃？"

"好的。"

　　因此，许多热情开朗、善于表达的孩子在进入青春期后突然变得闷闷不乐、满腹怨气也就不足为奇了。每当我们试图和他们沟通时，只能听到咕哝和叹息声。我们可能会错以为孩子越独立就越不需要我们了。一位青少年家长分享说，往往到后来，孩子跟我们的每一次对话都是围绕着"我可以做这个吗"或"为什么我不能做那个"。然而，父母给孩子的回答不能仅仅停留在简单的"是"或"不"。这一点至关重要，因为孩子会面临各种新状况和矛盾情绪，需要跟我们讨论。

[1]　Duncan Graham-Rowe 'Teen angst rooted in busy brain', *New Scientist*, 19 October 2002, Issue 2365 which cites research on 'Cognitive efficiency on a match to sample task decreases at the onset of puberty in children' by Robert F. McGivern, Julie Andersen, Desiree Byrd, Kandis L. Mutter and Judy Reilly, *Brain and Cognition*, Volume 50, Issue 1, October 2002, pp. 73-89.

青少年感到安全，觉得自己准备好了，便会跟我们敞开心扉，比如同我们一起放松时、观看体育比赛后、购物结束后回家路上、开车远行时，或是在我们已经疲乏不堪的深夜。

"不管怎样，我的关键问题是……"

我们要注意观察何时最适宜与孩子交谈，然后抓住这些机会。

关键在于给孩子足够的时间，这样他们才不会有压力，能够比较自在地提及敏感话题，而不必担心招致斥责。这时候，用聆听和提问引导他们说出心中想法非常关键。对一个青少年说"能否告诉我有关……"远比"你去哪儿了"或者"你都做了什么"这样的质问更能得到回应。

尽可能少做规定

如果规定太多，青少年就会忽视它们。为什么？因为对孩子生活的每个方面都加以限制，就等于对他们说："我们不相信你能为自己做正确的判断。"结果往往导致他们去做我们不让做的事，以此向我们示威："你们想为我做所有的决定，控制我的每一个举动，那我就让你们看看到底谁主宰我的生活。"很快，无论我们说什么，孩子都不会听了。

有句格言说得好：只对真正重要的事情说"不"，其他的都可以说"行"。提醒孩子，同时也要提醒自己，我们立下为数不多的界限是为了保护他们。一位朋友回忆起青少年时光时，很感激她的父母没有过多地定规矩：

> 我十几岁时，父母对我们的规定很少，但有几条是我们必须遵守的。父母允许我们按自己的喜好打扮，比如那时我很喜欢有股味道的老式男大衣（妈妈总觉得可能是老人死时穿的衣服）。我们还可以随意换发型、装饰房间、听不同音乐，等等。

> 不过有几条规定爸爸妈妈会比较坚持。其中一条就是，我们既不能拥有也不能乘坐摩托车。我记得在我很确信不会被父母发现的情况下，也依然遵守了这一规定。后来，我那时的男友买了一辆摩托车，而我们想要一起离开派对回家，事情就变得复杂了。还记得当时父亲凌晨一点钟把车停在拐角来接我回家，男友则向我们挥手告别，飞驰而过。

> 我和弟弟17岁时，他们尽其所能帮助我们通过驾照考试，并且给我们买了一辆便宜的车，以便我们能够继续遵守这项规定。

决定什么事情最重要

想象一下，你正处于青春期的儿子或女儿要出门旅行，整整6个月都不在你身边，你会说什么？他们记不住太多东西。对此我们的建议如下：

· 无论何时都要说实话——这时常很难，但最终大家都会知道你是一个值得信赖的人。

· 礼貌对待朋友和陌生人——"爱人如己"是最好的生活方式。

- 不吸毒，不喝酒——这两样都会降低你的自控力，你很容易做出让自己后悔的事情。

- 将性生活保留到婚后——否则会害人害己，等到你结婚时事情可能复杂化。

- 避免长期负债——只买你买得起或是你确定能够偿还的东西。

力奇　每个孩子从学校毕业开始新生活的那一年，我都会给他们写一封信，里面包括了以上所有建议。信的开头，我会讲述我和希拉所赞赏的他们生命中的美好品格和成就，并回顾他们成长过程中的一些特殊时刻。然后，我会写下以上提到的五条建议，这些原则给我和希拉的内心带来很大平安。

不过，我还加了第六条："争取每天读经典并默想——无论顺境或逆境，当你意识到你在依靠谁，你便会得到坚固。"

往往要几个月之后（有一个孩子是在两年之后），我们才能获悉他们如何看待写给他们的那封信。令我们备受感动和鼓舞的是，从毕业那时起，他们每个人就一直珍藏着自己的那封信，而且会读上好多遍。

做好解释规则的准备

我们必须向青少年解释为什么订立界限很重要。孩子小的时候，对于他们没完没了的"为什么我需要这么做"，有时我们就得回答："因为这是我说的。"

然而对于青少年，我们则需要对规定做出解释。当然，他们可能不会认同我们的理由，但是我们之所以做规定是因为我们知晓其长期影响。所以，倘若我们禁止青少年子女吸烟，那么就要做好准备解释原因。

力奇　作为布普顿医院（Brompton Hospital，英国一流的胸腔科医院）的咨询师之一，我见过许多四五十岁的肺癌患者，他们总是这样对我说："要是我十几岁刚开始吸烟那会儿有人警告我就好了。"因此，我认为自己有义务不仅要警告我们正处于青春期的孩子吸烟的危害，而且要尽可能让他们很难有机会染上烟瘾。

对于不希望孩子们吸烟这件事，我们给他们的解释是：首先最重要的是，吸烟存在长期健康危害。其次，吸烟花销大。假如60年里每天吸10支烟，按现在的物价，他们要花费3万英镑。想一想有没有更好的消费方式？再次，他们都很热爱运动，而吸烟会影响其身体素质。此外就是大多数人都讨厌烟味。最后一条是，一旦上瘾，戒烟就变得极其困难。

我们告诉自己的青少年子女：在我们为他们提供经济支持的阶段，他们不可以在家中或是在我们的视线范围内吸烟；如果我们看见或者听说他们吸烟，他们就会失去一个月的零用钱。这并未完全让他们做到任何时候都不吸烟，但确实起到了遏制作用，也让他们切实了解了上瘾的长期危害。

我们将在本书的第四部分对酒精、毒品和性的界限做更多讨论。

做好谈判的准备

谈判对于青少年来说很重要。他们需要我们倾听他们的观点，也需要感受到我们尊重他们的意见。蒂姆·史密斯（Tim Smith）在其《酷爸酷妈》（*Almost Cool*）一书中写道：

我们花时间与自己的青少年子女谈判，其实是在拿出时间和注意力与他们进行理性的辩论，并通过这种方式来显示对孩子的尊重。这有助于锻炼他们的逻辑推理能力，也让他们感到自己的观点是值得讨论的。一位青少年这样说道："如果父母重视我的意见并愿意跟我讨论，那就说明他们一定很重视我，想要了解我。" ①

在争吵中，我们容易迷失方向，好像摆在面前的只有两个选择，要么是孩子对，要么是我们对——我们当然觉得是自己对。但是，当我们和孩子进行谈判，鼓励他们说出自己的想法时，我们也可能会发现其他解决办法。

希拉　柯丝蒂15岁时，她的许多朋友都去酒吧玩。我们对此感到不满，告诉她不可以去。她几次试图说服我们改变主意，然而我们毫不让步。

之后有一个晚上，我们又一次提起这个话题，她解释说自己之所以想去酒吧（那些法律上允许她进入的酒吧）不是为了喝酒，而是为了跟朋友们见面。我们知道她说的是实话，考虑到她的动机合理，便觉得还是让她去比较好。

有时，讨论的结果表明只有一个合理的解决办法，这种情况下我们就得立场坚定。或许我们不得不说"你不能去参加派对，因为我没法联系到其他家长了解更多情况"，或"你不可以在外面待到那么晚，这样会影响学习"。另外要补充说明我们理解他们不高兴，但是我们这样坚持是为了他们好。还有，假如孩子不负责任地乱花钱，我们就不能同意增加他的零花钱，否则将无助于他改进。

家长和青少年子女不可能满心欢喜地结束每一场讨论，因为这一愿望不切实际。

---

① Tim Smith, *Almost Cool* （Moody Press, 1997） pp. 150-151.

力奇　几年前，我们16岁半的儿子非常想去观看一个大型音乐演出。他的许多朋友（其中有几个已经18岁了）都计划要去。希拉和我听儿子说明情况后，告诉他我们会考虑一下，第二天再和他讨论这件事。

我们考虑之后觉得不希望他去。他还未成年，那个音乐演出规模很大，很晚开始直到凌晨才结束。假如发生意外，警察可能会与他对峙，而我们不希望他经历这些。第二天晚上我们跟他这样说时，他非常生气，花了整整20分钟诉说我们多么不可理喻。我们尽量保持开放的态度听取他的意见，但是他没能说服我们。他一再努力，直到最后他意识到一切都是徒劳。然后，他愤怒地离开了房间。

几天后，他又一次提起这个话题。当时我们夫妇两人都在，与他再次展开了长时间的激烈辩论，再次重申我们不允许他去的理由。最后我们结束了讨论，并告诉他我们的决定没有任何回旋余地。

这时他离开了房间，抓起厅里的足球走了出去，对着墙狠狠地踢了半个小时的球来发泄他的不满。我和希拉很高兴他能选择足球，而不是我们来当出气筒。

希拉　还有一次，我们的另一个儿子，当时也是16岁，被邀请去参加一个朋友的18岁生日派对，派对将在一个俱乐部里举行。他竭力说服我们到时不会有人查他的证件，而我们不希望他去，原因是我们确信他需要出示身份证来证明他是否已满18岁。

因为没法联系到派对的举办人，也想不到其他办法，所以我们一起讨论解决方案，并最后决定，他可以去参加派对，但是他不能出示伪造的身份证或是假装他已经18岁。

他接受了，觉得这还算公平。但结果是，一到派对现场，便有人查问他的年龄，他只好乖乖地回了家。

如果孩子认为我们通情达理，他们就不容易越界。但是如果不给他们任何讨论或谈判的机会，那么即使最顺从的孩子也会产生怨恨。我们一定要给予青少年子女表达自己意见想法的机会，否则之后我们很有可能遭遇叛逆行为。

欢迎孩子的朋友到家里来

孩子还小的时候，他们选择谁做朋友、邀请谁到家里来，家长都在其中发挥重要作用。一旦步入青春期，孩子会自己来做选择，而父母应该尊重他们的选择。这对孩子影响很大，也意味着我们虽然不必喜欢他们所有的朋友，但起码应该欢迎他们到家里来。我们认识的一位女士表达了她对父母的感激之情：

> 无论我的朋友外表如何，我的父母都会张开双臂欢迎他们。他们还记得我们曾经邀请过一个西班牙人来家里住：那人出现在机场时，脖子和手腕上都戴着缀满饰钉的项圈；他留着"莫西干"的杀马特发型（只保留头中间一道直立的头发），第一次到厨房吃午饭时，那高高的头发居然蹭到了厨房的门框。

> 后来，他成了我家的常客。有段时间，我们的朋友中还有一帮身着皮衣的摩托车手，他们也成了我家的座上宾。吃饭时，他们皮衣袖子上的流苏会垂到我妈妈做的奶油韭葱汤里。因为父母欢迎所有的人，他们也就逐渐了解并且喜欢上了我们的这些朋友。父母会花时间和我们一起聊天，也会享受我们这么一群青少年时代的"三教九流"聚集在厨房里的时光。

让处在青春期的孩子觉得家里足够安全，可以带朋友回来，对于他们来说极为重要。为了不让孩子感到尴尬，我们可能不得不调整自己的行为习惯。假如我们在孩子的朋友面前，还用5岁时给他起的昵称来称呼他，或者表现得好像他们还需要遵守8岁孩子的规定，那么孩子很可能以后不会再带朋友回家。

做好忍受一些不便和噪音的思想准备。如果房子够大，给他们一个独立的活动空间会比较理想。飞镖板和台球桌也会带来许多乐趣，还能让比较拘谨的孩子更能放得开。在冰箱里放一些他们喜欢的食物，或是灵活调整就餐时间。假如我们坚持即使假期孩子也必须每天早上8点30分吃早饭的话，他们就可能不会邀请朋友来家里住了。不久前，一位女士对我们说，自己小时候从来不邀请任何人到家里住，因为父母不允许他们穿着睡衣吃早饭，而她觉得不好意思向朋友解释这一点。

如果家里房间的装饰造价很昂贵，我们可能需要想开点。有位男士这样告诉我们，尽管十几岁时他和家人住在一个又冷又乱的房子里，朋友们也照样喜欢在他家聚会。他们家之所以成了最好的"放松"地点，原因就在于他父母非常愿意为孩子创造一个放松、友好的氛围，而不是拥有一个漂亮时尚、一尘不染的住宅。

希拉　对我来说，有许多青少年在家里进进出出，是我们亲子关系中最美好的一部分。随着他们逐渐长大，我们经常早上一醒来就发现房间里都是孩子的朋友。

我学会了为这些"意外的聚会"准备额外的牛奶、面包、意大利面和麦片。在孩子的青春期阶段，有时我很难知道自己是否起了什么积极作用，但是为孩子准备食物会给我一种成就感。

我们可能认为孩子的一些朋友会给他们带来不良影响。但是我们需要明白，有时我们的一些偏见或者先入为主的想法可能是完全错误的。一位有三个青少年子女的父亲这样说道："试着去认识孩子朋友的家长，这样就不会担心那么多了。"

然而在思想开明、热情好客的同时，如果我们发现某一个或某一群朋友对孩子有负面影响，我们就需要和孩子讨论如何抵抗来自同龄人的压力。年龄较小的青少年子女应被告知我们不希望他们和吸毒、说谎或者有犯罪行为的人在一起。年长一些的青少年则应该已经知道我们的意见，这时再试图干涉他们择友，很可能导致他们疏远父母，而不是疏远朋友。

最终，青少年还是会和我们所有人一样，与拥有相同兴趣爱好和价值观的人建立牢固的友谊。

让青少年子女自己选择朋友的好处

· 即使最不明智的朋友关系也会让青少年学到很多东西。有时学习选择益友的唯一方法就是交几个糟糕的朋友。

· 假如家长"微观管理"孩子生活的方方面面，那么孩子就无法自己学会生活。为孩子择友就是最糟糕的"微观管理"。

· 强迫孩子按照家长的意志去交朋友并不可行。你可以尝试一下，结果通常是招致反抗。

· 只有在一种情况下你应该干涉孩子如何交友，那就是他们马上就会受到严重伤害时，这时你需要保护他们。[1]

避免反应过度

通常，在父母与孩子之间引发争议的话题有：脏乱的卧室、周末可以睡多长时间、不当着装、鼻环、眉钉、文身、发色等。我们真的愿意为这些小事而引发家庭战争吗？还是认为说谎、粗鲁和刻薄更需要我们关注？

---

[1] Wayne Rice, *'Help! There's a teenager in my house'* edited by Wayne Rice （InterVarsity Press, 2005） p. 101.

我们很容易反应过度，因为我们在乎别人的看法，其实孩子的行为是否让其他家长吃惊或是留下好印象并不重要。一位少女这样说道：

> 我想在舌头上穿孔就是要看看父母会有什么样的反应。我问他们我可不可以在舌头上穿孔——我觉得他们一定会说"不行"——反正我还是会去穿孔的。没想到他们回答说："可以，不过你得自己付钱。"忽然间，我觉得伸出舌头让人夹住然后用小金属棒把它戳穿这件事情一点儿也不酷了。[1]

孩子提到这类事情时，笑是最好的回应；跟孩子谈判，或许建议他们等到16岁、18岁或者大学毕业后再这样做，通常比直截了当地说"不"更有效果。

关注孩子的忧虑

在青少年子女内心，他们比实际表现出来的更怕失去我们的保护。告诉他们，假若遇到麻烦或危险情形，我们永远都会帮他们，这会让他们很安心。一位女士回忆道："我们出门的时候，爸爸会给我们20英镑，只能在应对紧急情况时使用。我们知道，无论白天黑夜，如果遇到麻烦或者被困在什么地方，我们都可以打电话，爸爸就会来接我们。我们确保他不需要经常出来'解救'我们，而且几乎每次都又把那20英镑还给了他。"

有时，青少年会试图劝说父母同意他们参加一些其实自己内心也感觉很纠结的派对。这时倘若父母拒绝，他们会觉得是一种解脱。如果父母问一些相关的问题，便有可能引导他们说出自己的担忧，比如："要是到了之后谁也不认识，也找不到你的朋友，你会是什么感觉？""如果半夜一点你还在城市的另一边，没办法回家，而其他人都喝醉了，你怎么办？"

---

[1]　Penny Palmano, *Yes, Please. Whatever!* (Harper Thorsons, 2005) p. 248.

或"如果派对上有人发放毒品，其他人都没有拒绝，你会有什么感觉？"

这些问题可以帮助孩子对可能出现的情形做出现实的预估，他们也许会自己决定不想去，也许会和你一起预演在不同情景下如何做出反应。帮助孩子预先想好要说什么，就是在表明你和他们站在一边，你了解他们心里对于同龄人的压力有多大。

说出你的担忧

孩子在青春期这个阶段最让我们担心。我们担心他们在哪里，和谁在一起，什么时候回来，会为什么忧虑，等等。我们同样担心自己的教育方式，尤其是给孩子的自由太多还是太少。担心让我们变得唠叨，而唠叨会让孩子干脆不再听话。托尼·坎波洛（Tony Campolo）如此描述唠叨带来的后果：

> 你可能不认为自己在唠叨，然而当你一遍又一遍地述说同一件事情，不停地尝试让人去理解同一条信息时，你就是在唠叨。孩子在面对连珠炮式的重复指令时，很快就会变得充耳不闻。在某些情况下，唠叨甚至会驱使孩子与父母反着来。[1]

希拉　儿子曾对我说，我总是唠叨他要好好学习，认真准备A级考试.这反倒让他学得更少了。但是，当他哥哥插进来对他说"哦，别担心，你现在做什么都于事无补了"，却产生了相反的效果——他一口气学了50条第二天考试要考的引文。

比起唠叨，最好能透彻地谈一谈我们做父母的担忧。可以先和成年人谈，如果有必要，再和孩子讨论，然后一起制订一个行动方案：孩子怎样

---

[1]　Tony Campolo, *Following Jesus without embarrassing God* （Word Publishing, 1997） p. 205.

才能完成作业？派对上别人给他们毒品时应如何拒绝？如何保持卧室地毯清洁？如何才能按时到校？

如何促进讨论

以下步骤曾经帮助我们专注于讨论眼前的问题，而不是唠叨自己的青少年子女：

· 预约讨论时间。青少年会认为自己被视作成年人。

· 留出充足的、不被打扰的时间。外出吃饭、喝杯咖啡或者水果奶昔通常很有吸引力，这意味着双方不太可能情绪失控、大声喊叫。

· 明确主要问题。开诚布公地告诉孩子你想要讨论什么。预先想好你要说什么，不要进行言语攻击或者威胁。

· 双方轮流讲话。孩子说话时一定要认真倾听，而不是琢磨自己接下来该说什么。

· 头脑风暴一些可能的解决方法。

· 找到最符合孩子长远利益的解决办法。必要时坚定立场，但也要尽可能做些让步。

· 同意给出足够的时间让他们（或你们）做出改变，然后再来讨论情况。

即使是针对容易引发激动情绪或以往曾经引起摩擦的话题，如果我们在提建议时能够谨慎措辞，往往可以拉近我们和青少年子女之间的距离，使他们相信我们一直在努力支持他们。有时幽默也很管用。有一位女儿回忆道："爸爸总拿我们开心。我还记得有一次他说：'我都能看见天花板在震动了，能否把音乐声关小点呢？'虽然心里不情愿，但我们都很欣赏他这样讲话。"

听取其他父母的建议

当然我们要对孩子忠实，不要把令他们尴尬的事情说出去。不过，与其他拥有同龄孩子、面临相同问题的家长谈论我们的担忧能使我们获益良多。在这个过程中，我们针对孩子青春期行为的过度反应可以得到缓解，不会像在盛怒之下那样说出让自己后悔的话；我们还可以交流经验，分享解决之道。

希拉 我们很感谢一对父母跟我们分享了"卧室门外的闹钟"策略。当孩子到了一定年龄，我们准许他们在我们睡觉之后才回家，而"闹钟"策略是个完美的解决方案。我们把闹钟设定为他们必须回家的时间，然后把它放在我们敞着的卧室门外。挑战就是他们必须在规定时间之前回到家把闹钟关掉。这样，我们便可整晚"高枕无忧"，因为我们知道如果没有被吵醒，就不需要担心什么；而如果我们被闹钟吵醒了，便会立即采取行动。

孩子们都不想面对我们被无谓地吵醒之后的情形。因此，有时候他们就需要飞奔到家，冲上楼梯，在闹铃响之前的最后几秒钟内，扑向闹钟，并关掉闹铃。

合理处罚孩子的越界行为

对于青少年来说，知道违反规则或辜负信任是有后果的，可以教会他们对自己的行为负责。根据过错做适度处罚很重要。过于宽容等于告诉孩子违反规则可以不受惩处；过于严厉则可能引发不满和怨恨。

<u>可供参考的处罚措施</u>

- 减少他们的自由：
  - 禁止他们在下一个周五或周六晚上外出。
  - 要求他们下一次出门时早些回来。一位家长将女儿晚归的分钟数乘以2，要求她下一次出门必须比平时提前这么多分钟回到家。
  - 在家关禁闭一个周末（即不准许出门或见朋友）。
- 提前上床睡觉时间。
- 停止给他们零用钱。
- 不允许他们参加下一次派对或喜欢的活动。
- 不允许他们邀请朋友到家里住或他们去朋友家住。
- 一晚上或整个一周，不允许他们看电视或用电脑。
- 给他们分派任务，例如洗车、扫落叶或者熨衣服。

做出一些备选方案，花一些时间考量，针对这个孩子的这次过错，什么样的处罚比较恰当。这可能需要家长之间互相讨论，单亲家长可以和拥有同龄孩子的其他家长进行交流。如果希望处罚措施切实有效，那么孩子必须在意这一处罚才能有威慑力。不过倘若孩子已经学到了教训，就不必再惩戒。一位朋友和我们讲述了她少年时代的故事：

> 记得有一次，我举办的派对失控了。之前我曾斩钉截铁地向父母保证，我来负责这次派对，一切都不会有问题，不需要他们帮助。那天晚上，许多没有被邀请的人从窗户翻进来加入派对，他们来的时候已经喝醉了，在派对上举止不端。这一切变成了我的噩梦。

> 派对结束后，父母帮我收拾了残局。我原以为他们会很愤

怒，然而他们并没有说什么，只是告诉我："下一次你就知道该怎么做了。"他们是对的，我学到了教训。那时对于我们的关系来说，父母对我的理解非常重要。我知道我做错了，我需要的是他们的支持，而不是严厉的责备和处罚。

鼓励孩子独立

出于对孩子的人身和道德安全的担忧，我们会过度保护他们。对他们的发展而言，这种做法跟放任他们去遭受任何不良影响是一样的。我们不可能也不需要知道青少年子女生活的每一个细节。青春期这段生命旅程必须建立在信任的基础上，而信任能够增强可信度。我们尊重并允许孩子变得越来越独立，这会帮助他们树立自尊心。

允许他们在没有我们陪伴的情况下去旅游，甚至是出国旅行，可以教会他们如何安排自己的生活，做出明智的选择。

力奇 我们家每个孩子16岁时，都要在暑假时和朋友一起进行为期一个月的环游欧洲之旅。我们要求他们通过照看小孩或者做其他的兼职工作赚取旅费，制订行程安排以便我们知晓他们每天晚上都住在哪里。他们通常会选择露营、住在熟人家或是自己订青年旅馆。

这些旅行总会让我们有一点焦虑。我们中某一人或者两人晚上都会失眠，为好几天得不到他们的消息而不安。我们每天都为他们的安全祈祷，而他们回家时我们会无比兴奋、备感安慰。我们注意到经历过这样的旅行之后，每个孩子都变得更加成熟，他们回到家中也会更加自信、放松，更愿意与他人合作、为他人着想。

关系破裂时寻求帮助

如果你和青少年子女之间的关系已经完全破裂，我们建议你寻求帮助。责备自己、孩子或其他人都毫无益处。亲子教育是一项艰巨的任务。教育青少年子女经常会令我们觉得无计可施，这时我们需要尽力多找一些帮助。更加客观的意见通常很有必要：如果担心孩子和你渐渐疏远，训练有素的家庭治疗专家可以协助你解决潜在问题；如果你察觉到孩子有自毁行为，例如自残、厌食或吸毒，就要咨询专业人员。

结　语

当孩子正值青春期时，住在伦敦这样的大城市不一定能让生活变得轻松。很多时候，我们怀疑自己对孩子是否太过宽松或期望过高。有时，孩子会辜负我们的信任或不能遵守我们订立的界限，他们的自由也因而受到限制。

然而，孩子们作为典型的青少年，我们看着他们渐渐长大，变得越来越有责任感。我们经历过焦虑的时刻和失眠的夜晚，但是他们会按我们的要求回家，遇到麻烦或者被延误时会打电话回来，并且能够遵守我们向他们反复灌输的安全措施。在孩子成长的同时，我们也在一同学习进步。

当我们试着从青少年子女的角度观察生活，和他们一起就界限进行谈判、讲道理、保持灵活、进行交流（而不是自说自话）并且保持幽默时，孩子会将我们视作站在他们那一边的顾问。当他们觉得有人倾听自己，而不是遭遇批评和反对时，他们甚至会主动征求我们的建议。

我们无法再像孩子幼小时那样管教他们，但是我们可以而且必须明确告知，他们所做选择的长期后果。很快，他们就学会自己做选择了。

停一停·想一想

· 回想你的青少年时代。如果有条件，可以阅读旧日记来帮助你回忆。那时你比较挣扎的事情有哪些？你曾发誓如果成为父母永远都不会去做怎样的事？

· 什么事情导致你和孩子之间关系紧张？从1—10（10为最严重），对问题的严重性做出评级，考虑什么样的行为是你赞成并值得争取的？

· 你近期有没有跟孩子约定一起玩或者做他们喜欢做的事情？

· 孩子的朋友中你有几个是比较了解的？如何能更加了解这些朋友？

· 你如何处理与孩子之间的矛盾？你的方法有效吗？有改进办法吗？

第四部分
帮助孩子做正确的选择

SECTION 4
HELPING OUR CHILDREN MAKE GOOD CHOICES

THE PARENTING BOOK

第十四章　父母及孩子的怒气

Handing anger (ours and theirs)

愤怒是值得聆听的讯号。

> 哈里特·丹瑟
> 作家

我很惊讶孩子居然会让我如此生气。

> 一位两个女儿的父亲

爸妈不肯听我解释时，我特生气。

> 史蒂夫　14岁

我有生气时捶打墙壁的习惯，手真的很疼。但是将怒气释放出来，而不是向朋友或在外面发泄，这一点也许挺重要的。

> 巴尼　23岁

不肯释怀愤怒、怨恨和伤痛只会使你肌肉紧绷、头痛或因咬紧牙关而下巴酸痛。宽恕才能使你重获欢笑与惬意。

> 琼·兰丹
> 播音主持人

家是彼此发火的安全地带，因为你知道家人总会原谅你。

> 艾德　18岁

一位年轻的父亲正像往常一样在超市购物，他用购物车推着两岁的儿子。那孩子正乱蹬着腿哭闹不停，但父亲只是用克制的语调柔和地说着："乔治，别生气！乔治，别哭！乔治，不要叫！"

一位老妇人觉得自己必须赞扬一下这位父亲所树立的美好榜样。"先生，"她说道，"我由衷地欣赏你对待小乔治的方式。""夫人，"那位父亲疲惫地回答道，"我才是乔治。"①

无论对于我们还是孩子，愤怒与压力都是生活的一部分。生活并不完美！我们既不能也不应该保护孩子免于这些负面情绪。家，要么为孩子提供一个场所，让他们学习使用健康的方式处理负面情绪，要么就会被这些未处理的情绪所破坏。

"我一点也不紧张！"

近年来，孩子中饮食失调、抑郁以及表现出破坏性行为的人数不断增长，这说明帮助孩子保持健康情绪已迫在眉睫。首先，我们需要自己保持情绪健康，因为孩子会模仿、学习他们在家中所看到的一切。我们将在这

---

① Rob Parsons, *Loving against the odds*（Hodder and Stoughton, 1998）p. 6.

一章集中讨论如何处理愤怒情绪，下一章将探讨如何管理压力。这二者密切相关，往往相互触发。

学会管理自己的怒气

毫无疑问，我们做父母的都经历过种种不同程度的愤怒：从稍感烦躁到恼火，到气得说不成话，甚至到大发雷霆。以下情况都可能成为我们愤怒的原因：小宝宝不愿意躺下睡觉，蹒跚学步的孩子拒绝穿衣穿鞋，"手足之争"中大的把小的给弄哭了，晚回家足足两个小时的青少年丝毫不觉这样做让家长有多着急，等等。

认可愤怒的情绪

愤怒本身并没有错——它是上帝赋予人类的一种共有的情绪，是我们对让自己感到心烦、沮丧、受伤的事的本能反应。愤怒表明有些事情出了差错，需要理清。如果孩子遭到辱骂，一个青少年被人授以毒品，或者妹妹被姐姐随心所欲地一拳打在头上，我们生气都是对的。同样地，如果有人故意弄坏自己的玩具，在操场上被推倒，或者学校老师处事不公平，孩子生气也没有错。

愤怒通常伴随着肾上腺素激增，这一生理设计的目的在于刺激我们采取建设性行动，以纠正不公正现象或应对侵犯行为。愤怒就像汽车里的温度警示灯，提示我们引擎温度过高。在这种情况下，我们需要小心留意，否则可能会招致严重后果。我们绝不可忽略愤怒的症状，寄望于事情会自己好起来。

认可愤怒的情绪，无论我们的还是孩子的，是健康的选择。然而，我们面对愤怒的反应方式有可能是积极的，也可能是消极的。当愤怒失去控制时，家会变成一个令人恐惧的地方，其他家庭成员也会变得很紧张、悲观和烦躁不安。父母还可能会拿孩子出气，即使事情与孩子毫不相关。

如果你觉得愤怒失控会让你伤害他人（无论成年人还是孩子），或者你察觉到自己内心埋藏着怒气（也许是之前的一段不良关系造成的），我们敦促你寻求专业帮助。

犀牛和刺猬

当犀牛和刺猬受到伤害或威胁时，它们的反应恰恰展示了人类应对愤怒时的两种不健康反应：犀牛在被激怒时的反应是攻击，它会低下头，向愤怒的源头发起猛攻；而刺猬的做法正相反，它会将身体卷成一个球，竖起坚硬的刺来保护自己免受伤害。

有些人生气时就像犀牛，会让其他人知晓自己的感受，行为上动静很大且难以预测。如果我们的脾气变化无常，那么愤怒就可能突然爆发，然后又迅速平息。但是，倘若不加以控制，犀牛行为会让孩子感到他们好像生活在战区。

另一些人则像刺猬。他们并不发起攻击，而是努力让所有威胁者都远离自己。他们变得更加安静，在身体或情感上保持回避。这并不意味着他们不生气，他们只是在用比较不明显的方式表达愤怒，也很有可能试图隐藏自己的感受。然而，埋藏在心底的愤怒并未消失，它们像火山一样，危险地潜伏在我们的潜意识中，哪怕事情已经过去数周、数月甚至多年，还有爆发的危险。

希拉　我就像犀牛一样，会真实表露自己的感情！我会让周围的每一个人知道我在生气。我需要学习的是不要太快做出反应，因为假使我真的受到不公正的对待，我很容易快速做出错误判断，也不会坐在那生闷气。多年来，力奇和孩子们领悟到，最好不要把我的突然爆发放在心上，等我冷静下来再做反应不迟。

力奇　我更像是刺猬。无论如何我都想要维持和平，所以我会将所有伤害都留给自己。结果是希拉和孩子经常意识不到，他们做的事或说的话其实让我很恼火。我需要记得说出自己的感受而不是掩藏感受，同时也要允许家人表达他们受到的伤害和感到的愤怒。这样事情才有可能得到解决，而不是任由伤口溃烂化脓。

"我还没有决定……
但是心里还是觉得很生气。"

攻击（如犀牛）或是压抑（像刺猬）都不是处理怒气的好办法。请阅读下面的清单，你觉得自己更像犀牛还是刺猬呢？不排除你有可能时而像犀牛，时而又像刺猬。

愤怒时的反应

犀牛	刺猬
· 大声喊叫	· 试图忽略自己的感受
· 说出事后会让自己后悔的话	· 讽刺挖苦
· 失去控制	· 竖起高墙，将自己与他人隔离
· 抨击指责他人	· 变得冷漠
· 怪罪所有人	· 感觉紧张
· 暴躁易怒	· 想要逃离，躲起来
· 专横，控制欲强	· 变得抑郁

无论对我们自己还是家人的情感健康，犀牛型或刺猬型的行为都有害无益。一旦意识到自己有这方面倾向，我们可以寻求控制方法，试着调整自己的行为。无论我们通常会如何反应，以下三个原则都有助于我们处理愤怒情绪。

1．按暂停键

对于大多数人来说，我们在最初30秒里的所作所为最有可能让我们后悔。我们的愤怒可能合情合理，但是在那关键的半分钟里，我们会反应过度，其后果通常有损于我们的家庭生活。

有些人会在所有事情乱成一团或是失去控制、精疲力竭时感到恼火。还有一些人可能会在孩子不愿配合或看上去缺乏动力时感到愤怒。一旦发觉所谓的"脆弱时刻"，我们可以这样对自己说："你要失控了，小心！"这样做就好比按下了DVD播放器的暂停键。

记者西蒙·卡尔（Simon Carr）是一位带着两个孩子的单身父亲。长子的母亲离他而去，第二任妻子也去世了。他在《一个男孩的世界——眼泪与其他一切》一文中回忆了在他的两个孩子分别15岁和9岁的时候，他的坏脾气产生了怎样的影响，以及为了维护父子关系，他是如何学习控制自己的脾气的。

> 那段时间，我经历了很多次糟糕的情绪，每次都会持续一周的时间甚至更长。最后一次情况尤为糟糕，我不得已把雨果（15岁）送去和他母亲住了一段时间。他不在时，我才意识到他对我们的"情感共同体"有多重要。他离开家足有10天，我才最终想清楚自己应该加倍地对他好，保护他远离我的情绪风暴。我也不知道自己是如何控制住那些情绪的，但我学会了识别和回避它们：第一条做法是同意雨果的反对意见（多半足够合理）；第二条是在怒火抬头之前，毫不留情把它们打压下去。[1]

力奇　我一直认为自己是个很有耐心的人——直到我们有了孩子。有时我让孩子去做事，他们并不配合，这会让我感到一生中从未有过的懊恼。而当他们彼此生气时，我一定会怒火中烧。我发现自己会在他们互相喊叫时突然发怒，冲他们大声叫嚷。我花了好几年的时间才意识到，我的做法对解决争端毫无帮助。事实上我的怒气通常会让情况变得更糟，也没有一个树立解决问题的榜样。

按下愤怒的暂停键并不意味着直接介入。当家里有人吵架时，在另

---

[1]　Simon Carr, 'A Boy's World – Tears and All', *The Daily Telegraph*, 3 December 1998, p. 28.

一个房间里数十秒钟，通常能够帮助我变得更加理智。

让自己脱离当前状况（哪怕只有一两分钟）往往能帮助我们冷静下来，重新掌控自己。一位母亲和两个孩子（分别是9岁和7岁）住在市中心，她这样写道："有时我发现自己需要的只是走出房间，甚至仅仅到外面呼吸一些新鲜空气（好吧，也许不那么新鲜）。有时我会跟孩子说'咱们先不谈这件事了'，然后随便去什么地方，或给朋友打电话，或者说"之后我会和你爸爸谈谈"。如果是在车里，我就会放音乐，很大声！什么都行，只要能给我一点喘息的空间，让我冷静下来。

对于父母来说，生气时练习自我控制很重要。我们都需要找到按暂停键的方法。

"我的暂停键坏了。"

希拉 曾有一段时间，我和14岁儿子之间的关系变得异常紧张。我一直不懂究竟为什么，直到儿子最终对我说："妈妈，你对我总是一副焦虑不安的样子。"这让我大吃一惊。后来我们坐下来讨论这件事时，我才意识到，对于他来说，在我身边就像是住在一座冒着烟的火山上。

我也意识到，对于儿子的正常青春期行为，例如突然离开家却不解释要去哪里，回家时只简短地打个招呼，或者吃饭时不表示感谢，我总是感到恼火，并且由此也会对其他事情反应过度。他还没张口，我就已经在预想他会怎样回应，跟他说话也常常带着批评的口吻。

为了帮助我更好地应对这一问题，我们达成协议，一旦我开始提高音量，他就可以说："妈妈，你开始焦虑了。"这对我很有帮助，因为我常常意识不到自己在做什么，他这么一说我就会努力冷静下来。有时这意味着推迟跟他讨论让我担心的事，另找合适的时机再说。

2．认清怒气的源头

出于种种原因，你会在家中感到愤怒。做父母的可能会因养儿育女的压力，或者因为健康不佳或财务方面的忧虑而变得脾气暴躁。如果你觉得应付不来，首先要做的就是夫妻二人一起坐下来，找出什么样的事情让你焦头烂额。列出清单然后一起讨论，分清事情的轻重缓急。有没有可能暂时停止一些活动，让生活变得可控？整理或清洁之类的琐事能否先放一放，即使房间不能像你希望的那样整洁？孩子是否真有必要去参加那些需要你接送的课余活动？可否缓一年再重新设计装修房子？能不能减少周间或周末的社交活动？（如果你是单亲，则可以与朋友一起讨论这个清单。）

有时一个小小的改变会使压力大大减轻，有时则需要做出较大的转变。一对夫妇有两个3岁以下的孩子，在经历了许多痛苦挣扎之后，他们共同决定让丈夫换一份工作。这位丈夫之前薪酬虽然很高，却一直在高压状态下加班加点地工作。现在他换到了另外一家公司，周末不再需要随叫随到，平时也可以和孩子一起共进早餐，晚上按时下班回家。虽然家庭收入降低了，但是他们都觉得无论对丈夫还是对全家人来说，情况都大大好转了。

我们认识的另一位父亲是一名医生，他意识到下班回家后自己需要一些"休息时间"，否则他整晚都会对孩子很没耐心。他和妻子商量之后决定给彼此一些"个人时间"，从此他们的家庭生活变得和睦多了。

当孩子足够大时，我们可以告诉他们什么事会导致我们有情绪。我们的一位朋友对她的孩子这样说道："当我告诉你们'下午茶时间到了'的时候，你们要马上过来，否则我会很生气，因为这是我花很多工夫为你们准备的。"孩子们立时学会了配合这一要求，于是皆大欢喜。

有时，家庭会议可以帮助我们发现如何才能改善家庭氛围。一位有3个孩子的单亲家长说："我们家定了一个规矩：任何时候大家感到紧张、有压力、开始争吵、不再和睦，我们就抽出时间一起坐下来沟通。规则是每个人都有机会说一说因为什么受到了伤害，其他人可以怎样帮忙；不可以打断说话的人，也不可以指责他人。每个人都有被倾听的机会，有人甚至会说'感觉你太忙了，我只需要你陪我一起玩'之类的话。每一次沟通，整个家庭氛围都会好转起来。"

有些父母愤怒的源头可能不太容易消除掉，但认清到底是什么让我们感到愤怒可以帮助我们解决问题而不是攻击身边的人。

3. 练习道歉与宽恕

生活之中，许多怒气和压力背后都隐藏着紧张的关系和受伤的情绪。作为父母，尽我们所能解决亲子关系中的矛盾非常重要，原因有如下两点：

首先，我们的所有关系都会影响到我们对待孩子的方式。如果我们和自己的老板、丈夫或妻子、邻居或者父母生气，却不采取任何措施，我们的孩子很可能会遭殃，因为我们最后常常把自己愤怒和沮丧的情绪发泄在孩子身上。

其次，我们能够起到示范作用。孩子会注意到我们是成功解决了争执，还是任其恶化。他们会听到家长的谈话，并且注意到妈妈周日再也不邀请弗洛姨妈来吃午餐了。他们会注意到爸爸下班回家时，气氛会一下子变得冰冷，这会让他们感到担忧甚至觉得是自己造成了家中的紧张气氛。可能孩子会看到父母争吵的场景，有时声音还很大，却从来没有看到他们晚些时候或在另一个房间里平静地和好。倘若孩子没有看到这些争吵得到解决，他们就会产生焦虑，担心爸爸妈妈是不是要分开了。我们需要让他们看到家里的矛盾得以解决，然后他们自己才会模仿这样的行为。

无论是与伴侣或是他人，修复关系一般有三个步骤。第一步，跟惹我们生气或者被我们惹怒的人沟通，而不是只和第三方谈论当事人。第二步，如果是我们做错了，那就承担责任，放下骄傲，准备道歉。作为父母，我们有时需要对孩子说："我对今天和你说的话感到非常抱歉，请你原谅我。"

希拉　我记得有一次我对3岁大的儿子发脾气。他需要和弟弟一起坐双人童车，这样我们才能去公园，然而他不愿意。当时我已经很疲惫了，所以这成了压死骆驼的最后一根稻草。我没给任何警告就抓起儿子，狠狠地在他屁股上打了好几下（还好他的外套承受了大部分的力量），然后强行把他绑在婴儿车里。

我被自己如此失控的行为吓到了。我一打完孩子就知道自己反应过激了，必须向他道歉。在他和弟弟的哭声中，我穿上大衣，做了几次深呼吸，然后蹲下和他平视，握着他的双手，看着他的眼睛平静地说道："我很抱歉，妈咪做错了。"安慰过他之后，我又给了他一个大大的拥抱。我没有用他的行为做借口，而是为我自己的错误行为道歉。

如果自己成长的过程中没有看到过父母如何道歉，那么一开始，道歉对我们来说可能会有点难。但我们必须抵制任何找借口的念头，比如说"我本不该对你说这么刻薄的话，但你是自讨苦吃"，或者"我本来不应该这么生气的，但你实在是太调皮了"。

向孩子道歉并不会损害我们作为家长的尊严和权威，事实上可能正相反。一位家庭顾问讲述了一个13岁男孩斯蒂芬的故事。这个男孩总是在家附近的街区制造麻烦，他的父母尽最大的努力劝说他要对自己的行为负责。最后，恼火的父母带着斯蒂芬去咨询家庭顾问。那位顾问对斯蒂芬说："你的父母希望你为自己闯下的祸道歉。""不可能。"斯蒂芬回答道。"上次你在家中听到有人道歉是多久以前？"顾问问道。"这才是问题所在，"斯蒂芬答道，"大人们从不道歉，只有我们孩子才会道歉。"①

道歉会使家成为一个安全的港湾，没有高不可及的行为标准。再说，谁会想要一个十全十美的父母呢？如果我们恰当地道歉，为孩子做出榜样，他们才会在做错时向我们道歉。道歉越是简单直接，效果越好。道歉时，我们向孩子传达的信息是"失败了也没关系，没有人是完美的"，这可以帮助孩子应对失败。一个19岁孩子告诉我们："爸爸妈妈做事从不半途而废。有时一件事都发生一周了，我已经完全忘记了这件事，他们却会说：'对于上周的事我很抱歉。'这让我学到道歉永远不嫌晚或尴尬。现在我只有解决好所有的问题才能睡好觉。"

有时父母也要提防过度道歉。在温馨的就寝时间，我们很容易突然后悔白天对孩子的管教，为禁止他们看最喜欢的电视节目或者其他处罚而向他们道歉。倘若我们适度地履行了家长的职责，维持了必要界限，事后却又向孩子道歉，就会让孩子感到困惑，起到相反的效果。

---

① David Ferguson, *Parenting with Intimacy* workshop tapes （Center for Marriage and Family Intimacy）.

处理伤害与愤怒的第三步在于宽恕那些冒犯我们的人。宽恕对于我们所有人来说都很难，而有时即使丝毫不想宽恕对方，我们也应该说："我原谅你。"我们个人的经验是，一旦在言语上表达了宽恕对方的决定，我们就会获得莫大的自由，宽恕对方的意愿也就随之而来。对于"倘若这人与那人有嫌隙，总要彼此包容，彼此饶恕"这句话，贝斯·穆尔（Beth Moore）是这样评论的：

> 也许没有什么事比宽恕他人更难了。让我们面对现实吧：每个人都曾在尝试饶恕时面临过极大的挑战（感觉有些人或事不可饶恕）……每个人遭受伤害的程度也不一样。比如，有些时候伤害我们的人并不觉得抱歉或拒绝承担责任，或感到抱歉但拒绝做出补偿，又或早已去世。也可能这个人根本不值得我们原谅。

> 然而，如果我们愿意的话，真相会使我们的种种借口黯然失色：唯有宽恕，我们才能解脱……如果不加理会，不愿饶恕就会发展成为精神癌症，怨恨会深深扎根，而根又是整株树木的养料来源，于是我们生活中的每一根枝丫、每一颗果实最终都会中毒。事实在于：不愿饶恕会让我们生病，通常是精神上的，常常也是情感上的，有时还会出乎意料地反映在身体上。

> 请记住，宽恕并不是一种感觉，尽管它最终会改变我们的感觉。宽恕是出于我们的主观意愿和努力，决心放手，心甘情愿地让它不再占据我们的心。

穆尔又接着从她个人视角阐述道：

> 上天并没有让我们随意放手，将事情丢到不复存在的黑洞中去。宽恕意味着把它交托给信心，操练上天赐予我们的宽容与仁慈。[1]

---

[1] Beth Moore, *Praying God's Word* (Nashville: Broadman & Holman, 2000, 2003) pp. 220-223.

宽恕孩子并不意味着要为他们的不良行为找借口或者当他们越界时免除惩戒。然而，孩子需要知道我们可以既往不咎，他们也可以重新开始。在对不良行为施以处罚后，对孩子说"我们不会再提这件事了"并且说到做到，这会帮助孩子向更成熟的行为过渡。

同时，我们也要能够宽恕自己。我们可能会因为说了难听的话，或者没能表达自己对孩子的爱而感到后悔。不过，若在道歉之后还继续任由内疚折磨自己，这对我们毫无益处。要知道，我们都难免有犯错的时候。

我们的一个朋友有3个小孩子，都还不到7岁。有一次，在孩子们连续争吵了两个小时之后，她一气之下开车将孩子带到儿童福利院门外并宣布说："如果你们继续吵，我就把你们送进去。"事后，她后悔不已，想象着孩子们可能一辈子都忘不了这个创伤。后来，她花了两个月才原谅自己，而孩子们在她道歉之后马上恢复如常。

处理孩子的怒气

在亲子教育中，没有什么比帮助孩子处理愤怒的情绪更重要，也更困难。

容许孩子用幼稚的方式表达愤怒

就像我们已经描述过的那样，当幼小的孩子感到伤心或愤怒时，他们会通过大喊大叫或者攻击性行为来表达自己的情绪，包括打人、踢东西、咬人、扔玩具、尖叫、大哭、喊叫，等等。对于一个学步幼儿来说，这样的行为很正常。但是，如果10岁的孩子仍然通过这种方式来表达自己的情绪，那就肯定有问题。

5岁的孩子如果生气了很可能会失控无礼，这是正常孩子气的表现。

如果他们生气时，其话语或行为伤害到了他人，我们肯定要纠正他们，但不要不让他们说话。愤怒之中的孩子需要被倾听，只有允许孩子说出愤怒的缘由，他们才能学会正确地疏导自己的情感。一位母亲告诉我们："我的一个孩子以前会压抑自己的怒火，然后用尿裤子来进行反抗。我意识到出了问题而不得不设法找到他生气的根源。"

因此如果孩子从学校回到家后脱口而出："我讨厌弗雷德老师。"我们不应该说"别傻了，弗雷德老师是很可爱的人"，然后就不再谈论此事。最好让孩子说出他为什么这么想，然后再决定是否需要采取进一步的行动。或许他们是为家庭作业焦虑，或是在操场上被人欺负了，又或是担心无法胜任第二天的某项活动。

就像哭闹是幼儿的正常行为，青少年也很容易生气。和学步幼儿一样，面对汹涌的情潮，他们同样挣扎着，竭力争取超出其成熟程度所能应对的自由。青少年偶尔也会踢墙和大叫，但更多是通过针对父母的恼人行为来发泄自己的愤怒。这些消极对抗行为有可能是沉默寡言、喜怒无常、粗鲁、健忘或故意做事拖沓。一个14岁男孩说："我会不理睬父母，我知道这会让他们很恼火。"

将其视作一个学习过程

任何年龄段的孩子都会通过不成熟的方式表达自己的愤怒，这令许多家长烦恼不已，有些家长甚至根本不准许孩子表达自己的负面情绪。然而这就像孩子只有先在纸上涂鸦才能学会画画一样，他们对任何人任何事也是如此——只有允许他们表达自己的强烈情感，他们才能学会成熟地表达自己。

教导孩子如何应对愤怒非常不容易。孩子或青少年有时可能会暴跳如雷，怒不可遏，以至于我们想放弃或对自己的教育方法丧失信心。我们必须牢记自己的长期目标——帮助孩子学会用言语表达自己的焦虑和愤怒，避免他们大喊大叫、出现攻击性行为、不愉快、生闷气或者退缩到自己内心孤独的角落。

作为父母，我们大概有18年的时间可以用来训练孩子如何表达自己的愤怒，而这18年才仅仅够用而已。有时孩子似乎已经向成熟跨出了一大步，不料竟又做出小孩子一样的幼稚行为，这时我们绝不可丧失信心。

在孩子成长的过程中，我们的角色在于使孩子懂得，他们越能够控制自己不扔东西、发泄怒气、毁坏东西或者大爆粗口，我们就越能够倾听他们。他们会认识到，交谈胜过喊叫，自制胜过失控，讨论问题比心怀愤怒、痛苦、焦虑或嫉妒更有帮助。他们会发现，自己无法通过闹情绪来操纵家人从而得到自己想要的东西。

如果孩子在成长过程中没能在家中学到这些功课，那么无论对他们自己还是成人后他们身边的人来说，生活都会变得不易。

考虑到孩子的性格差异

孩子表达愤怒的方式不仅取决于他们的年龄和成熟度，同时也受到性格的影响。有些孩子会毫不拘束地表达自己的愤怒；有些可能表面上表现出顺从和愉快，内心却是满腔怒火；还有一些孩子会完全回避与人交流。

力奇 在表达情感方面，我们的孩子各有不同。其中一个儿子跟希拉一模一样，我们总能一眼看出他现在情绪如何。年幼时，如果他生我们的气，就会当场恼怒得跳脚，就像一个风钻似的。这种做法会让全家人发狂，并且让他自己更加愤怒。进入青春期后，他会通过对着墙猛踢球来释放压抑的情绪。

而我们的另一个儿子，我们就很难知道他何时心烦，除非我们能找到一些蛛丝马迹——他小的时候通常是在晚上睡觉时，青少年后则会在午夜之后的随意聊天中露出一些端倪。

作为父母，我们自身的个性（偏向"犀牛"型或"刺猬"型）意味着我们和某种个性的孩子讨论情感问题要比其他个性的孩子更容易。有犀牛倾向的家长很可能会与具有相似性格的孩子发生激烈冲突，而性格安静的孩子则可能被这样的家长吓倒。与此同时，同为刺猬性格的家长和孩子可能会在情感上完全没有交流。

青少年辅导员、作家蒂姆·史密斯（Tim Smith）对家长说："我们的挑战在于找出一些恰当的方式来表达愤怒。如果你不让青少年找到一种健康的方式发泄怒气，那么他们的负面情绪就会郁结于心，渐渐膨胀，最终以其他更让人难以接受的方式发泄出来。"

鼓励孩子敞开心扉

从孩子的角度了解情况通常需要花些时间。我们很容易假定孩子顽固、粗鲁、不讲理而因此拒绝跟他们沟通。我们甚至从未尝试过主动与孩子对话，因为觉得根本没什么可谈的。

力奇　当孩子十几岁时，我突然意识到自己过去一直在假定，如果他们语焉不详地提到要去参加一个派对，那么无须任何讨论，我一定说"不"。倘若他们不想和我谈论细节，我便会草率地认为这事肯定有蹊跷。后来我意识到，要想引导孩子讲出具体信息以便我们做出明智的决定是需要时间和耐心的。

这样的讨论可以防止孩子心中滋长愤怒与怨恨情绪，同时也有助于孩子对我们诚实。有时，我们因为忧虑而不能很好地倾听，尤其是孩子正生气的时候。我们可能会对他们令人不快的愤怒表达方式感到恼火而未能深挖其根源。这些都只能让孩子变得更加愤怒。罗斯·坎贝尔写下了自己作为父亲的一段经历：

> 当孩子带着怒气面对你时，作为回应，我们也会生气，这是正常反应。然而这种反应并不能解决问题。我儿子戴维13岁

时，会用一种很不当的方式跟我说话，让我感觉非常不好。感谢上帝，这一阶段并没有持续很久。

那时我会对他说："干得好，戴维，把怒气都释放出来吧！"我乐于见到他将怒火宣之于口的原因在于，他越是用言语表达愤怒，就越不会通过说谎、偷窃、性行为、毒品或其他消极反抗行为来发泄怒火。

如果我们的反应是恼火，禁止他们表达愤怒，则无法训练他们以成熟的方式发泄怒气。[1]

若想践行坎贝尔的建议，我们需要的不仅是自控力，还有坚强的性格和自我牺牲的意愿。诸如"跟我说说你为什么心烦"或者"什么让你最受伤"这类回应会让孩子知道，我们是站在他们那边的，我们想要了解他们。

帮助青少年表达愤怒的实用步骤

· 教会孩子按暂停键。对他们说："这样吧，15分钟之后，等大家都冷静下来了，我们在客厅见。"

· 问问自己"我知道孩子为什么生气吗？我是不是反应过度了？如果是这样，为什么？"记住用HALT清单做提醒：是不是我们中间有人感到饥饿（Hungry）、焦虑（Anxious）、孤独（Lonely）或疲倦（Tired）？

· 如果孩子的愤怒超出了界限，做好谈判的准备。如果你认为界限依然合理，解释你为什么是在为她或他的长远着想。不要期望孩子一定会同意你的观点。

---

[1] Ross Campbell with Carole Sanderson Streeter, *Kids in Danger* （Alpha Publication, 1995），pp. 84-86.

· 处理一切不当反应，例如咒骂、表现粗鲁、身体攻击或其他破坏行为。

对于明显是在生气，却不愿意和你讲话的青少年子女，可以尝试营造一种非对抗的氛围，这样他们就不会有压力，觉得是在被迫和你沟通。找出你们可以一起参与、一起享受的活动，在活动之中留出足够的时间进行轻松的交谈。注意倾听线索，这些线索可能正是他们愤怒的来源。倘若你觉得毫无进展，而孩子在以自我摧残或伤害他人的方式发泄怒气，那么我们建议寻求专业帮助。

帮助孩子向成熟过渡

鼓励孩子告诉我们为什么不高兴并不意味着他们无论何时何地都可以为所欲为。虽然我们要允许孩子有一个渐进的学习过程，不能期待太多、太急，但是他们必须改进毫无益处的发怒模式。如果孩子对事事都感到不公平，对无论从玩游戏到裁判将点球判给对方这样的事，都会恼羞成怒，那么我们绝对不能纵容。帮助孩子在事情不符合他们的意愿时培养自控能力，保持冷静，符合他们的长远利益；容许孩子用捣毁自己的房间、砸坏电脑来表达自己，将不会有任何益处。

不过，通过一些身体动作方式泄愤还是非常有益的。有一个12岁的男孩告诉我们："我经常生我兄弟的气，因为有时我们谁都赢不了对方。如果我特别生气的话，我就回房间猛打豆子袋。"我们认识的另一位青少年则会通过跑步来摆脱烦恼。

教导孩子学会宽恕

每一位家长都会听到孩子说"这不公平"。孩子是对的，生活本来就不公平。他们要么憎恨每一个对他们不公平的人，在与日俱增的愤怒和怨恨中走完一生，要么就要学会宽恕。宽恕并不是假装他们没有受到伤害，也不是从不告诉他人自己有多生气。宽恕意味着忘却伤害，决定不拿他人泄愤。

就像成年人一样，孩子也会觉得宽恕别人很难。但对他们来说，释怀的过程往往更快一些。跟对方说"对不起""我原谅你"这一过程看似简单，实则不易。我们当初就花了很多工夫一遍又一遍地教孩子这样说，通常是在他们其中一个伤害到了另一个时。我们会清楚地陈述其错误行为，要求犯错的孩子（即便是咬牙切齿地）说"对不起"，然后要求另一个孩子大声（即使再不情愿）地说"我原谅你"。这样的仪式总能让他们立刻重新开心地玩到一起，对此我们讶异不已。

无论大吵还是小闹，经常操练道歉与宽恕会产生无与伦比的影响，足以消除愤怒，重建和谐，而这绝不仅限于家庭之中。

结 语

虽然生气是一种正常和健康的情绪，我们还是要学习如何控制怒火，以免伤害自己和他人。每个孩子在生活中都会经历烦恼、不安、困惑、伤害和愤怒，处理这些情绪的最好方法就是把它们说出来。如果孩子在家中被允许这么做，而不会有人觉得他们因此不够好，他们就会成长为身心健康的人，建立起更稳固的人际关系——无论是当下，还是在他们成年之后。

停一停·想一想

· 在你家中有多少个"犀牛"和"刺猬"？这会如何影响你们之间的分歧？

· 什么事情让你和你的伴侣感到最为愤怒？讨论一下你们是否能够更好地处理这些情况。

· 在你家中，家人会轻易跟对方道歉吗？他们会得到怎样的回应？

· 你的孩子在家中是否有充分的自由来表达负面情绪？你可以怎样做来帮助他们表达担忧、惧怕和愤怒？

第十五章　压力、抑郁与饮食失调

Stress, depression and eating disorders

我们的女儿柯丝蒂这样描述她高中最后一年是如何开始的：

高中最后一年的第一学期，我有一种很奇怪的感觉，好像总是呼吸困难。那时我认为除此之外没什么其他问题，但是现在回头想想，我才意识到我的呼吸困难其实是压力引发的恐慌症。大部分压力是我加给自己的，剩下则与学校里较高的期望有关，比如A级（译者注："A" levels，指英国普通教育高级水平证书课程及考试，相当于我国中学最后两年的课程）考试、大学入学考试以及其他过多的活动（校报投稿、戏剧表演、论文写作、体育运动，等等）。我喜欢所有这些活动，难以相信自己会有压力，只记得那时我想：要是自己能正常呼吸就好了。

我从来没有请假在家休息过（和我的弟弟们不一样，我觉得事后再去赶落下的功课太难了），但是有一天我却进了急诊室，我和妈妈都怀疑我的肺上有了一个洞。然而医院检查结果很清楚，我没有任何健康问题。直到妈妈的朋友给她看了一篇关于"慢性换气过度"（chronic hyperventilation）的文章，我们才开始认识这种奇怪的呼吸困难是怎么回事——有这种症状的人通常认为自己状态很好，可以应对很多事情（包括其他人的问题），直到有一天突然发现自己连呼吸这种生命最基本、最重要的功能都无法控制，就像我一样。虽然了解了这是怎么一回事，我仍然很难相信这不是医生能治疗的健康问题，而是由压力造成的。

家里从未有人陷入过压力，我感觉自己和大家格格不入。弟弟们看见我坐在沙发上抱着一个纸袋呼吸（针对换气过度的暂时疗法），觉得我肯定是神经错乱了。不过在家中我总是很有安全感，即使我觉得自己已经处在死亡边缘，弟弟们也总能让我笑出来。他们总是比我还清楚：我的情况其实没有那么糟。

圣诞节假期，我们一家人一起外出度假时，爸妈却出现了戏剧性的转变。他们说，尽管我一回来就要参加模拟A级考试（考试结果非常重要，会影响到大学面试机会），他们也不希望我带任何作业，因为我的健康远比模拟考试重要。

卸下了这样的压力（我心里想：好吧，如果我不能学习，你们也不能要求我考得好）让一切大为改观。我的呼吸正常了，考试成绩也出类拔萃。虽然呼吸困难还时有发生，不过因为了解其背后的情绪诱因和生理症状，我现在已经很善于控制呼吸了。每当又出现呼吸症状时，我就知道我又给自己太大压力了。

作为父母，我们渴望孩子无忧无虑、快乐成长。但是，事实却是他们会感到焦虑，而且有时焦虑程度过于严重，甚至会伤及身体健康。

健康与非健康压力

愤怒、焦虑和压力可以激励我们采取行动。适当的压力有助于孩子成长、成熟，父母不应该让孩子的生活完全没有压力。

但是压力应该适度。如果挑战太大，或是孩子感觉得不到支持，就会导致持续焦虑、抑郁或饮食失调。

对于父母来说也是如此。一旦压力影响到我们的日常生活、人际关系或者健康，就是有害的。要帮助孩子，我们首先要自助。过大的、不健康的压力是会传染的。

临床心理医生罗斯·坎贝尔这样写道：

> 焦虑很复杂，是一种带有不良影响的有益情绪……这种情绪说明我们起码在乎某些事物……然而焦虑也会束缚我们，令我们惧怕、永远无法从它的压力中挣脱；而大多数时间，我们甚至不确定自己为什么而焦虑。焦虑一般是一种由变化引起的精神或情绪紧张，"压力"一词越来越多地被用来描述焦虑。一般来说，我们觉得恐惧的心理会有比较明显的成因……而焦虑则是一种更难以捉摸的、更复杂的情绪。[1]

今天的父母承受着更大的压力，而这些压力与50年前大不相同。

"育婴教练"贝丝·福利尼（Beth Follini）描述了有些父母认为自己必须实现的期望：

> 目前，亲子教育成了一门融科学、竞技体育与职业技能于一体的学问，其中不乏对于饮食、教育和情感培养的偏执。有些人会感到畏惧，但会继续做下去；而另一些人则感到忧虑，担心自己不能胜任这一工作。"完美"带来的压力是巨大的——你期望自己年轻美貌，拥有激动人心的生活和令人羡慕事业；你想要完美的房子、完美的伴侣，为自己的孩子创造完美的生活。然而有多少人能够真正做到呢？有些事我们不得不放弃。[2]

做一个称职的父母，不要成为不现实的"完美"榜样，这样才能为自己减压。

---

[1] Ross Campbell with Rob Suggs, *How to Really Parent Your Teenager: Raising Balanced Teens in an Unbalanced World* （W Publishing Group, 2006） p. 168.

[2] Leah Hardy, 'Ready, mummy? Maybe, baby.' *The Times*, 14 April 2007.

"这是R-US婴儿连锁店吗？
我订购两个，一男一女，
蓝眼睛，剑桥毕业。"

应对焦虑和压力的方法

· 尝试找出诱发压力的原因。你是否对自己或孩子抱有不切实际的期望？是不是惧怕未来？还是什么特殊情况造成的压力？

· 跟你的丈夫、妻子或者亲密朋友讲一讲你的恐惧。

· 在更大的语境下看待惧怕，心里多想一想好的方面，想想自己的长远目标——片面的观察往往看不清事物全貌。

· 如果你有祈祷的习惯，那就为你的忧虑祈祷。

· 决定如何采取行动。只有能促使你采取行动的焦虑，才是有益的。

如果发现自己无法摆脱持续、强烈的焦虑和烦恼，你可能已经患上抑郁症。我们敦促你尽快咨询专业医生。

寻求支持

人生中很少有事情比照看孩子压力更大——孤独与沮丧来得如此之快。我们曾在第二章提到，在过去，大家庭的成员或是固定的社区邻里通常会帮助我们减轻养儿育女的压力。而现在，同龄人的团体可能更能给予我们理解和支持，帮助我们减压。

希拉　我们最小的孩子乔西出生时，我极度渴望能够休息一下，从看似无休止的照看4个孩子的循环事务中解脱出来。这种压力让我在很多时候变得很急躁。

　　一位工作时间相对自由的单身朋友找到了帮助我的方法，非常慷慨地提出每周抽出半天时间来照看我最小的两个孩子。于是，我参加了家附近的一个健身班——我是如此享受，而在那之前我从没参与过这样的活动。那些周二下午就是我的救生索，让我感觉可以重新掌控自己的人生。

如果自己应付不了种种状况，我们需要诚实面对。跟伴侣、朋友或者医生（后者可能会更客观一些）谈一谈能够帮助我们找到压力的根源。我们可能正在承受正常的养育孩子的压力，但也可能已经抑郁。

产后抑郁

大约10%的女性分娩后会经历某种形式的抑郁。抑郁通常被描述为一种隐藏性疾病，一部分原因在于抑郁症难以识别，另一部分原因在于一些人认为被诊断为抑郁症有损名声。结果，许多女性得不到帮助，只能默默忍受折磨。产后抑郁的持续时间可以长达3个月（如果不进行治疗，时间可能会更长），且不一定会在孩子出生后立刻发病。

识别产后抑郁症状[1]

　　夜间失眠或是不顺利的一天都有可能导致下列任何一种症状的发生。但是，如果新生儿母亲连续出现这些症状超过1周甚至2周，

---

[1]　摘自 *Care for the Family Support Net* website www.careforthefamily.org.uk。

就应该寻求专业帮助。

- 持续的悲伤、哭泣、强制性行为，或者为自己或孩子设定不切实际的高标准。
- 焦虑、易怒、孤僻。
- 发现自己无法把孩子交给其他人，同时又疲于应付种种育儿需求。
- 体重突然急剧增加或减少，暴饮暴食或厌食。
- 无法集中注意力，常常发现自己难以与他人交谈。
- 对自己和家庭缺乏兴趣，即使最简单的任务也感觉很难完成。
- 感觉自己毫无价值，或者认为自己死了更好。
- 有负罪感。

如果你认为自己或是伴侣属于这种情况，寻求支持是第一步，也是最重要的一步。跟理解自己的人谈话可以带来很大的慰藉。

一些援助机构还能够帮助你与附近的人或团体取得联系。看一下家庭医生，他们也可以为你开些药来暂缓症状。

夫妻关系同样很重要。妻子生产之后很可能会感到自己很脆弱。只有伴侣的理解和关爱才能让她告诉对方自己的感受。丈夫即使不完全了解妻子的感受，也应不遗余力地给予承诺和支持，而不是试图"解决"问题。

丈夫要倾听、倾听、再倾听，这至关重要。其他有形的爱的表达也会很有帮助，例如赠予小礼物或奖励，寻求外界帮助，尽量比平时早些下班回家。

不可低估这些行为可能带来的影响。伴侣可以这样鼓励："你一定会恢复的，不着急慢慢来，不要有压力。"这对与产后抑郁抗争的母亲来说是莫大的安慰。

孩子焦虑以及压力过度的症状

即使幼小的孩子也会压力过度，虽然有时迹象并不明显。孩子的个性会影响他们的反应：一些孩子会哭闹、暴躁易怒、不肯合作、有攻击性；另一些孩子表现较好，但会紧张、害怕、惊慌失措。小孩子很难清楚描述自己的感受。他们不会说"我觉得有压力"或是"我感到很担心"，而更有可能抱怨"我肚子疼""我头疼""别离开我"，等等。

一位朋友向我们描述了她小时候那些未被诊断出的症状：

> 还记得8岁时的复活节学期，我转到了新学校。作为唯一一个新入学的女生，我讨厌新学校，非常渴望回到原来的学校去，因为那里有我的朋友和我熟悉的环境。我感觉非常孤独，挣扎着尝试融入，却发现我很难对父母说出自己的感受。就算我说了，他们也只会说一切都会好的。老师也说"大孩子是不会哭的"，并鼓励我继续坚持下去。

> 大概就是这个时候，我开始患上慢性胃痛。父母非常担心，带着我看了许许多多医生和专家，谁也找不出哪里出了问题。很多年后，我才意识到那是压力作祟……当时没有一个人能诊断出来，而现在看起来却显而易见——我在变动中挣扎，却不善于表达自己内心的感受。胃痛正是我那时内心焦虑在身体上的表现。

幼儿经历压力的征兆

· 害怕

· 爱哭

· 烦躁易怒

· 胃痛

· 尿床或大便失禁

· 缠父母

· 攻击行为

· 突然养成新习惯，如吮吸手指、捻弄头发等

稍大儿童经历压力或抑郁的征兆[1]

· 有寻求注意力的行为，如说谎、欺负他人、蔑视权威等

· 喜怒无常或突然发怒

· 比平时更爱哭

· 感觉很失败

· 总是不想去学校或校园人际关系出问题

· 孤立

· 学习成绩明显波动或无法集中注意力

· 入睡困难

· 饮食习惯改变

· 割伤自己或其他形式的自我伤害

---

[1] 摘自 kidshealth.org and www.mayoclinic.com。

压力的来源

儿童或青少年产生焦虑或压力的原因有很多，其中一种压力来自于父母的期望。

儿童发展专家、《如何培养孩子的积极主动性》（*Raising a Self Starter*）一书的作者伊丽莎白·哈特利·布鲁尔（Elizabeth Hartley-Brewer）就当今的情形做出如下评论：

> 我们养育的孩子少了，但亲子教育的意识却增强了。我们对孩子投入了更多的时间、有更多的希望和期待，这些有其积极的一面，但也让我们把全部注意力和期待放在了孩子身上。
>
> 我们将孩子的行为和表现投射到自己身上：如果他们做得好，我们就归功于自己；如果做得不好，我们就会觉得孩子让我们失望了。

"约翰，千万别让我失望。"

我们的孩子会感到有必须要好好表现的压力。根据（英国）国家统计局的调查结果，在英国5—15岁之间的孩子中，每10个中就有1个有心理问题，而首要原因就是课业压力。

"我明白，马有点大，
但是你赢了，就会拥有一切。"

父母可能完全出于好意，却无意中增加了孩子生活中的焦虑。

有一位青少年，他的父亲高尔夫球打得很好，他觉得父亲和自己一起玩球的唯一目的就是要训练自己成为一名高水平球手。但儿子的目标却不相同，他只想在高尔夫球场上享受和父亲一起放松的时间。他的父亲同时也是一位成功的商人，看到自己的儿子拥有成功的潜质，就不断地要求儿子在学业上更上一层楼。儿子觉得自己总是被批评从而丧失信心，变得抑郁。

我们的孩子在充满比较与竞争的文化中成长。

"亨利现在是个艺术家了，真让人失望。"

媒体对名人的关注使得人们看待自己的方式出现两极分化：成功人士或失败者、著名人物或无名小卒、富人或穷人、精英或辍学者。这种压力甚至从学龄前就开始了，因为广告商向孩子们灌输的信息是：只有拥有这个玩具或那个游戏，这双运动鞋或那个游戏机才不会落后。孩子上学后则会有更多压力，例如名次表、无休止的测评、频繁的考试，因为孩子们需要为进入好的中学、大学而竞争。

"他都已经三个月大了，
还是对莎士比亚没有反应。"

孩子常见的压力来源①

· 自小就有的来自学校、家庭、朋友或同龄人的期望

· 父母不和或离异

· 疾病

· 害怕社交和学业上的失败

· 广告与竞争文化带来的压力

· 与父母在一起的时间少

· 没有足够的时间玩耍

· 在学校被欺负或孤立

· 在家没有谈话的机会

· 在电视上看到有关恐怖袭击、战争、饥饿、持刀攻击等的新闻，
从而担心自己的安全

· 变动——因搬家或换学校而面临不熟悉的新环境

① 摘自 kidshealth.org and www.mayoclinic.com。

帮助孩子应对焦虑和压力

有没有办法保护孩子远离过度压力？在一个由压力驱动的文化里，我们能否帮助孩子处理好压力？作为父母，我们能够也必须做到，尤其是要以身作则，因为孩子会拿我们做榜样。因此，以下小窍门对我们和孩子都适用。

1. 避免完美主义情结

布鲁尔写道："我们正在制造一个被完美主义束缚的社会——成功者付出高昂的代价，牺牲个人的情绪健康，而失败者则被社会所排斥。"

要教导孩子用平和的心态看待成功与失败，不要期望事事完美，这对孩子的心理健康至关重要。

为了检查自己对孩子期望如何，我们应该问问：自己的目标和优先次序是什么？孩子的健康快乐是不是比学业、体育运动和社会成就更为重要？我们是不是更关心孩子能否建立良好的人际关系，而不是他们取得了怎样的成绩？如果有两个孩子，一个成绩优异却不友善，一个成绩一般却很善良，我们更喜欢哪一个孩子？

我们希望自己能够成为"超级家长"，并在不经意间对孩子寄予不切实际的期望——学习成绩、体育运动、社交能力样样都要更好，远超孩子自身的实际水平。你有没有宽慰孩子说，他们并不需要在普通中等教育证书考试（GCSE）中拿到12门全"A"的好成绩？而且假如他们没有做到，你也不会失望？如果孩子更愿意和两个朋友而不是和一大群人在一起，你有没有告诉过他们这没问题？孩子是否知道你的爱并不以他们的表现为前提？

孩子对家长的期望非常敏感，而且多数希望取悦家长。我们应该避免拿孩子和他们的兄弟姐妹或者其他同龄孩子进行比较，否则给孩子留下的印象会是他们不够优秀，我们爱的并不是他们本真的自我。要不断提醒孩子，我们唯一的期望就是他们能够尽全力做最好的自己。

2．为孩子创造足够的放松空间

健康的饮食、睡眠和游戏都有助于减轻孩子的压力（参见第二章）。每天抽出一定时间陪伴孩子可以极大地安抚他们，尤其是在其年幼的时候。一个专门应对孩童时期压力的机构指出："2岁孩子也会由于父母陪伴时间不够多而产生焦虑，而与父母分离是学龄前儿童焦虑不安的最大原因。"①

为了让孩子有足够的放松时间，我们可能需要重新安排自己的时间表，并且认真考虑孩子的时间安排。我们可能认为孩子喜欢每天放学后去俱乐部或社区游戏场玩耍，但事实上，他们会觉得忙碌的一天过后，在家里胡闹一下更放松。过多的课余活动反而会让孩子高度紧张。"育儿教育与支持论坛"（Parenting Education and Support Forum）的黛比·考利（Debbie Cowley）评论道：

> 为了帮助孩子发掘自己的潜力、成为闪亮的多面手，放学后，我们送他们去参加又一轮令人疲惫的课外辅导班。我们不能托词说这只是富有创意的娱乐方式，因为音乐和舞蹈课等往往意味着更多的评级考试，带来更多的压力。

劳拉·凯利是一位大型综合性学校的老师，她注意到："家长希望孩子不仅要学习好，还要有创造力和社交能力。他们多倾向于苛求孩子在各方面尽善尽美，却不关心孩子的兴趣所在。"②

---

① Combination of kidshealth.org and Ellis P. Copeland 'Stress in children: Strategies for Parents and Educators' (National Association of School Psychologists, 2004).

② 摘自kidshealth.org。

要敢于选择退出主流！我们的一对夫妻朋友就曾对女儿的钢琴老师说他们不希望孩子参加任何考试。虽然在同龄群体中，这种做法与主流文化背道而驰，但是他们坚信不需要，也不应该用考试来检验孩子所做的每一件事情。无论6岁还是16岁，孩子都需要时间和空间来放松、懒散一下，甚至感到无聊都可以。伦敦一所中学的校长乔治·马什（George Marsh）建议："我希望帮助家长们意识到，孩子更需要一周之中至少有两个晚上在家玩耍，和父母在一起，而不是去外面上'精英'课程。"

假如我们自己时常紧张，孩子也会感知并承受我们的压力。不要总是强迫他们参加活动，只要待在他们身边就足以帮助他们释放压力。仔细观察每个孩子如何放松，做一些有趣的事，而不只是为了提高孩子的能力。比如说打网球的目的就是为了一起做点事情，如果总是把球打到隔壁球场上去，你大可以跟孩子说："至少我们得到了双倍的锻炼！"避免总是将游戏和活动变成培训课。

3．了解孩子的焦虑

创造一些自然、良好的沟通机会是健康家庭生活的一部分，有助于了解孩子在担忧什么。有时，孩子会确切地告诉我们是什么让他们感到焦虑，首先安慰他们说我们理解他们（像第七章里那样重述他们的话会很有效）。然后，我们可以跟孩子一起制订计划去应对使其焦虑的事，让他们知道自己并不孤单。比方说，如果孩子害怕考试，我们可以一起制订一个复习时间表；如果他们担心乘坐公共交通，我们可以帮他们找朋友一起出行。

如果孩子压力很大，可以慢慢来，不要试图立即解决所有问题。比如，如果他们课业负担很重，可建议他们先专注于某一科，一同想一些简单的方法来提高成绩。试着了解孩子最担心什么——我们可能会很惊讶，因为有时候他们需要的仅仅是我们的安慰。

4．帮助孩子树立健康的成败观

我们可以跟孩子分享自己曾经犯过的错误，让他们看到生活还是会继续，这样能帮助孩子不因失败而太难过。孩子会由于犯错而感到失望甚至痛苦，但绝不可让他们将失败等同于耻辱。与此同时，当他们做错时，不要每次都试图救助他们。我们习惯于帮助孩子解决问题，假如他们因为丢了球队储物柜的钥匙，错过了团体训练而失去周六参赛的资格，我们便忍不住要给教练打电话沟通。但这并不是帮助——孩子需要从经验中吸取教训，为自己的错误负责，想办法保管好自己的钥匙。

5．考虑如何表扬孩子

在孩子付出努力时（如努力学习、取得进步、尝试新事物、加入团队或参加比赛等）表扬他们，会给予他们一种健康的成就感，并能激励他们不单单把成功定义为名列前茅。

当小孩子向你展示她的画，不要只是跟他们讲画得很棒，而是要做出回应，并且问一些问题，如："你在这里用了很多红色，我很喜欢那里的金色点点。画里的女士是在微笑吗？"孩子希望得到我们的注意和兴趣，而不是一个分数。对大一点的孩子，我们可以说："我喜欢你这个项目的题目。你是怎么想到这个主意的？"这样的赞扬会让他们感到我们是真心感兴趣。

6．使用开放式问题

使用开放式问题，例如："你喜欢它的哪一点呢？"鼓励孩子不要只给出一个字的回答，帮助孩子表达自己的感受。假如孩子事情做得很好，我们可以问："你怎么做到的？"假如他们没那么成功，可以问："你觉得问题出在哪儿？"或者"下一次要怎样做才能做得更好呢？"

7．避免让孩子听大人谈话

小孩子有时会听到大人对话的只言片语，却并不完全了解情况，由此产生不必要的担忧。即使工作状况十分糟糕，或者财务非常紧张，也要避免让孩子听见。如果真的听到了，就跟他们聊一聊，缓解他们的焦虑。

对于年纪稍大点的孩子，则需要判断应该告诉他们多少。他们可能已经感知到家中有情况，如果还瞒着他们的话，只会让他们更加焦虑不安，应该认真考虑告诉他们什么为好。无论我们如何决定，即使我们真的处于艰难时期，也不应该期望孩子来满足我们的情感需求。

8. 只改变行为，不改变孩子

如果我们想要鼓励孩子尽力做好，而不是打击他们，最好建议他们做一些力所能及的事。如果孩子考前没有复习的话，不要说："你无药可救了！你这样肯定通不过考试。"试着找出办法帮助他们。以下是一些建议：

让备考变得更容易[1]

- 做一个大挂历，划分出上午、下午和晚上时段。列出复习内容，然后在每个时段填入切实可行的目标。内容尽量多样化并要加入休息时间。

- 不要认为复习是"一项艰巨的任务"。把复习任务分为若干小块，这样可以避免孩子不堪重负。一旦开始，他们会觉得容易许多。即使是最顽固的"复习困难户"，每晚复习15分钟也是一个很好的开始。

- 尽可能给予鼓励。考试压力之下，即使是很小的负面评价也会让孩子崩溃。

- 用细微的举动表达你的关心。提供孩子喜欢的零食；给予大量同

---

[1] Maureen Rice 'The High Price of Success', *The Daily Mail* , 22 August 2004, You magazine.

情，让他们知道，考试虽然难，但是考试季总会结束的。

· 把任务切分成小块的时间表，好吃的零食和源源不断的鼓励远比唠叨更有效果。

识别抑郁的症状

青春期阶段的情绪波动很正常，尽管这会让人感到非常受挫，但我们应该谨慎对待。但是如果孩子对自己和生活持续怀有负面情绪则预示着问题可能更严重。

作为家长，我们会为孩子感到过度焦虑，然而我们更需要了解他们所面临的挣扎，以便在出现严重问题时迅速做出反应。我们认识一对夫妇，他们的女儿在十几岁时患上了抑郁症。她的母亲向我们描述这种状况是如何开始的：

当女儿开始出现抑郁症状时，我根本没有察觉。我要是当时能发现就好了。她开始睡眠不规律，情绪波动剧烈，自尊心低落，饮食开始变得失调，很容易恐慌，总是担心自己看起来如何，房间也一团糟。我那时的反应是想要帮她解决问题，告诉她要振作起来，不要忧虑，要想想自己有多幸运——我一心想维持一个完美的家庭样式。回首过去，我感到后悔万分，但当时我们就是没有意识到问题出在哪儿。我们认为她没事，只是有点焦虑。几个星期过去了，我们都没有真正和她认真沟通过。

直到女儿的抑郁症加重，完全崩溃后，我们才意识到这并不是一般的青春期创伤，而是严重的抑郁症。我们惭愧地认识到需要用完全不同的态度来对待她和整个现状。对我们而言，那是一段非常艰难的日子——但是，在得到恰当的护理和帮助后，她的情况好转了。

建议当家长察觉孩子焦虑不安、行为混乱时，要留心这些迹象，关注全局，花些时间和孩子交谈，弄明白究竟发生了什么；不要自以为没问题，如果有必要，不要拖延，立刻向专家寻求专业帮助。要理解孩子所承受的压力，帮助他们，一定要接纳他们。

如果我们怀疑孩子出现抑郁症状，首先要做的就是倾听，试着了解孩子的感受。假如孩子提到自杀，我们就应该严肃对待，立刻为孩子和自己寻求专业指导。药物治疗和心理辅导可以同时进行。

饮食失调

饮食失调情况比较复杂。我们往往希望能够很快判定患者的病情，但是事实上饮食失调并没有简单明确的分类。它是一种严重的心理障碍，我们建议尽快寻求专业帮助。

与此同时，父母可以通过向孩子表达无条件的爱来帮助他们树立信心，这样做既有助于预防饮食失调，也是治愈心灵创伤的途径之一。最近，我们在伦敦地铁见到这样一条广告："这个夏天，让信心光芒四射。"广告里是一个身着比基尼，拥有古铜色肌肤的苗条女郎，下面印着一家位于哈利街的整容手术诊所名称。作为父母，我们必须竭尽全力让孩子了解，不论他人怎样说，决定他们是谁的是内在品格，而非外表。只有内心感觉良好才能建立真正的自信。

饮食失调的种类

以下我们主要讨论三种类型的饮食失调。[1]

---

[1] 改编自Lynette on *Parenting Café* website (www.parentingcafe.co.uk) and by the vice-principal of a Sixth Form college。

（1）神经性厌食症

厌食症患者控制自己的饮食，让身体挨饿，有时（虽然很罕见）甚至会导致死亡。厌食症纠结于"控制"——控制饮食，控制体重。患者会感到生活中的每一件事都处于失控状态，因此，厌食症状就是不顾一切地追求纤细的身材，但那只是患者内心挣扎的外部表现。他们试图逃逸到另一个世界，在那里只有变得更瘦才最重要。这种痴迷可以让他们忘却其他问题——不进食会使他们感到麻木，而这正是他们想要的。

这种情况通常始于青春期早期到中期，不过越来越多年幼的孩子也开始出现某些厌食的症状，例如总是觉得很饱，经常感到恶心，吞咽困难或者持续性腹痛。

完美主义和竞争心理是厌食症的一般特征。患者为自己制订格外高的标准，假如没能达到这些标准，就会惩罚自己；打破这些严格的、自我强加的规则会导致自我厌恶。患者剥夺了自身的基本需求，认为这些需求是奢侈的。他们让自己忙于做事，不仅是因为看中成就，而且这样还能让自己更没有时间进食。

饥饿会导致厌食症患者性格急剧变化。曾经温柔甜美的小女孩会变得令人难以置信地自私自利、不易相处。患者的大脑会受到影响，思维受损，逐渐对外界事物只能看到黑白两色。他们还会对自己的身体产生错觉，觉得自己比实际看上去更胖。

家长应注意的前兆包括：回避外出就餐，安排饭后与人见面，不停地饮用矿泉水或者果茶、变得寡言少语、体重减轻（或是应该长高却没长），以及女孩子经期推迟或者停止。

（2） 神经性暴食症

神经性暴食症通常始于青春期的中、后阶段，并可能紧随厌食症之后发作。患者在短时间内大量进食，再通过不恰当的方式排出食物（常见方法包括催吐、使用泻药等）。患者不仅试图通过催吐排出食物，也在试图排解他们自身的情绪——因为感到无法处理这些情绪，他们想把这些情绪都吐出来。有时他们也会通过催吐来控制体重。

暴食症患者不知道如何处理自己的情绪，焦虑感会让他们强烈渴望暴饮暴食。进食可以转移他们的注意力，不再关注问题；催吐后他们会感觉比较平静，虽然问题仍未得到解决。

暴食症很难被察觉。在所有饮食失调症状中，暴食症最难识别，因为患者能够保持正常体重，并且显得可以应对一切。但在内心深处，他们却感到自我厌恶、羞愧，害怕症状被人发觉。他们会感到软弱和悲哀，无法控制他们的冲动。他们会这样对自己说："如果别人真正了解我，就不会再喜欢我，而会跑得远远的。"患者深深渴望被人理解和珍惜，但是他们的感受又在告诉自己，他们很坏，很丑陋，不值得他人关爱，也永远不会成功。

家长应注意的前兆包括：孩子饭后总是在盥洗室待上一段时间，经常用"已吃过""不饿""稍后再吃"等借口逃避就餐，两餐之间冰箱或橱柜里的食物会消失不见，或者身上总是有牙膏的气味。

不过家长要意识到，暴食症患者会竭尽全力地保守自己的秘密。他们会很熟练地使用小伎俩来掩盖自己的行迹，比如说吃掉食物后会添补上新的，等等。

（3）　强迫性暴食症

强迫性暴食症与神经性暴食症状况类似，但不同之处在于前者想要饱腹感而不会催吐。这种症状常被称作"安慰进食"，因为患者试图摆脱伤害、失望或压力，寻求安慰。他们用暴饮暴食来压制、逃避自己的情绪。像神经性暴食症患者一样，他们无法将情绪与暴饮暴食分开，会持续进食直到因为过饱而感到不适。这种进食方式成为他们隐秘的习惯，并且伴随有负罪感、羞耻和抑郁。这继而导致其进一步暴饮暴食，以至于体重大幅增加并为自己失控而懊恼不已。

有时，这类患者并不会在短时间内暴饮暴食，而是一天下来不停地吃东西。他们这样做并不是出于饥饿，而是在试图填补内心情感的空虚。

造成饮食失调的原因

从根本上讲，饮食失调并非个人形象问题，而是未解决的内在情绪通过不同的形式表达出来。当然，对明星超模的盲目崇拜以及时下有关理想身材的看法无异于火上浇油。但是，越来越多的医学专业人士也逐渐意识到，情绪问题的主要根源是童年经历、创伤以及成长发育问题。

饮食失调是患者的外在表现，而其内心则想要从正在吞噬自己的焦虑和抑郁中逃脱出来。

每个案例各有不同。饮食失调通常始于患者痛苦生活经历的逐渐累积，以及感受不到他人的爱与接纳。直接诱因可能是面临考试、搬家、父母离异、疾病、所爱的人去世或者其他心灵创伤。这些诱因导致青少年感到生活失控，于是转向食物作为保持控制的方式。一开始其饮食方式往往看似无害。

当患者的饮食方式所产生的影响逐渐明显，人们有可能会评价他们说看起来不错。这会让他们感觉良好而因此制订更高的目标，从而踏上一条险途。这就像流沙一样危险——他们会陷入固定的思维和行为模式，同时感到无力挣脱。一些患者还会有自残、滥用酒精或毒品的冲动，甚至产生自杀的念头。

饮食失调患者数量不断增长，部分原因在于人们对身边的环境越来越敏感。家庭破裂、缺乏时间维系亲密的家庭关系以及生活压力大都成了诱发饮食失调的主要原因。

为饮食失调患者寻求帮助

如果你怀疑孩子可能患有饮食失调，不要拖延，应积极为孩子在身体症状和潜在的情绪因素两方面寻求帮助。饮食失调会迅速成为一种生活方式，越早确诊并进行治疗，就有可能越快越好地康复。

一位厌食症患者（患病时间长达5年）的家长这样告诉我们：

> 我们本应该更早地寻求帮助。可是当时，我们整个家庭都瘫痪了，我再也无法听取任何人的意见，我们已经无能为力。我抗拒家里的所有亲人，包括我的姐姐和妈妈。

> 我的建议是寻求专业帮助，一定要坚持下去，直到你得到所需的帮助。家长自己不要碍于面子而不参加群体心理治疗，这种治疗对我帮助极大。

我们一位专门负责为饮食失调患者提供疗愈课程的朋友分享说："我常常见到二十、三十、四十来岁的人来参加我们这样的课程，他们过去从未处理自己的饮食问题，有时其端倪在20年后才显露出来。饮食失调通常始于青春期，如果得不到医治，很可能会持续一生。"

如果你认为你的孩子患上了饮食失调

· 不要慌张。饮食失调是很可怕，但是可以寻求帮助，也很有希望康复。

· 保持沟通。允许并帮助孩子说出自己的感受，表达你的理解和支持。花时间倾听，尽量不要打断他们。

· 获取或重获他们的信任。不要谈论食物，聊聊他们的感受。

· 关注情绪变化而非体重变化。体恤孩子的感受。

· 确保孩子理解你的关心，知道你并不是在试图控制、修正或者批评他们。

· 不要起争执。对于孩子来说，生活难以承受，他们可能会做出过激反应或者钻牛角尖。尽可能放轻松——如果谈话变得紧张，可以结束谈话，找一个更好的时间重新开始。

· 如果当面沟通太过困难，可以考虑写纸条，同时建议孩子写纸条回复。

· 考虑他们是否会愿意和哪位朋友、亲属、教父教母或者信任的老师交谈。

· 确保患者不会觉得他人在背后议论自己。跟他们交谈的人（比如教父教母）可以谈一下自己注意到的患者的症状，而非只听家长预先提供的信息。

· 带孩子去看医生。这可能是通往康复的第一步，也是最难的一步。

· 为自己寻求帮助。

· 耐心至关重要。康复需要花费时间——患上饮食失调是一个渐进过程，治愈过程也同样。

· 不要花费精力责备自己、孩子或是其他人，关注根本原因。

· 与其他瘾症一样，患有饮食失调的孩子擅长说谎和操纵。不要让他们控制你或者破坏其他家庭关系。

降低饮食失调风险

确保孩子知道我们对他们无条件的爱并帮助他们树立自信，这样做永远都不会为时过早或过晚。对此我们在本书第二部分讨论了一些切实可行的办法。第三部分的内容也与降低饮食失调风险相关，解释了设立明确界限的必要性。这些均有助于我们的孩子在成长过程中面对世界时有安全感。

我们自己对于食物的态度以及饮食方式能够帮助孩子养成良好的饮食习惯。一位少女时代曾患有饮食失调的女士描述了她母亲的饮食态度对她造成的影响：

> 我记得从很小的时候，我就注意到母亲对待食物的古怪态度。她会尝试各种各样的饮食方式，有些非常怪异，比如她会喝一大碗汤或吃一盘沙拉，然后就不再吃其他东西了。她看似恪守这样的饮食习惯，但是随后我发现她躲在空房间里狂吃巧克力……我想想我自己会与食物建立如此复杂的关系，以至于最终需要接受治疗，也就不足为奇了。
>
> 我现在已经康复并且有了自己的孩子，因此我非常注意自己对孩子在食物和饮食方面的影响。

《对饮食失调者的宽恕》（*Mercy for Eating Disorders*）一书的作者南希·奥尔康（Nancy Alcorn）这样建议家长：

> 家长在教育孩子之前，首先要自己了解通过节食来控制身材的危害性。确保孩子的饮食均衡、多样，一天至少摄入三餐，每天进食时间大致相同。永远不要跳过任何一餐，也不要强迫孩子吃完自己的食物，这样会造成孩子感觉无法控制自己的食物，而且即使不饿也会强迫进食（这会损伤其辨别饥饿感和饱腹感的能力）。家长要做的是决定吃什么，而孩子决定吃多少。避免片

面地将食物分为"好与不好、安全与不安全、高脂与低脂"等类别。①

全家人一起锻炼应该是日常生活的一部分，这样孩子就会了解锻炼是为了获得健康和快乐，而不是为了苗条身材或摆脱脂肪和热量。父母应和孩子一起享受参加体育运动的乐趣，例如骑自行车、游泳、散步、踢足球等。

帮助孩子发展自我认知

青春期的少男少女中，饮食失调患者数量持续增长。青春期的男孩越来越在意自己的形象，甚至健身过度。他们需要的是家长的不断肯定，让他们确信自己的体重和身材都是正常的。

对于一些孩子来说，进入青春期很可怕。激素变化可能导致新的、常常令人尴尬的想法和感受。他们害怕失去童年，保持天真烂漫会更安全。这个阶段是向孩子灌输有关身体变化和性意识萌芽的积极信念的关键时期。

父母在女儿变成少女、形成自我认知的过程中均扮演重要角色。在这一过程中，女儿必须在心理上与父母分开。虽然她不需要离开家，但是往往需要脱离母亲，才能完成这一分离，逐渐独立起来。

对母亲而言，这会是一个艰难时期。母亲在女儿的一生中给予她所需要的一切，与她生活的方方面面紧密相连。对于每一位母亲来说，在忍受分离的同时还要设立必要的界限不是一件易事。但是，父母一定要允许青春期的女儿发展对自身的认知，否则控制自己的身材和体重便可能成为她的自我认同点。

---

① Nancy Alcorn, *Mercy for Eating Disorders*（Providence House Publishers, 2003）, p. 137.

在这一分离过程中，父亲也扮演着重要角色。许多父亲谈到自己在女儿性意识萌芽时感到不自在，不太知道应如何与女儿相处，所以会避开自己的女儿。女孩子小的时候会感到和父亲很亲近——父亲会和她一起玩、给她读书、让她坐在自己的膝盖上，而现在她却发现在自己最需要父亲肯定的时候，他却退缩了。父亲应该继续参与女儿的生活，帮助她感觉自己很美丽，有人爱她、珍惜她。

父亲可以通过多种方式让女儿感到自己有资格做一个女人，例如不断地给予女儿肯定，与她交谈，使用适当的肢体语言表达对她的爱，对她的学业、男朋友、希望、梦想、志向或其他方面表现出兴趣（即使自己完全不感兴趣），等等。

结　语

作为父母，我们都希望孩子免于不必要的压力、抑郁或者饮食失调。然而，即使我们尽己所能保护他们，也不能完全保证这类事情不会发生，因为他们面临着许多不同的压力和影响。假使我们意识到孩子出了问题，不要被负罪感或后悔的情绪淹没，否则就无法帮助他们。

事实上，我们可以帮助孩子学习如何应对压力，使他们在童年时期、青少年时期、步入成年后有能力应对挫折。通常在经历了这些不易之后，整个家庭都会成长受益。

停一停·想一想

· 你的孩子对什么事情感到最焦虑不安？

· 你认为本章中列出的哪些做法可以帮助他们应对焦虑和压力？

· 你可以放弃哪些活动以卸去不健康的压力？

· 假如你的孩子对某件事感到焦虑不安，他们可以去找谁寻求帮助？

· 你的家庭对食物和节食持何种态度？你是否想要做出改变？

第十六章 和孩子谈论性

Sex and sexuality

英国教育标准局昨天发布报告称，许多父母——尤其是父亲——都放弃了对孩子进行性教育的责任。他们任由孩子从青少年杂志上搜集信息，而这些信息往往暗示性行为对青少年来说是正常现象，这也许是英国在西欧拥有最高青少年生育率的原因之一。[1]

约翰·克莱尔

记者

与性有关的情感问题，要是有人提早告诉我就好了。比如说它会怎样害惨你，你怎么会和根本不想结识你的人搞在一起。

法耶 20岁

尴尬很容易阻止我们告诉孩子真相。有一个7岁的男孩，作业要求他写出家史，于是他一回家就问母亲："我是从哪里来的？"母亲还没有心理准备向孩子解释清楚生命的由来，于是，她只能这样回应道："哦……一只鹳送你来的，把你放在醋栗灌木下面。"

---

① John Clare, 'Parents abandon sex education role', *The Daily Telegraph*, 30 April 2002.

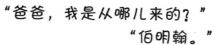

男孩又问父亲："那你又是从哪里来的？"父亲同样毫无防备，于是他接着母亲的故事讲下去："一只鹳送我来的，把我放在醋栗灌木下面。"

男孩又找到祖母问。祖母觉得孙子太小，还不宜了解事情的真相，再说也不应该由祖母来告诉孙子真相，所以她也做出了相似的回答："一只鹳送我来的，把我放在了醋栗灌木下面。"

男孩消化了这些信息后便开始写作文："我的家庭至少三代人都是非自然分娩降生的。"

对于一些父母来说，并不是因为尴尬让他们无法和孩子讨论性，而是他们不知道要说什么。

但在今天的文化中，孩子们的性教育问题亟待解决。一项针对12—13岁青少年的调查显示，只有20%的男孩和30%的女孩表示，父母是他们性信息的主要来源；另一项针对11—14岁的孩子所做调查显示，他们中有75%表示，希望父母和自己谈论有关性的问题。[1]性教育必须始于家中。

为何要与孩子谈论性问题？

帮助孩子面对压力

进入青春期，我们的孩子面临三方面的压力。首先，他们会面临身体内部的压力。他们身体会发生意想不到的变化，令父母和青少年手足无措。一个12岁的孩子可以在一夜之间，由鄙视异性变得像发现新物种似的对异性着迷！

"昨天我觉得女生都很蠢。
今天我却非常害羞，
根本不能和她们说话。"

从未在他们脑海中出现过的性欲望，可能会突然让他们日思夜想、辗

① Jan Parker, 'Teenagers: Not Quite so Bad as They're Painted?', *The Times*, 25th October 2003, p. 12 .

转反侧。

其次，他们会面临周围文化的压力。西方社会在很大程度上标志着无节制的享乐主义、个人主义和消费主义，这些都影响着我们对待性的态度。没有父母的引导，孩子就无法在这些不良潮流中得到保护。

对于性的不同态度

· **享乐主义**认为人生的最高价值在于追求快乐，追求快乐先于爱和忠诚，于是性成了追求"感觉不错"的一种表现。

· **个人主义**火上浇油："我的性欲望怎样才能得到充分的表达？"性变得以自我为中心，与其建立持久亲密关系、创造生命的目的背道而驰。

· **消费主义**创造并依赖这种心态："如果这不管用就丢掉再换个新的。"这一心态不仅被用于物质，也用在了人身上。性关系被短浅的价值观和目标所左右。

再者，孩子还面临同龄人的压力——所谓"大家都这么做"（起码他们的同学是这样炫耀的），他们不想成为无法融入圈里的怪人。《周刊报道》（The Week）的一篇文章认为，现今青少年发生性行为若被视为一件正常的事，他们想抵抗这种行为就更难了：

> 我们的孩子成长在性信息爆炸的文化中。他们听信同龄人的话，认为有性行为很酷，是成熟的表现。他们观看充满性题材的流行影碟，假定性行为是幸福所在的广告，含有频繁更换性伴侣情节的电视节目……我们的青少年挣扎在性混乱的泥潭之中。12岁的小孩子拥有性意识都被视为正常。今天的年轻人已成为野蛮的"自由文化"的牺牲品，这一文化不允许他们抗拒……我们

必须树立孩子的自尊心以抵御来自同龄人的压力。①

孩子需要我们的支持和引导。我们不能逃避和孩子讨论性问题，这是他们成长过程中的重要方面，即使我们可能会感到尴尬，或者觉得自己正在驶入一片未知水域。如果连我们都不知道如何谈论性话题，你能想象孩子又会如何吗？

"爸爸，自从我提到了性，
这又是一次测速摄像头的闪光灯。"

帮助孩子追求最好结果

在我们所处的这个时代里，性变得廉价，而且对性的欲望被商业化。孩子需要听到我们的声音。如果我们能够教导孩子理解爱与性的本质，他们就会更容易懂得，缺乏爱与承诺的两性关系所带来的负面后果。如果我们能够坦诚面对孩子，就可以帮助他们。

一位女士发现13岁的女儿已经发生了性关系，便向《泰晤士报》专栏作家坦亚·拜伦（Tanya Byron）博士求助，后者鼓励这位母亲与女儿谈谈事情的后果：

> 青春期绝不意味着年轻人在情感、心理和社会关系上足够

---

① *The Week*, 13 October 2000. Paraphrase from Yasmin Alibhai-Brown's article 'Victims of a culture that won't let our young people say no to sex' *The Independent*, 11 October 2000.

成熟，可以考虑清楚发生性关系的影响……我们的社会依然十分守旧，认为不可以和孩子坦诚地谈论性。有些人甚至认为一旦开始谈论这一话题，孩子就会去做这样的事，就好比小小年纪就在他们脑子里填满性爱图像一样危险。

你认为13岁就发生性关系对她来说很冒险吗？如果是，那你就需要想尽一切办法让她能够反思自己的行为……在某些情况下，作为家长我们必须以对孩子最有利的方式行事，不管他们是否愿意我们这样做。无论如何，我都会毫不含糊地说：我还从未见过有哪个13岁的孩子在情感上足够成熟，可以发生有益于其身心成长的性关系。①

像有些国家一样，英国规定16岁作为性行为的法定同意年龄（译者注：the legal age of consent，即英国法律承认可自行决定跟别人发生性行为的年龄），以保护孩子。《性侵犯法案》（2003年）规定，任何涉及这一年龄以下青少年或儿童的性行为均构成犯罪；如果另一人年龄超过这一年龄，则无论男女都将以强奸罪被起诉。

无论我们相信什么原则，都必须拿出时间来想清楚，如何向孩子解释这类问题。我们需要告诉青少年，他们需要了解如何控制自己的性欲，这样才不会因为无知和滥用而伤害自己或他人。传递清晰的价值观给孩子，可以使其避免毫无意义的一夜情、性病、自尊心受损等，激励他们拥有更有意义且持久的两性关系。

帮助孩子看穿有关性的谬见

现今社会上流行着一些关于性的谬见，需要破除。

---

① Dr Tanya Byron, 'How do I stop her having sex at 13?' *The Times*, 13 August 2007.

谬见1：性爱要满足我们自身的欲望

当今世界，媒体对社会态度和价值观有着重要影响。除了越来越暴露的性爱镜头，少有电影会描绘忠贞且长久的性关系。我们经常只能看见美丽女人和英俊男人之间强烈的身体吸引，而这种吸引会立即引起绝妙的性爱关系。然而在现实生活中，并非所有的关系都始于美妙的性爱。无论如何，最初的迷恋消失殆尽后，每一份持久的两性关系都需要多年的诚实和互信才能维系。

只有在爱与忠诚的两性关系之中，才能真正体会到令人满足的性爱，而这必须以他人的需要为主导——性爱并不只是满足我们自己的欲望，而是在爱与忠诚的关系中给予对方。作为父母，我们可能是唯一如此教导孩子的人。

孩子需要了解，克制与自我控制是可以实现的，事实上，这也是健康、正常的行为。每一段两性关系的最终目标并不一定是发生性关系。我们的责任在于帮助孩子了解真相，追求最好结果。

谬见2：有多个性伴侣可以积累性经验

如果孩子只通过媒体了解性，他们可能会认为性伴侣越多越好。他们不会了解，性行为具有在最深的层次将男女结合在一起的潜能。我们必须告诉他们，性行为不仅仅是肉体的结合，而是更深层次的、情感的、心理的甚至灵魂的结合。这种结合被描述为男人与女人"成为一体"。已经有性关系的男女分手，就会撕裂这种"成为一体"的联结，导致剧烈痛苦，留下难以痊愈的创伤。我们希望能够保护孩子不受这种伤害，也不会去伤害他人。

鼓励孩子将性行为留到婚后并不是要破坏他们的兴致，而是要肯定一个事实：只有在婚姻中才最有利于建立牢固、亲密的两性关系。作家杨腓力（Philip Yancey）这样写道：

> 婚姻为我们提供了必需的保护，我们可以尽情体验没有内疚、危险和欺骗的性爱。青少年们担心如果听从关于婚前性行为的警示，自己可能会错过一些东西。事实上，这些警示就是在防止他们错过那些东西。忠贞的婚姻可以设立一个保护圈，让我们享受到真正的爱的自由。[1]

谬见3：有保护措施的性行为是安全的

在英国，青少年非婚怀孕人数居高不下的部分原因在于，孩子们所接受的有关性的信息是不完整甚至是误导人的。人们忽略了性行为可以创造生命以及由此带来的养育孩子的责任。许多学校教授的"安全性行为"所传达的信息是，如果使用避孕套，青少年就可以避免意外怀孕和性病。这些都不完全正确。首先，缺乏性经验的青少年使用避孕套的成功率不足85%；其次，一些性疾病如生殖器疱疹，仅通过性亲昵行为而无须性交就可以传播。[2]

没有百分之百安全有效的避孕措施，即使对成年人来说也是如此。一旦感染性病，后果严重，且不易诊治——生殖器疱疹可以长期潜伏，而未被检测到的衣原体病（通过与病患者性交传染）可导致不孕不育。与此同时，英国每年发生数以万计的意外怀孕，青少年只能通过人工流产来摆脱自己过错造成的后果。许多做过人工流产的人都会挣扎在激烈的情绪中，不仅为失去孩子难过，还对自己亲手终结生命有负罪感。这些情感往往被压抑，带来很大伤害，导致抑郁、自杀倾向、滥用毒品或酒精、性关系混

---

[1] Philip Yancey, *Rumours of Another World* （Zondervan, 2003） p. 92.

[2] 没有经验的男性使用避孕套的失败率是17.4%，来自Guttmacher Institute in 'Facts of contraceptive use' at www.guttmacher.org/pubs/fb_contr_use.html. See the table for 'First-year contraceptive failure rates'. 有关避孕套在预防不同性传播疾病方面的有效性水平的信息，来自the Medical Institute, 'Sexual health for life', at www.medinstitute.org/public/department40.cfm。

乱、人格突变、难以发展亲密关系等。因此我们认为，"安全的性"意味着婚外禁欲。

谬见4：色情是无害的娱乐

现在人们在互联网上可以发现不少色情内容，受其影响的人数创下历史新高。这其中主要是男性，然而越来越多的女性也沉溺其中，随着聊天室的普及，一些暴露、放纵的性对话也时有发生。人们为自己的色情嗜好辩护，认为自己并没有伤害任何人。事实上，色情产业危及陷入其中的每一个人。

色情产品很容易上瘾。它承诺给使用者带来愉悦和满足，但事实上却让人们厌恶自己、渴望更多的性刺激。色情产品通过制造背叛、嫉妒、猜忌、怨恨、憎恶和伤害的感觉来破坏两性关系。成瘾者会发现自己陷入了一个秘密而孤立的世界，而远非得到性自由。

在青少年的性意识刚刚觉醒时，色情文化会导致他们把性行为与性的固有内涵（即爱与承诺）剥离开来。从本质上讲，色情文化正是享乐主义、个人主义和消费主义的终极后果——通过使用淫秽制品，男孩子学会将女人视作激起和满足自己性欲的对象，而无须应对复杂的两性关系。他们未来还需要建立和维持充满爱的婚姻，然而，沉迷于淫秽制品可能会严重损伤这一能力。

色情产品在互联网上的泛滥使得这一问题迫在眉睫，我们需要防止孩子开始在网上有意或无意地浏览它们。我们的朋友夫妇沮丧地发现，他们8岁的儿子竟独自在房间里上网搜索色情网站。许多孩子现在可以通过智能手机上网。监控孩子使用互联网，借助浏览器屏蔽色情信息，将电脑放置在家中公共区域都可以帮助保护孩子（此类具体措施请参见第十八章）。孩子也跟大人一样，一旦看见就很难忘记，也无法将那些图像从脑海中完全删除。

谬见5：婚前同居可以帮助情侣明确彼此是否适合

在西方世界和一些其他地区，无论是在婚前还是作为婚姻的替代，同居都被广泛接受，视作正常行为。然而，同居会使婚姻基础变得薄弱——数据显示，婚前同居情侣离婚的可能性更高[1]。一些人在开始性关系之前，并没有足够的时间测试他们的感情深度，他们很容易在发生性关系之后草率地结婚，而未将婚姻视作一生的承诺；另一些人则感到自己陷入困境，因为同居之后再分手会很难，哪怕其中一方认为两人不能走下去。一位年纪轻轻就结了婚又很快离了婚的女士告诉我们："我们在大学时开始同居，几年后结了婚。我现在才明白同居影响了我们的判断力，其实我们完全不适合彼此。"

作为父母，我们希望孩子将来能够明智地选择自己的结婚对象。毕竟，这是他们人生最重要的决定之一，而将性行为留到婚后可以帮助他们做好这个决定。

谬见6：性行为令人尴尬

有些父母会告诉孩子，性是生活中很不好且令人尴尬的一件事；有些则避免谈论性的话题，希望这样就可以阻止婚前性行为。然而，步入青春期的孩子会想了解他们的性感受为什么会对自己有这么大的影响，而父母提供的负面信息会阻碍孩子建立健康的性爱观。

曾经遭受过性侵犯的人，有可能对性持有负面看法。如果作为成年人仍然无法积极看待婚姻中的性，应鼓励他们通过寻求帮助来解决这一问题。

---

[1] Kiernan, K., 1999, 'Childbearing outside marriage in Western Europe', *Population Trends*, Vol. 98, pp. 11-20.

如何与孩子谈论性话题？

1. 每次谈话时间不要太长

在关键的"年龄坎"，让孩子坐下来，与他们集中进行一次冗长的谈话，或者强加给他们一大堆戒律——'可以和不可以做的事情'，这些都不是性教育的最佳方式。对他们的所作所为做出条件反射式的回应，同样不起作用。长年使用"点滴喂食"的方式教导孩子，并非简单易行，却很有效。许多家长希望履行自己的义务，却感觉心有余而力不足。然而，我们比任何人都了解自己的孩子，所以要坚信，在给孩子提供正确的看法和价值观这方面，我们是最佳人选。

我们可以借各种机会来给孩子人生忠告，比如在电视节目或者报纸文章提及这一话题时，或者当我们听说发生在其他人身上或对或错的事，每次谈论时间不要太长，但是要经常。有些青少年经历了醉酒后的一夜情，就当了父亲或母亲——这件事，可以让孩子了解到婚外性行为的后果有多么严重、深远。这些都可以作为与孩子进行建设性谈话的铺垫。

定期进行简短的交谈，让孩子有时间思考、提问、形成自己的想法，这样可以避免性话题变得过分紧张，变成一个"大事件"。长篇大论或一次性强加给他们太多的信息，都会使他们失去兴趣。我们认识一位母亲，她希望自己能够坦诚地对待孩子。一次开车出游，当被问及一个与性有关的问题，她便滔滔不绝。只是她却很惊讶地听到一个孩子说："妈妈，我不想听这么多的细节！请你不要再说了。"如果我们从过于私人的角度讨论这类话题，可能会更尴尬。通常青少年想象自己的父母一起跳舞都会觉得尴尬，更不用提性爱了。

当然，我们不会成为孩子唯一的学习来源。其他信息来源可以是学校、社区的青少年小组、有益的杂志、书籍或者DVD等。等他们接触到这些来源之后，我们可以再与他们一同讨论。青少年小组的带领人或是其他年轻的成年人，对于孩子来说尤为重要。这些人会花时间来家访，分享我们的价值观，成为孩子的良好榜样。他们中有些人与我们相识的时候还是学生，我们的孩子见证了他们约会、结婚、生孩子的过程。我们的青少年子女会更愿意和他们讨论那些不愿意跟我们说的话题。

2．性教育要从小开始

性教育越早越好，但交流的信息必须适合他们的年龄。如果一个3岁孩子想知道，刚出生的弟弟是怎样从妈妈的肚子里出来的，他并不需要知道所有的事实，只需要解释一下母亲是如何生下小婴儿就可以了。如果一个5岁孩子想知道小孩子从哪里来，只需要告诉她，一个男人在一个女人身体里种下种子，然后这个种子与女人身体里的一个卵子结合长成一个小孩子。她还太小，不可能理解一对情侣之间的事。如果一个11岁孩子说他曾在朋友的手机上观看色情图片，可以帮助他了解为什么这样做是错误的，但他并不需要知道关于色情产业的所有事实。

提前跟孩子讨论一些问题会很有帮助，例如预先讨论青春期开始时的身体变化，这样在他们进入到这一新阶段时，就能做好准备。对于一个7岁男孩来说，一个近来变得喜怒无常、脸上长满粉刺的十几岁表哥，会成为他跟父母交谈的话题。他也会定期检查，看腿上有没有长出重重的汗毛！女孩会在成长过程中了解到母亲的生理期，当她们自己生理期开始时就不会焦虑不安。事实上，这可以被视作一件值得期待的事——它是步入青春期的标志。男孩子也是一样，最好在他们对这类话题感到尴尬之前，告诉他们月经的真相。一个5岁男孩有两个至少大他6岁的姐姐，有一天他在浴室中发现了一个硬纸筒包装的卫生棉条。他马上跑去找妈妈，问她为什么家里会有一管炸药！孩子有了类似这样的经历，之后再与他们讨论这一话题就会比较容易。

3．掌握主动权

一位朋友告诉我们："我的父母故意在我和弟弟的房间里放了一本

书，叫作《苏西的孩子们》（*Suzie's Babies*）。这是个有关沙鼠交配和繁殖的故事。我们两个都不知道这是为了对我们进行性教育，反而开始询问我们是不是要拥有一只新宠物了。"因此，更直接的方法会更有效。为不同年龄段的孩子和青少年找到合适的书籍，有助于跟他们展开对话，让他们了解事实以及我们关于性的价值观。

大一点的孩子可能想要读一些书或者杂志，然而这些书并不一定符合我们的价值观。那么是否应该允许他们读呢？一位家长的解决办法是，允许自己的女儿自由购买书报，不过刚开始时会和她一起阅读并讨论书中内容。无论我们对于孩子看书方面做出怎样的决定，我们所传递的价值观都将产生长远的影响。

性会引发许多道德和文化问题。只有思考清楚我们到底相信什么，我们才能够开诚布公地讨论相关话题，帮助孩子在既困惑又充满压力的同辈群体文化中，形成自己的观点。

需要讨论的话题

孩子迟早会需要以下信息：

· 如何接纳身体的变化

· 如何理解青春期

· 如何在异性面前表现得体

· 如何学习接纳自己是有性欲的个体

· 如何接纳自己的男性或女性性征

· 如何理解自慰和梦遗

· 知晓色情品的危害

· 了解性的吸引力

- · 了解性别困惑和同性恋

- · 如何避免不恰当的性语言

- · 意识到穿衣或跳舞方式可能引起异性的性欲

- · 将性视为爱与忠诚的表达而非简单的身体行为

- · 珍惜童贞

- · 重视性在婚姻中的地位

- · 了解在固定伴侣关系以外发生的性行为对身体和情感带来的后果

- · 帮助孩子建立健康界限，让他们知道如何在必要的时候能够跟他人说"不"

我们不建议一次性地传递所有知识！

力奇　在孩子的成长过程中，许多有关性的家庭对话都会自然而然地展开——通过讨论弟弟妹妹是从哪里来的、看到动物交配、阅读故事、观看电视节目等。

然而，谈话的机会并不总是自动出现。有时，我们不得不勉为其难找机会。当我们的每个儿子长到11岁，开始搭乘公交车上学时，他们都有机会绕道去报刊亭看看；而我则要在这个过程中寻找合适的机会，跟他们探讨色情品对人的长期负面影响——无论是通过杂志、电影还是互联网。为了使对话更容易一些，我会选择自己和他们其中一人单独待在车里的时候。并肩坐会比面对面相对轻松一些，我们常在离家不远时开始话题，这样他就会知道对话不会持续太久。事实上，有一次我和一个儿子在车中谈了一个多小时，车子就停在家门外。

在儿子的整个青春期，父亲都需要时不时地提及这个严肃的话题。儿子需要在父亲面前对自己的行为负责，恰恰可以帮助儿子应对强烈的性冲动，学会控制自己，不乱想乱看。身处在一个物欲横流的文化中，我们需要跟孩子解释和讨论控制自身欲望的益处，而不是让欲望控制自己。在没有父亲的家庭中，其他值得信赖的男性成年人，也可以充当父亲的角色来谈论性，表达上述观点。

4．肯定孩子的性别认同

想让孩子能够积极看待自己的性别，就要对他们的男性或女性性征表示肯定。甚至早在孩子出生之前，无论我们想要男孩还是女孩，都不要表现出失望。我们也许跟儿子，或是女儿更合得来，但是在成长过程中，孩子的自信很大程度上来源于父母双方对其性别的肯定。

孩子在步入青春期后需要更多的肯定，但相反的情况经常发生。刚步入青春期的孩子身材会变得干瘪细长、缺乏自信，不同于小时候甜美可爱的模样。在生理和心理上，父母自然而然会有一些退缩情绪，比如父亲可能会面对儿子所表现出的强势的男性性征不知所措，或是不知如何应对女儿日益明显的女性性征。然而父母双方的陪伴和关爱，仍然是这一年龄段的男孩女孩所需要的。这会加强孩子对自身性别的认同，给予他们与异性交往、同时保持适当性界限的自信。没有什么比让孩子感到自己被爱和接纳，更能帮助他们延迟性接触了。

在前青春期，父母的角色明显分化。父亲（或父亲角色的替代者）在为儿子树立榜样的同时，也为女儿提供与男人健康交往的范例。正如我们之前提到的，父亲需要继续参与女儿在青春期阶段生活的方方面面，这是至关重要的。父亲可以通过陪伴，告诉女儿自己如何爱她、为她感到骄傲，来帮助女儿树立自信。

与此同时，母亲（或母亲角色的替代者）则肩负着双重责任。在整个青春期，她必须允许孩子离开自己，同时还要保证随时能够为孩子提供建议和情感支持。母亲是女儿的行为榜样，也会帮助儿子了解两性差异，学会尊重、关爱女性。

5. 引导青少年

当孩子步入青春期时，我们应该已经跟他们讨论过了本章在前面提到的所有话题。如果孩子已经步入青春期，而我们还没有开始对他们进行性教育，那么就应该从现在开始，抓住一切机会跟他们沟通。无论孩子说不说，心里都会有很多问题。

"爸爸，我可以和他谈恋爱吗？"

理想情况下，我们需要讨论的一些话题会在母女或父子之间展开。我们还是鼓励家庭成员是母子或父女的单亲家庭，向与孩子性别相同且值得信赖的朋友寻求帮助。

希拉　很多时候，当漫长的一天结束，我正在享受放松的泡泡浴时，女儿也会加入进来。我们之间最好、最开放的谈话往往就发生在这些时刻，我们会一直谈到水变凉才停下来。

在谈论这类话题的时候，我们大都需要克服一定程度的尴尬，尤其是讨论梦遗和自慰这样的事。对于男孩来说，跟他们讨论涉及色情品的自慰行为会比较简单、有效。让他们因自慰而有负罪感并不好，因为几乎每个青春期的男孩都会偶尔自慰一下。要让他们了解某种形式的性释放是自然现象，包括梦遗，这样才更有帮助。青春期的男孩需要知道，他们无须为睡衣或床单上的印痕感到尴尬。不过，我们也要向他们解释，因色情品而激起的自慰行为很容易成为习惯。这会导致扭曲的性观念，以为性是个体行为，从而抑制其与女性之间自然、大方的两性关系。

女孩子要了解在有些情况下，异性的性欲很容易被快速激起，特别当他们能用眼睛看到时。刚步入青春期的女孩子还意识不到，性感的衣服和舞姿会对男孩产生怎样的影响，这种无知会将她们置于被男人侵犯的危险之中。

希拉　记得当我还是个少女时，有一次穿着露脐装去参加"谷仓"舞会，我裸露着双腿，身上也没有穿多少衣服！父亲看了我一眼就非常恼火，让我去换掉这一身衣服，也不解释为什么。作为一个14岁叛逆少女，我拒绝了，但最终还是同意套上一件没系扣的衬衫，心想这样就可以在妈妈送我到派对之后脱掉它。当时我唯一的想法，就是让自己看上去越酷越好——完全没有意识到自己会对异性产生怎样的影响。

很快我就发现了这一做法的严重后果：举办这个派对的女孩的父亲，居然在谷仓后面追逐我。我绝对没有料到这一点，很惶恐地急于脱身，这时才想起了父亲的话。这次经历让我学到了功课。作为母亲，我下定决心要向女儿解释为什么要慎重考虑如何穿衣打扮。

6. 帮助孩子与异性自然交往

孩子想要有一个男朋友或女朋友，这种情况会比我们的预想更早发生。作家佩妮·帕尔嫚（Penny Palmano）指出："孩子被异性吸引的年龄变得越来越小。我13岁时还在想和我的小马结婚呢！"[1]由于进入青春期的时间不同，不同孩子对异性感兴趣的开始时间也不同：对异性感兴趣通常会发生在9—15岁之间，但具体时间各异：不仅男孩、女孩不同（女孩

---

[1]　Penny Palmano, *Yes, Please. Whatever!*（Harper Thorsons, 2005）p. 164.

的平均年龄接近12岁，男孩则是刚过13岁），每个男孩、女孩也不同。孩子的个性、同龄人群体、父母的态度、在杂志上读到和在电视和电影中看到的内容，以及生理成熟度，都会决定他们的青春期何时开始。

对于大多数青少年来说，与异性交往是一个微妙敏感的领域。步入全新的、几近成人的世界，他们很容易感到脆弱和尴尬。他们的初恋可能不会一帆风顺，他们可能会痛苦地意识到自己缺乏经验。我们所要做的就是尊重他们，小心地引导他们。一笑而过并不能让痛苦消失，孩子很容易将情绪带进卧室，或者和朋友交谈，却不会对我们敞开心扉。以尊重隐私、毫不勉强的方式邀请他们进行对话，确实不易。

青少年的两性关系除了家长的明确指导和所给出的界限之外，他们也需要自己的成长空间。如果我们经常这样评论15岁的儿子说"哇，我们昨晚看见你们两个很亲密哦"，这样会有贬损的意味。我们要将青少年视作年轻的成年人，尊重他们，避免询问过多的问题，宁可克制一些。例如"你和贾马尔只是好朋友吗？"会比接二连三地询问如"你和贾马尔都做了什么？""你们有过份的亲密的行为吗？""你们在谈恋爱吗？"听上去威胁系数更低。

很多年轻人会感觉他们需要交男、女朋友，只有这样才是正常的。青少年极度渴望被他人认同，被其他人看见自己有恋人，就能够向同龄人表明自己是有魅力的、受欢迎的。我们可以告诉孩子，不要因为任何压力而过快地与异性确立交往关系，鼓励他们在与一群朋友相处的过程中了解异性。这样，在未来适当的时候，他们才能自然地邀请其中一人外出约会。我们需要向青少年解释，拥有男、女朋友不应导致他们疏远好友，变成"排外"的情侣，总是单独泡在一起。

希拉　我们一个儿子13岁时，喜欢上了一个12岁的漂亮女孩。他问我们能不能带那个女孩去看电影，我们回答说："可以，没问题。"但建议他们和其他朋友（男孩、女孩都有）一起去，这样他们两个都不会过于紧张。他不同意，说只想要两个人单独去。在一番协商之后，尼奇和我同意了他的想法，并约定他们去哪一家电影院，应该什么时候回家。

一切都很顺利，他们按时回到家里，然后我开车和儿子送那女孩回自己的家。在开车返回的路上，儿子回忆了他们这一晚是如何度过的，并说不想再单独约那女孩出来，因为他感觉出女孩并不喜欢那个电影，那之后他们就没什么可聊的了。就这样，他非常快地领略到了"排外"交往的劣势。

帮助刚步入青春期的青少年与异性正常交往

当孩子开始想要和男朋友或女朋友外出约会时，以下方法可以帮助我们保护他们——还有我们自己：

- 首先夫妻之间进行讨论，然后和你们的儿子或女儿一起探讨：他们的年龄是否足够大，能不能能独自外出"约会"。
- 邀请他们的男性朋友或女性朋友到家中吃饭，这样你们就可以相互了解。
- 不要让对方觉得尴尬！避免让自己显得很酷很时髦；不要问孩子的男朋友或女朋友过多问题；鼓励其他家庭成员正常表现。
- 避免让自己表现得像是不喜欢孩子的朋友，这是疏远青少年、停止沟通最快的方法，他们很有可能不再带朋友回家。即使你不喜欢这些朋友，也不要表现出来。
- 当孩子第一次和女朋友或男朋友外出时，重申你的指导原则以及你所期望的身体界限。让他们牢记为了彼此的缘故，他们有责任向对方明确并遵守这些规定。比如我们家是这样做的：
  - 不允许他们和男朋友或女朋友睡在同一个房间。

- 如果只有他们两人，没有家长在，则不允许他们留在男朋友或女朋友家过夜。在我们家也一样。
- 信任他们在性关系方面会根据我们所传授的忠告和价值观做出明智的选择。如果担心孩子正面临越界的压力，我们就会跟他们重申我们的原则。
- 警告孩子酒精有可能损害他们的判断力。

· 如果你非常担心，孩子的交往正在对他的行为和情绪产生负面影响，可以与他们私下交谈一下。询问他们对这段友谊的感受，引导他们说出自己的感觉，并倾听他们的想法，然后一起想出积极的解决方法。

· 与孩子探讨非正常、不健康的两性关系。警告孩子有些人可能会有目的地利用他们——无论是在性还是在情感上。留心观察——你也许认为不可能，但这样的情况确实会发生。

7．性和酒精

英国高比率的青春期妊娠，与过度饮酒有关。关于酒精，无论我们设定了怎样的界限（我们将在下一章进一步讨论这个问题），都必须让青少年清楚地知道，饮酒过多会导致失控。事后，他们可能会对自己的所作所为深感后悔。意外成为父亲或是意外怀孕，更容易发生于醉酒之后，即使是那些从小就有坚定的价值观和明确的性界限的孩子。跟他们讲"约会性侵"（date rape）时会用的药物，警告他们如果和不信任的人在一起，一定要保护好自己的饮品，避免被下药。

如何教导存在性冲动的青少年

· 如果你的儿子或女儿已经准备好要和你谈论这一话题，这意味着你们有很好的关系基础。

· 面对年纪稍长的已成年的年轻人，不要为他们做决定。你要帮助他们为自己做出最好的决定。如果他们未达到法定成年人标准，你必须积极参与做决定。

· 为谈话留出充足的时间。倾听并找出原因，他们为什么想要和男朋友或女朋友发生关系。是不是压力迫使他们这样做？他们是否担心如果不这样做，这段恋情就会结束。还是他们只是想知道这是怎么一回事？他们的朋友也和自己的男朋友或女朋友有性关系吗？还是他们对对方太过着迷，很难拒绝彼此？

· 确保孩子知道，发生性关系不仅仅是身体行为。谈论性关系所带来的联结，以及在恋情结束时所带来的情感上的巨大痛苦。

· 如果对方之前与他人发生过性关系，他们有可能在不知情的情况下感染性病。无论你是在对儿子还是女儿讲，都要向他们解释，性传播疾病会对女性的生育能力造成怎样的伤害。①

· 要大胆鼓励孩子追求最美好的人生目标，尤其如果你认为将性行为留到婚后才最理想。向他们表示，你知道这样做很难，需要自控力，但却是能够做到的。

· 和孩子谈论避孕，就你的看法做出解释。确保他们了解，没有100%有效的避孕措施。谈论意外怀孕以及意外成为父母所带来的后果。告诉他们，人工流产会对男女双方造成持久的情感和心理影响。

· 同样，如果他们曾与男朋友或女朋友发生过性关系，我们可以提醒他们，不要在未来的两性关系中套用过去的模式。

· 与孩子讨论两性界限，以确保他们不会违背自己的判断而发生性关系，例如，不要睡在同一张床上，不要喝醉，不要通过爱抚激起彼此的性欲。

· 让孩子知道，他们可以回家和你讨论性，家长永远关心他们、爱

---

① Health Protection Agency 'Sexually transmitted infections and young people in the United Kingdom: 2008 report', www.hpa.org.uk.

他们并接纳他们。

8. 意外怀孕

当正处于青春期的未婚女儿说自己怀孕了，或是儿子宣布女友怀了自己的孩子时，家长应作何反应？此时忍不住大谈最好将性行为保留到婚后，攻击女儿的男朋友，或谴责他们太以自我为中心，实在不是个好时机。

一位朋友告诉我们："有位专家曾经帮助许多人度过意外怀孕危机，我记得曾经听他说过，我们都应该把一块垫子放在椅子上，假装那是我们的儿子（或女儿）正告诉我们，他的女友（或者她自己）怀孕了。这样练习可以让我们理清，一旦发生这样的事，应该作何反应。而他的建议是'千万不要反应过激'。我无法告诉你，作为一位母亲，这句话对我来说有多么重要。"

我们的反应方式会影响到事情的结果，以及所有牵扯到的关系。如果不事先想清楚应该作何反应，我们中大多数人都会做出后悔的言行。我们的儿子或女儿需要关怀和引导，这是第一位的。给自己一些时间来接受现实，可以帮助家长更加冷静地面对未来，探讨不同的选择。如果事情发生在女儿身上，她也许能借助孩子父亲的支持，或是我们的帮助来独自抚养孩子长大（如果他们还没办法承诺，我们不建议强迫他们结婚，虽然这是个方便的解决办法）。他们也可能决定让其他人领养自己的孩子。我们会建议他们到怀孕危机干预中心，寻求建议和帮助。

9. 以身作则

无论我们自身的性生活经历如何，作为父母，我们都希望给予孩子最好的。如果我们为孩子制订的是自己之前没能做到的准则，这并不意味着我们是虚伪的。其实，我们是在帮助孩子从我们的人生经历中吸取经验。我们也许希望跟孩子讲一讲自己当年的遗憾，但讲的方式和内容要适合他们的年龄。如果孩子还太小，那么听到自己父母的过错可能有损他们的安全感，而且知道父母犯过的错还会让他们有借口不用高标准要求自己。不过，到了一定的年龄，孩子会希望父母能够更加坦诚，这可以增进与孩子之间的感情。

我们做出的榜样要比我们的话语有说服力。如果我们作为父母共同养育孩子，那么在孩子面前用肢体表达相互的关爱，保护我们的关系免于外遇的诱惑，会为孩子树立一个忠贞的榜样。他们迟早会听闻别人的父母分手，由此会联想下一个会不会轮到自己的父母。通过我们的语言和行动，使孩子确信父母会在一起，这能够减轻他们的恐惧，增加他们的安全感。

如果孩子知道你们中一人有过外遇，那么你需要告诉他们到底发生了什么事，并帮助他们度过难关。不管孩子怎么说，他们都会感到深深的愤怒，好像整个世界都坍塌了。这是一个极大的问题，我们只能在此作简短的讨论。

孩子在家中可能会表现出缺乏安全感，他们的学业通常也会受到影响。如果这一问题得不到解决，还可能会导致他们以后滥交。他们的愤怒需要得到表达和处理，而不能被忽略或压制。

倾听并表示你能够理解他们的伤痛，远比为自己的行为辩护，或者责备另一半更有帮助。找到合适的时机向孩子道歉，努力争取他们的宽恕，这些都能够帮助他们接受事实。不过不要期望孩子会立刻或很快原谅你。在我们所知的一些家庭中，来自家庭治疗专家的专业帮助，无论对成年人还是孩子都非常有益。

无论发生何事，都不要停止爱与沟通

你的孩子可能不听你的建议，和自己的男朋友或女朋友发生关系或是滥交。或者你正处于青春期的女儿意外怀孕了。发生这样的事，会让父母觉得很失败并且自责，但其实你还可以发挥很大的作用。

我们认识一些家长，他们接纳自己意外怀孕的孩子和生下的宝宝，为他们提供情感支持和实际的帮助，减轻他们的经济负担。虽然这样做付出很多，但给事情带来了很大改观，维系了整个家庭的关系并使其更加密切。

我们希望以下三个要点，能够帮助面临类似境况的家长从全局考虑问题。

第一，在性行为方面引导孩子并不容易，我们不要过分苛求自己。我们并不是唯一能够对孩子产生影响的人。虽然从长期来看，我们的价值观对他们的影响最为持久，但是从短期来看，流行文化也在鼓动孩子要充分表达自己的性冲动。

第二，家长不可能也不应该监视孩子的一举一动。即使冒险，我们也必须放手和信任他们。请祝福和相信我们的孩子会做出明智的选择。我们可以影响孩子所做的决定，但没办法代替孩子做决定。

第三，当孩子违背我们的建议行事时，并不是到了世界末日，也不意味着我们与孩子的关系发生了变异，或是就此结束。一位男士告诉我们，他年少时和自己的女朋友发生了性关系，并且如实地告诉了自己的母亲。没想到母亲暴跳如雷，并大声斥责自己。那位男士说自那一刻起，他就再也没有跟母亲敞开心扉或亲近过，而他现在都已经三十多岁了。

我们认识一些家长，他们尽其所能地鼓励孩子追求最美好的人生目标，并且很多年不断地跟孩子解释父母这些理想背后的原因。当孩子没能达到期望时，尽管失望，这些家长依然会陪伴孩子，帮助他们承担起个人决定的后果。我们十分钦佩这样的家长。

结　语

西格蒙德·弗洛伊德（Sigmund Freud）曾写道，延迟满足是一种成熟的表现。如果这样来看，那么我们所处的社会正变得越来越不成熟。家长需要学会如何教导孩子，使他们认识到等待的价值和自制的重要性（虽然可能会很难），这是家庭教育的一部分。

我们的一位朋友，讲述了她的一个亲身经历，是什么促使她把推迟发生性关系的观念传给自己的孩子：

> 从前，我也曾参加过许多婚礼。婚礼上总是充满了温馨的事物：美丽的礼服、祝福的话语、香醇的美酒。然而，我永远不会忘记我见证过的第一场特别的婚礼——婚礼当天才是新郎新娘性生活的开端。空气之中荡漾着很不一样的东西：轻松愉悦，敬畏仰慕，还有一种微妙、珍贵和纯洁的感觉。我一定会把新郎新娘交换誓言时的眼神，讲给我的孩子们听。[1]

如果家长从小就与孩子坦率地讨论性和性行为，尴尬会很快让位于诚实。那些受到父母鼓励坦诚讨论性话题的孩子，在童年和青少年时期都会自信地提出问题。他们可能不会总是认同我们的观点，也可能选择不同的方向，但在关键时刻，他们往往会来寻求我们的帮助。最理想的情况是，孩子不仅愿意来找我们，而且愿意听取我们的建议。

---

[1]　节选自《婚姻书》，作者李力奇和李希拉，中国社会出版社出版。

停一停·想一想

· 哪些时刻是你能够与孩子很自然地讨论性话题的机会？

· 你认为，需要传递给孩子的最重要的性价值观是什么？本章是否提出了
需要你反思的问题？

· 如何才能营造出一种健康的环境，可以让你的孩子在青春期时正确地讨
论关系和性？

第十七章　酒精与毒品

Alcohol and other drugs

父母的成长环境与我截然不同……他们与我就像在不同的世界里长大的。父母来自爱尔兰，在乡下家中无忧无虑地长大。而我生活在伯明翰市中心，承受着同龄人压力、学业压力等。大多数人在13岁左右开始饮酒……开始吸毒的年龄有早有晚。我快16岁了，从未尝试过吸毒，但我身边的许多人都试过了。这真的取决于你和什么样的人打交道，以及你说"不"的意志力有多强。[①]

凯蒂 15岁

忙碌的父母要做到消息灵通、见多识广真的不容易，但是他们需要知道外界发生着什么事。只有这样，青春期的儿女才能跟他们有话说。

柯丝蒂 28岁

在一次家庭讨论中，我们的两个稍大的孩子（当时一个10岁，一个8岁）一直在问有关药物成瘾者的问题，孩子们想知道这些人为什么会不断吸食有害的毒品。我们尽量用孩子们能理解的语言，解释毒瘾的生理和心理原因，以及戒掉毒瘾有多难。他们全神贯注地听着，直到我们5岁的孩子突然插嘴，忧心忡忡地说："我觉得我可能对糖果上瘾了。"

尽管可能招致误解，我们也要从小跟孩子讨论有关吸毒和饮酒的事。人们可能以为，讨论这类话题会激发孩子对毒品和酒精的兴趣，鼓励他们

---

① Anon., 'Teen voices', *The Independent on Sunday*, 5 November 2006, p. 25.

尝试毒品或酒精。然而研究表明，情况往往正相反——给予孩子正确的信息，能够帮助他们做出明智的选择，避免随波逐流或是从同龄人和别有用心者那里接受错误信息。

"孩子知道的比我还多。"这是如今家长们常说的一句话。虽然这很可能是真的，却不应该成为我们推卸责任的理由。我们不应将教育孩子远离酒精和毒品的任务丢给他人——如老师或是学校所在辖区的警察，而是必须积极、自信地承担好家长的角色。

总而言之，即使孩子已经掌握了所有必要的知识，亲子关系仍然是最好的保护机制。有些孩子知道自己被爱、了解立界限是为他们好，就会感到自己被理解，对自我价值充满信心，这样的孩子成瘾的可能性最小。当需要拒绝时，他们更有能力说"不"。

当然这也不是绝对的。许多来自稳定、和睦家庭的孩子，也会尝试毒品和酒精，他们想知道那究竟是一种什么感觉。但对于大多数人来说，良好的亲子关系、父母积极的榜样以及价值观，都会对孩子产生深远影响，避免养成有害健康和前途的坏习惯。

本章我们将讨论如何教育孩子远离酒精和毒品（如大麻、摇头丸以及可卡因）。在开始之前，我们必须认识到，无论如何管教，如果我们自己吸毒或者酗酒的话，孩子都很可能会模仿我们。然而如果我们言行一致，有一个健康的生活习惯，孩子也会效仿我们。

为什么有些青少年会吸毒或酗酒

在一次面向青少年父母的反毒品宣讲会上，主讲人问听众中是否有人饮酒，以及为什么饮酒？回应的人大多在40岁左右，他们谈到了社会期望、放松、享乐、应对压力、打破禁忌、喜欢饮酒、习惯使然，等等。

　　主讲人又接着问这些人，在他们看来，为什么有些青少年会酗酒或吸毒？答案都差不多。这些信息有助于家长更好地理解和与孩子沟通。

　　不过还有一些其他原因，导致目前英国和其他国家酗酒、吸毒的青少年人数上升。这些原因包括：

1．相对主义思潮盛行

　　过去50年中，西方文化中由绝对主义向相对主义的根本转变进程加快。过去的社会共识是，行为标准由人生中的权威人物设立，一旦违背行为标准就会受惩罚。而相对主义却没有如此清晰的界限，个人可以决定孰是孰非，且通常用自己的感觉来判断。诺埃尔·加拉格尔（Noel Gallagher）是20世纪90年代的流行偶像，在其绿洲乐队的巅峰时期，他曾这样阐述自己的人生哲学："如果感觉不错，那就去做。"

　　当今的文化，建立在个人自由和普遍蔑视权威的基础之上，致使包容成为最受推崇的价值观。这不仅促使青少年忽略为他们设立的行为界限，也使得许多家长在涉及酒精、毒品，甚至其他方面，丧失了严加管教的信心。

2. 易获取性

在西方，吸毒、酗酒的青少年人数上升的第二个原因，是获取毒品和酒精变得比从前容易，加之青少年的消费能力也比过去增强。青少年成了酒贩子、毒贩子暴利的来源。过多的零用钱使青少年成为诱惑的对象。一位家长这样讲道：

> 我们按月给孩子零用钱。女儿克莱尔以前通常会把大部分钱都存起来，然而后来她的行为开始变得不正常。几周之后，我查看了她的银行对账单，发现好几笔钱她都是从夜店的ATM机中取走的，4天之内就取了500英镑。

> 她在哈罗盖特（英格兰北部城市，以其富含矿物质的温泉著称）时，晚上出去玩，认识了一些女孩。她不再和同学中的朋友一起玩，而是和这些女孩交往。我见过这些女孩，她们聪明，喜欢名牌包和鞋子，虽然不是那种游手好闲的辍学者，但却喜欢喝酒，总在夜总会待到很晚。

> 克莱尔的这些变化，包括频繁取钱和一些极端行为，使我们担心她染上毒品。我们的担忧不幸得到了证实，家里的清洁工看到克莱尔和她的朋友正在吸食大麻，还看到装有更多毒品的袋子。我们质问克莱尔，她想否认，但最后还是承认了——她所谓的"朋友"竟然是个毒贩子。[1]

与此同时，混合果汁酒（alcopops）的广告把英国青少年作为目标人群，使得青少年产生酒精依赖的年龄越来越小。一项青少年饮酒习惯报告显示，酗酒女孩人数显著增加：

> 救世军组织于2003年所做的滥用酒精问题调查显示，14—17岁女孩中有22%的人酗酒（同一年龄段的男孩中，这一比例只有

---

[1] Barbara Green, *The Daily Telegraph*, 2 April 2007, p. 24.

19%），而醉酒通常会导致不安全性行为。在未成年女性中，
60%的人说她们第一次饮用的酒精饮料是果汁酒这一类的混合
酒，而只有40%的人知道这种混合酒的酒精度数高于啤酒。[1]

调查发言人约翰·达尔齐尔（John Dalziel）称："这些混合酒饮品的
营销手段非常吸引青少年。包装精美、时尚，把酒精与青少年儿时喜欢的
饮料（如牛奶、柠檬水、可口可乐等）混在一起。"《破碎：酗酒女孩的
故事》（*Smashed: Growing up a Drunk Girl*）一书的作者凯伦·扎尔卡斯
（Karen Zailckas），也曾有过酗酒经历，她写道："如今对女孩子而言，
最危险的是她们酒喝得太快。以前你喝酒还要慢慢适应一下酒精的滋味，
而现在的汽水混合饮料却可以令你一饮而尽，而完全察觉不到自己正在走
向危险边缘，直到醉酒才悔之晚矣。"[2]

3．不安全感

临床心理学家琳达·布莱尔（Linda Blair），列出了促使青少年酗
酒、吸毒的三种压力：

（1）青少年最想要的是被自己的父母接纳和喜爱，也同样（甚至更
多地）希望被同龄人接纳和喜欢。

（2）青少年生活在一个混沌的世界中——体内忽高忽低的荷尔蒙水
平，总也不够的睡眠，以及种种学业和社会压力等——这令他们想要找出
底线到底在哪里。这就是为什么他们会与你争辩，也是为什么他们会去冒
险的原因。

（3）青少年很少能准确预估个体风险。[3]

---

[1] Barbara Green，*The Daily Telegraph*，2 April 2007，p. 24.

[2] Michael Shelden， 'I drank so that I felt as if I belonged', *The Daily Telegraph*, 26 February 2007, p. 27.

[3] Linda Blair, 'We don't do drugs', *The Times*, 11 June 2007.

伦敦有一位精神科医生，专门从事青少年吸毒问题咨询，他评论道："现在大多数青少年吸毒是因为毒品触手可得——这是一个让自己马上感觉良好的捷径。"

每个人在青春期都会经历一定程度的自我怀疑和不安全感。然而，由于父母工作时间太长或是家庭破裂，许多青少年与父母相处时间太少，致使不安全感加剧。这样的青少年更容易迫于压力，仿效周围人的所作所为。扎尔卡斯写道："对于一些青少年来说，这是一个恶性循环。想要成为社交明星，却不具备足够的成就或自信让自己变得耀眼。所以转向酒精来制造成功的幻觉，而且只有过量饮酒才能使这种幻觉持续下去。"①

那些没有安全感、缺乏自我认同的人发现，就像"娱乐性药物"一样，酒精至少能在一段时间内帮助他们打破社交壁垒。

了解事实

作为家长，了解事实至关重要。掌握酗酒和毒品的相关知识有三点益处：第一，我们能够与孩子进行有效沟通；第二，如果了解真相，我们的孩子就能做出更好的选择；第三，知识能够帮助我们驱除自身的恐惧。

---

① Michael Shelden, 'I drank so that I felt as if I belonged', *The Daily Telegraph*, 26 February 2007, p. 27.

酒精饮品

我们也意识到，一些家长居住在其他国家和地区，所在地法律与英国有所不同，因而需要采取不同的方法处理这类问题。例如，在美国，21岁以下的公民不允许购买酒精饮料，一些州允许青少年在成年人监护下在家中饮酒；另一些州则完全禁止21岁以下的公民饮酒。在其他一些国家，最低饮酒年龄为18岁，或者完全禁酒。而在法国，年满16岁的青少年可以在餐厅里购买啤酒或葡萄酒。

我们认可其他国家和文化背景的父母所采取的不同方式，但我们只能依照自己在英国的经验进行评论，我们所引用的数据和文章大多也来自英国。在英国社会中，无论是对学龄儿童还是大学生来说，酗酒都已经成为无法忽视的社会和健康问题。

我们也知道，一些人出于各不相同的原因滴酒不沾（即使在一个家族中，人们也可能持相反观点）。即使你不饮酒，与那些适度饮酒的家长相比，孩子接触酒精的机会也没有什么差别。因为现在的孩子很容易接触到酒精（无论法律作何规定），他们需要我们的帮助才能避免饮酒过量。

无论我们的个人观点如何，以下信息都将有助于我们引导孩子，用健康负责的态度对待饮酒。

关于饮酒的基本事实①

- 酒精作为一种"镇静剂"，能够降低人的反应速度，削弱对动作和距离的判断能力——它看似兴奋剂，但实际是使大脑中约束行为的部分变得迟钝。

- 无论饮用何种酒精饮品，酒精都会对身体产生类似的效果。有些人认为只要不喝烈酒，只饮用啤酒或是苹果酒就没事，这样的想法是错误的。

- 起泡饮料（如香槟酒、含汽葡萄酒或者碳酸饮料）对人体影响更快，因为酒精会更快地进入到血液循环。

- 空腹饮酒比吃饭时饮酒对人体影响更迅速。

- 总体来说，等量酒精对体重较轻的人影响更大，因其血液中酒精浓度更高。

- 无论体重如何，等量酒精对女性比对男性的影响更大，因为男性体内水分含量更高，能够稀释酒精。

- 正在发育的孩子和青少年，即使少量饮酒也可能醉酒，部分原因在于他们的身体较小，吸收酒精的能力差，部分由于他们不了解酒精可能产生的影响。

---

① 'Discussing drinking with your children' published by The Portman Group Trust.

- 没有什么办法可以让人很快醒酒。黑咖啡、冷水浴和新鲜空气可以让人感到不那么困倦，却无法让身体更快排出酒精。
- 饮品中的酒精含量是以单位（Units）计算的。以下饮品均含有约一单位的酒精：半品脱普通啤酒；一小杯红酒；30毫升烈酒。而一罐"超浓"拉格酒（一种色味淡的啤酒，通常多泡沫）的酒精含量相当于120毫升烈酒。
- 英国政府建议健康的成年男性每天可以饮用的酒精含量为3—4单位，女性则为2—3单位，这样才不会有损健康。这一规定适用于经常或偶尔饮酒的人群，同时不建议将酒攒到周末一次喝完。酗酒非常危险，而且会引发许多问题。
- 将酒精与其他药品混合，不论是毒品还是处方药，都极其危险，甚至可能致命。

健康风险

除醉酒后的危险行为和意外事件带来的短期风险外，酗酒也存在着长期的健康风险，例如酗酒能够引发肝硬化，也会影响人的情绪健康。25岁的尼克讲述了他为何在22岁时选择戒酒：

> 十五六岁时，我就开始和朋友一起喝酒，上大学后发展为严重酗酒。英国大学有饮酒文化，学生们很难从中逃脱。我醉酒后的行为令人很不愉快，这影响到了我与朋友（包括女朋友）之间的关系。我的学习成绩直线下降，心情也糟透了。我开始觉得抑郁、有负罪感，并对自己沦落到这步境地感到恼怒。[1]

---

① 'Sorry I never touch a drop', *The Times*, 17 November 2000 p. 5.

如何帮助孩子正确看待饮酒

　　《星期日泰晤士报》的科学编辑王立宇（Jonathan Leake）最近评论道："对于家长而言，这是养育孩子的最大困境之一。如何教孩子应对酒精的办法？应该完全禁止（风险可能是逆反心理，会让酒精在孩子眼里更有吸引力），还是允许孩子在家里吃饭时尝一点葡萄酒，以期他们能够学会理性饮酒？"[1]

　　一些家长决定不允许孩子饮用任何含酒精饮料，直到孩子达到法定年龄后，才可以购买含酒精饮料。他们认为这样做，能为孩子提供最好的保护。美国国家酒精滥用与酒精中毒研究所最近的一项研究表明，如果青少年在15岁之前第一次尝试喝酒，这会大幅提高其之后成为酒精依赖者的风险。

　　与此同时，英国的其他研究显示，背着家长开始饮酒的青少年，酗酒的可能性更大。利物浦约翰摩尔斯大学公共健康中心的马克·贝里斯（Mark Bellis）教授写道：

　　我们关注青少年饮酒，是因为他们大多在14岁之前就已经开始饮酒了。真正的问题是："他们是跟着父母学习理性饮酒呢，还是在公园灌木丛后或是酒吧这种他们根本不该去的地方学喝酒的？"如果是后者，那么他们很可能正在学会酗酒，并且向家长隐瞒他们喝酒的事实，没法与家长谈论这件事。我们发现，那些在家中被允许少量饮酒的孩子，酗酒可能性更低。[2]

　　调查还发现，青少年的零用钱越多，就越容易酗酒。

---

[1] Jonathan Leake, 'Steady, folks, you may turn teens to drink' *The Sunday Times*, 28 September 2008, p. 13.

[2] Anon., 'Children who drink at home "less likely to binge drink"', The *Daily Mail*, 11 May 2007.

一些家长认为，孩子在社交聚餐时学习饮酒，是一种健康的介绍方式。无论家长希望孩子完全远离酒精，或是想要教会孩子如何适度饮酒，他们都需要仔细考虑自己想说的话。当孩子开始参加可能提供含酒精饮料的派对时，建议与其他家长进行交流，了解他们对孩子都有什么规矩。家长们越是能够齐心协力、达成一致，就越能够保护好自己的孩子。

一些孩子不喜欢酒精的味道，对含酒精饮料完全不感兴趣。在这种情况下，我们应该支持孩子，并告诉他们，如果有人向他们提供酒精饮品，他们可以这样说："我可以喝些软饮料（不含酒精的饮料）吗？"此外，用手掌遮住杯口也是一种好的拒绝方式。

有些孩子则愿意尝试饮酒，而提供含酒精饮料的派对，可能是测试他们如何正确处理的第一轮真正考验。如果你允许孩子在达到一定年龄后喝酒（或许你知道无论自己持何种观点，他们都免不了会这样做），则需要给他们一些实用的建议，比如先喝几杯软饮料再喝一杯酒；跟他们练习可能要说的话，例如："我口渴得厉害，先喝点可乐吧。"

最重要的，是要孩子践行两条没有商量余地的规定：一、酒后绝对不能开车（即使这意味着要把车停在离家很远的地方，第二天再去取车）；二、如果有同龄人喝过酒，绝对不要上他开的车，也要提醒他们不开车（开车莫喝酒，喝酒不开车）。虽然这么做可能会带来尴尬和不便，但是要向孩子解释清楚，这是涉及守法并性命攸关的事。

如果发现孩子喝醉了，我们的反应方式会影响他们未来的行为。大喊大叫、暴跳如雷或者其他过度反应，会让事情变得更糟；保持冷静，等他们醒来再谈，会更有帮助。如果我们认为事态严重，并狠狠教训他们一顿，那么可能会切断所有的沟通渠道。

大多数青少年都会偶尔犯错误。我们应该让他们知道，犯了错误，我们依然爱他们，并且愿意引导他们改正错误。

毒品

事实

家长需要了解事实。这可能意味着要学习有关各种禁毒的知识，包括了解毒品对身体产生的即时和长期效应。一个20岁的女孩说，在青春期时，虽然不断有人向她提供吸毒的机会，但她从未和家长提起过。她觉得父母对这种事情一无所知，如果告诉他们，只会让他们震惊和焦虑。

现在有许多最新信息来源，既可靠又有帮助。这些基本信息就可以帮助孩子避免来自外界的误导。

如何帮助孩子抵制毒品

要想帮助孩子，我们必须先与孩子建立起相互信任的关系。19岁的马克斯说道："有些人通过吸毒来反抗父母的过度保护。我的父母既不过度保护，也不歇斯底里。他们告诉我毒品的危害，并且信任我自己做决定。"

孩子需要拥有良好的判断力、自控力和坚强的性格。我们要教会他们在做出正确选择的情况下，如何适时、恰当地拒绝对方；跟他们讨论如果在学校或是派对上，有人鼓励他们"尝试"某些事物该如何应对。这样做可以帮助他们抵御来自同龄人的压力。

我们的一个孩子认为最好的办法就是简单回答"这可不是我的菜"。

当孩子变得越来越独立时，继续跟他们谈论毒品和酒精的问题也十分重要。当然，我们谈话的方式对谈话也会有影响——如果我们希望孩子听取自己的意见，就必须引导他们说出自己的想法。如果我们过于武断严苛，就可能会事与愿违；轻松的交谈则会让他们感到安全，从而敞开心扉，谈论他们自己或是朋友所面临的境况，向我们提出他们的疑问。

与孩子谈论拒毒、禁毒知识

· 通晓事实：查看吸毒的危害和统计资料，了解每一种毒品的毒害是什么。

· 不要试图夸大事实吓唬孩子。

· 弄明白学校关于毒品的政策，如果有必要，鼓励学校采取更强硬的立场。

· 在重要问题上进行明确指导：确保孩子知道他们需要为自己的行为负责；树立清晰的界限，什么样的行为可以接受，并告知他们越界的后果。

· 如果陷入两难境地，建议他们搬出家长，作为必须回家的理由。他们可以这样说："如果我没能在12点之前赶回家，我父母就不会允许我周末出来了。"不妨给孩子一些救急用的纸币，这钱只有在无法联络到你们，或是聚会遇到特殊情况，他们需要自己打车回家时才能使用。

· 了解孩子的朋友。如果孩子的朋友在吸毒，就标志着孩子自己有吸毒的风险。平时要知道孩子和谁常在一起，邀请他们到家中做客。如果有必要，可以帮助孩子拓宽他们的朋友圈子。

· 真正倾听孩子的声音，这理应从他们出生时开始。每天一起吃一顿饭，关掉车里的音响，在孩子学习时为他们准备一杯热茶、咖啡或热巧克力，这些都可以创造谈话机会。

· 除非了解全部事实，否则不要轻易责备孩子。很多吸毒"征兆"，例如孩子新结识了一群朋友或其外貌、态度、睡眠模式发生了改变，都可能只是正常的青春期行为。

- 如果你怀疑自己的孩子在吸毒，首先要做的就是和他们谈话。你最直接的情感反应可能是愤怒、害怕、失望和恐慌。绝不能在这样的心理状态下与他们交谈，一定要等到你冷静下来，能够表达关心而不是一心只想惩罚孩子的时候。

- 确保孩子知道，你对他们的爱是无条件的。否则，他们只会说你想听到的话。明确表示信任是确保孩子足够自信、敞开心扉的最好方法。如果感到自信，他们更有可能自愿拒绝吸毒。

- 如果他们已经开始吸毒，并且没有任何停止的迹象，就应尽力寻求专业机构和人员的帮助。①

结　语

　　青少年在成长过程中，很容易在文化潮流中陷入不知所措的状态。讲述这些真人真事的目的并不在于吓唬家长，而是要提点家长，青少年每天面对的现实世界是怎样的。好消息就是，作为父母，我们仍然是影响孩子的主要力量。

---

① Care for the Family, 'How to drug proof your kids', www.careforthefamily.org.uk and Linda Blair, 'How can parents turn their teenagers away from drugs', *The Times*, 11 June 2007.

停一停·想一想

· 你有没有为了掌握最新的禁毒信息，是否为此而常去阅读书籍或上网查看？

· 作为父母，你们是否共同讨论过针对酒精和毒品，应该为孩子立下怎样的规矩和界限？

· 你是避免谈论这些话题或针对这些话题教育孩子，还是允许孩子与你一起讨论这类问题？

· 你了解孩子的朋友吗？

· 你的孩子能不能告诉你，他们在这些问题上所面临的压力？

· 你怎样帮助孩子预演他们有可能遭遇的情景？

· 你的孩子是否愿意告诉你，他们曾经犯下的错误？

第十八章　金钱、电视与网络

Money, TV and the Internet

我们班里的同学都有。

如果连一双耐克运动鞋都没有，我还不如一个朋友都没有。

《伦敦东区》（译者注：Eastenders，英国电视剧）就是我的生命。

如果没有脸书（译者注：Facebook，又称脸谱网，美国在线社交网站），我就没法活了。

爸爸，我需要20英镑，现在就要。求你了！

我们家庭旅行的规矩之一就是不可以带任何电子产品，其效果令人吃惊。你觉得孩子可能会缠着你哭闹："爸爸，我真的需要我的苹果播放器！你把我的生活全都毁了！"然而事实上，不到一天，孩子就会开始认真读书，做游戏，甚至和兄弟姐妹一同出去玩耍。你能想象吗？

罗宾·威廉姆斯

喜剧演员

当今文化给父母们带来了新的挑战。种种塑造孩子性格的新趋势都让我们感到力不从心，例如：强势的品牌文化、对物质的奢求、沉迷电脑游戏和上网等。

　　我们的孩子或许正在以穿什么衣服、用什么手机、在网络世界中扮演什么样的角色来界定自己的身份。网络关系取代现实关系的危险也同样存在。

　　为制作一档电视纪录片，安迪·格里塞尔（Andy Grysell）采访了一些比较有代表性的青少年。他评论道："人们谈论虚拟现实这一话题已经很久了……但这确实在发生。有些人认为他们在聚友（译者注：MySpace，美国在线社交网站）上的虚拟生活比现实生活还重要。"①

　　我们或许希望时光倒流，可以从小保护孩子免受这些影响。有关六季电视剧《花样年华》（*Teen Angels*）的一份报告指出：

　　　　被剥夺看电视、上网、玩游戏机甚至使用手机的权利是每个青少年最害怕的噩梦。但是对于埃利斯夫妇来说（他们的孩子安妮16岁，詹姆斯13岁），这种做法却终结了他们持续数月的绝

---

① Mark Hooper, 'Old before their time', *The Independent on Sunday*, 5 November 2006, p. 16.

望心情。

安妮经常旷课，詹姆斯不断被学校关禁闭，一家人吃饭时总是充斥着愤怒的咆哮。于是埃利斯夫妇收走了家中所有的电子设备（在固定期限内）……56岁的埃利斯先生说，没有了电视足以让一个成年男人哭泣。

结果这样的做法却改变了他们的生活，整个家庭不得不靠棋牌游戏和互相聊天来打发时间。这之后真相才逐渐浮出水面：原来詹姆斯非常想和父亲在一起，但却不知怎样开口；安妮说自己之前旷课其实是她内心在呼求，因为他们的母亲，42岁的埃利斯太太被诊断出患有皮肤癌。如今，从前刁蛮任性的詹姆斯和嗜电视如命的埃利斯先生居然能一起打一下午的高尔夫球。

安妮承认道："过去我只要一想到和家人在一起，就会想：'哦，天哪！整整一天都得和家人待在一起。'然而现在，彼此倾听让一切变得大不相同。"①

偶尔暂时脱离一下占据我们生活的先进科技，对大家来说都有裨益。尽管如此，我们最终还是要尝试教导孩子，如何在诱惑和机遇并存的现代社会中学会生存。

钱，钱，钱

树立健康的财富观

当今世界为消费文化和品牌文化所左右，因而保持健康的财富观越来

---

① Lee Glendinning, 'Psychologists tame these teenage terrors by taking away their television （But guess what... it was all an experiment for TV）', *Evening Standard*, 14 March 2005, p. 21.

越难。在这种社会大背景下教育孩子并非易事，一位4个孩子的父亲讲述了这样的故事：

> 我9岁的女儿汉娜问我："我们可以要一个PS3①做生日礼物吗？"我耐心地解释为什么爸爸妈妈不相信游戏机。现在的孩子拥有有线电视、网络、电脑游戏、电子宠物以及其他各种设备，他们甚至无法集中精力读上20分钟的书。"上百万人拥有游戏机，为什么偏偏你们不相信？"12岁的亚瑟这样问道，他是我们家中的逻辑学家和数学家，"你的意思是，你们不相信PS3真的存在，就像你们不相信有牙仙子②一样吗？还是你们希望我们成为整个镇上唯一没有游戏机的孩子？然后其他正常孩子和正常父母几乎50%的正常对话，我们都没办法参与？"

> "对呀！"9岁的巴拉克说（杰瑞德、巴拉克和汉娜是三胞胎），"为什么只有我们没有GameCube③和Xbox④？为什么？为什么你和妈妈这么小气？"

> 巴拉克下巴都颤抖了，因为他快要哭出来了。这时三胞胎之一的杰瑞德又加了一句："为什么我们不能买一辆敞篷车？"

> 我无法理解为什么孩子会突然对家里没有昂贵的跑车而如此焦虑。尤其是家里有6个人，我们也不可能都挤进一辆车。

> "你也从来没有带我们去过迪士尼乐园！"汉娜说。"或者夏威夷。"杰瑞德说。"这一切我们都可以不在乎，只要你给我们买游戏机，"亚瑟说道，"我知道有一家网站可以免运费。"

---

① PlayStation 3，索尼电脑娱乐开发的家用游戏机——译者注。
② 据西方民间传说，牙仙子会取走幼儿脱落并放于枕边的乳牙，并在原处留下一枚钱币——译者注。
③ 任天堂公司推出的一部家用电视游戏机——译者注。
④ 美国微软公司开发的一款家用电视游戏机——译者注。

我盯着老大亚瑟，感到自己一下子被骄傲和疲惫这两种对抗的浪潮给击垮了。倘若亚瑟能够把握机会，他长大后简直可以参与和平条约的谈判，甚至发起邪教运动了。[①]

我们应该给孩子买什么（那些他们声称"需要"或者"必须拥有"的东西）的压力从孩子出生前就开始了。无论有没有钱，我们都要决定如何回应孩子。我们现在就买吗？还是等孩子再大些？我们要告诉他们必须等到过生日才能得到想要的东西吗？还是让孩子为想买的东西攒钱更好？但最重要的问题或许是："我们应该传递给孩子怎样的财富观？"——是挥霍还是节俭，是感恩还是苛求，是慷慨还是自私？

比尔·盖茨夫妇可以给孩子买到一切想要的东西，给他们大笔的零花钱，带他们出入五星级酒店。然而，因为拥有巨额财富，他们不得不认真考虑要传递给孩子怎样的金钱观。因此，他们制订并坚持执行了一项政策：孩子要帮忙做家务活；只给他们适量的零用钱，他们可以选择存起来或者立刻花掉；还有就是要等到生日或是圣诞节时才能得到礼物。

苏·帕尔默（Sue Palmer）在《有毒的童年》（*Toxic Childhood*）一书中写道："许多家长认为财富在孩子生活中不该如此重要。然而，他们一方面抵制不住孩子要买东西的纠缠，另一方面又想保护孩子不被社会排斥，因此备感困扰。似乎除了交出手里的钱在'圈内'购买一席之地，别无他法。"马丁·林斯特龙（Martin Lindstron）也在其著作《人小钱大吞世代》（*BRANDchild*）中写道："随着西方世界宗教信仰逐渐崩塌，品牌文化填补了这一空缺。"

广告商从孩子3岁起就开始培养他们的消费欲望：某一品牌的玩具或游戏，某类食品和活动（比如去迪士尼乐园或是滑雪）。随着孩子渐渐长大，这一清单上又添上了鞋子、衣服、电脑、音乐、游戏、iPad、iPhone

---

[①] Bruce Stockler, 'No PlayStation, kids. Get ready to be social outcasts', *The Times*, 6 February 2007.

（苹果智能手机），等等。青少年尤其容易受影响。他们极度渴望被同龄人接纳、有归属感。他们需要拥有特定品牌所打造的形象才能觉得自己是"群体中的一份子"。这种想要"拥有一切"的文化让问题变得更加复杂，它鼓励人们举债购买自己或孩子现在就想要的东西，然后延期支付。

有时我们会感觉直接给孩子钱会比教导他们学会等待或明智地使用零花钱容易很多。我们所处的消费型社会不断向我们灌输这样的信息：即时的快乐和安宁比延迟的满足感更好。一位母亲说："我女儿一直吵着要数码相机，我不得已给她买了一个。可我刚一买就后悔了，要是我让她自己攒钱买就好了，或者我们分摊也行。她的要求很难被满足，我知道这都是我们自己一手造成的。"

我们需要认真思考并运用想象力来帮助孩子在享受乐趣的同时不用花太多钱，教导他们树立正确的金钱观，让他们了解，总有一天自己的开销以及慷慨给予他人的资本都要靠自己来赚。当然，我们还需要应对来自其他家长的同侪压力。我们的朋友讲述了他们如何鼓励孩子做到慷慨和眼界开放：

> 一开始，我们只给孩子很少的零用钱，并且教导他们应该将零用钱分为"储蓄""花费"和"捐赠"三部分。每个孩子都有三个存钱罐或者小钱包。我们试着教会孩子从小明智地管理金钱，虽然我们自己小的时候并没有这样做过。我们经常和孩子谈论捐款，谈论他们可以把钱捐到什么地方去。每次学校里有募捐活动，孩子们想要捐"捐赠罐"里的钱时都令人激动。他们捐的钱不一定有其他同学多，但他们捐的都是自己的钱。

> 我们不希望孩子以自我为中心，而希望他们能够看到自己以外的这个世界的需要和他人的需要。

我们知道有些家庭会全家一起攒钱资助发展中国家的孩子上学。还有一对夫妇，他们家里有两个小男孩。圣诞节前夕，他们帮助孩子把自己的玩具和书籍送给了邻居家的孩子，否则那些孩子可能什么圣诞礼物都收不到。

力奇　我们的目标是教育孩子拥有两种对待金钱的态度——慷慨和负责。我们从孩子5岁起便开始给他们零用钱，孩子步入青春期后我们则会定期给他们定量的钱。

　　　　他们可以用这些钱买礼物、跟朋友外出、买衣服（在必需品以外的）以及其他他们想要的东西。我们会尽量估算出每月给多少钱合适，既能给孩子一定的自主权，又不会太多，这样他们才能做出切实、周全的决定。我们希望孩子在遭遇信用卡的诱惑之前就能学会如何预算开支，做到收支平衡。

　　　　我们发现帮助青少年子女学会负责任的最有效方法就是坚持让他们自己去赚普通中等教育考试后以及间隔年时①和朋友外出旅行的钱。这样他们才能学会珍惜自己赚来的每一英镑，然后攒上几个月的钱，出门在外时也能合理地安排花销（诚然，当一个孩子在地球的另一边钱快花光时，我们也曾出手相救）。

帮助孩子树立健康财富观的方法

· 和孩子一起谈论你希望他们在成长过程中拥有怎样的财富观（尽管可能与你自己小时候的观念大有不同）。

· 和孩子讨论品牌和广告的影响，他们可能会被诱惑去购买自己根本不需要的东西。

· 谈论同龄人压力（孩子以及我们自己同龄人的压力），比如要拥

---

① 间隔年：西方国家的青年在升学或毕业后，工作前作一次长期的旅行，让学生在步入社会之前，体验与自己的社会环境不同的生活方式。——译者注

有最时尚的小物件或是昂贵的假期旅行。

· 教给孩子明智的财富观——越多不一定越好。

· 在可能的情况下，让孩子参与你自己的消费决策，并倾听他们的意见。

· 给孩子零用钱，并且鼓励他们分成储蓄、个人花销以及捐助给更需要的人三部分。

· 阻止孩子冲动购物，帮助他们提前做计划。

· 帮助孩子对金钱负责。如果孩子要用这笔钱买衣服，不要因为他们把钱用在了其他地方，就自己掏钱给孩子买衣服。不要因为孩子要求就增加他们的零花钱。

· 无论孩子如何选择使用自己的零花钱，你都要尽可能表现出积极的态度。

· 和孩子讲清楚欠债的后果。

· 鼓励孩子珍惜和管理好自己的财富。

希拉　即使我们总是和孩子讲同样的原则，我们也注意到一旦拥有了自己的钱，每个孩子都有不同的花费方法。我想因为他们性格不同，这种情况总是不可避免的。其中一个立即花光了所有的钱，照样很高兴，完全忽略了这个月剩下的几周要怎么过；另一个几乎不花钱，也没有什么明确的计划，只是一味地攒钱；第三个攒了几个月的钱，然后买了自己真正想要的东西；第四个更谨慎，好像手里总是有多余的钱。

在成长过程中，他们每一个人在平衡捐赠、花费和储蓄三方面学到了不同的功课。有时候，我们不得不阻止一个孩子因用钱方式不同而批评另一个孩子。

倘若我们自己的经济状况非常艰难，或者因为失业、疾病、意外或家庭破裂不得不负债累累，这时寻求帮助要胜过像只鸵鸟把头扎进沙里那样逃避问题。对未来感到焦虑极为有害，会让全家人都觉察到。寻求建议可以让孩子相信事情总有解决办法，而不是被当前的境况吓倒。

传递价值观

虽然极度富贵或贫穷会对孩子的生活产生极大影响，但从长远来看，重要的是我们拥有怎样的金钱观和财富观，而不是我们有多少钱。当然，家长也需要想出如何应对自己的同龄人压力的办法。

假使我们给孩子的印象是我们一定要去度梦想假期，拥有最新款的名牌服装，豪华汽车和时尚物件，那么孩子也会跟我们学。反之，如果我们向孩子表明幸福满足并不取决于金钱和财富，这些价值观就能传递给孩子。

管理金钱的实用小窍门

- 关于名牌。一位母亲告诉孩子她会给每个人买一条牛仔裤，但是如果想要名牌的，他们就需要自己攒钱补上差价。通常他们都会嫌麻烦而选择前者，然后发现其实名牌牛仔裤在同龄人中也不是那么重要。

- 等待。从长远来看，为获得某件东西而等待通常会带来更多快乐。同样地，如果孩子需要努力工作，自己赚钱付款，这种成就感会带来更多喜悦。当孩子想要的东西超过零花钱上限时，鼓励他们自己寻找赚钱的方法（比如多做家务、看小孩子、在商店做兼职等），这样能帮助孩子珍惜自己通过辛勤工作换来的东西。告诉孩子必须等到过生日，或者通过打工赚钱才能获得出门旅行的飞机票，会让他们更加珍惜自己已有的东西。

- 关于预算。要帮助花销大的孩子，方法之一就是记账（可以先记两周），这样他们就能知道钱都花到哪儿去了，如何削减开支。

一个女孩发现自己总是为"忘记带钱"的朋友买单。记录详细的账目帮助她避免了超出自己能力范围的"慷慨"。

电视和DVD

电视和DVD究竟是有益身心的娱乐方式，还是会产生不良影响？是有益的放松途径还是会减少运动，从而有害身体健康？是维系家庭关系的纽带还是会孤立个体？

我们是否可以允许孩子观看自己喜爱的电视节目，想看多久看多久？还是应该检查内容并且限制时间？许多家长认为应该立界限，但却苦于不知在何处立界限。

允许孩子无节制地看电视或DVD可以让他们安静好几个小时，而阻止他们通常会招致的吵闹和抱怨。那么看多长时间合适？什么样的视频我们应该绝对禁止孩子观看？

电视时间

心理学家艾瑞克·西格曼博士（Dr. Aric Sigman）试图劝说英国政府发布国民指导方针以阻止孩子长时间看电视，他认为坐在一个小小屏幕前数小时是"我们这个时代鲜为人知的最大健康威胁"[1]。他建议的时间限制如下：

年龄	每日时长
3岁以下	禁止看电视（如果有哥哥姐姐的话会比较难做到）
3—7岁	30—60分钟
7—12岁	60分钟

---

[1] Laura Clark, The 15 ways in which too much TV wrecks your child's health', *The Daily Mail*, 19 February 2007.

年龄	每日时长
12—15岁	90分钟
16岁以上	2小时

我们并不是说，让一个两岁半的孩子从幼儿园回来后坐下看一个DVD视频放松一下，而妈妈趁这个时间喂他吃饭，这样就会毁了他，尤其如果这个家庭有充足的锻炼和户外时间。事实上，这样的安排或许有益于妈妈和孩子。我们可以将这些数字视为理想时限的参考，同时也应当考虑具体情况。

现在英国孩子平均每天看电视的时间大约是上述标准的3—4倍，而青少年平均每天会看7个半小时的电视。西格曼博士认为，根据2007年联合国报告所显示的调查结果，即在发达国家中英国孩子最不快乐也最不健康这一事实，与英国人和其他欧洲人相比阅读时间最短、看电视时间最长的数据相关。

看电视时间过长的健康风险[1]

· 肥胖——缺乏锻炼的后果

· 睡眠障碍——过度刺激感官导致失眠

· 难以集中注意力——控制注意力时长的脑细胞发育受损

· 阅读困难——儿时缺乏智力激发（intellectual stimulation）导致的后果

· 近视——紧盯屏幕有损视力

· 行为问题和自闭症——与缺乏社交有关

---

[1] Aric Sigman, 'Visual voodoo: the biological impact of watching TV', *The Biologist*, Volume 54, No.1, February 2007, pp. 12-17.

· 胆固醇增高——儿时不爱活动的后果

· 免疫力低下——人体内重要激素褪黑素的分泌受到抑制的结果

根据家庭成员的年龄来限定每人每天看电视的时长，不仅对孩子好，还有益于家庭生活。如果家长也能够控制自己看电视的时间，孩子将获益最大。戴夫·费尔曼（Dave Veerman）在《求救！我家有一青少年》（*Help! There's a teenager in My House*）一书中写道："这样做可以促使家庭成员进行健康而积极的讨论和决策，甚至可以促进家人相互之间的交流和开发其他家庭娱乐活动。"[1]

电视内容

力奇 孩子还小的时候，我们想要保护他们的睡眠不被可怕的影像打扰。屏幕上的影像会对孩子产生很大影响。即使是给孩子看的动画片也可能很吓人，所以家长应该亲自观看一下，检查它们是否适合孩子。有时我们也会犯错，我还记得有一次孩子们观看《大象巴巴》（*Barbar*，卡通电影），大象巴巴的母亲去世时，一个孩子反应非常强烈，我们意识到他过于投入到故事情节当中了。

我们允许孩子小时候看的电影大多英雄和反面人物界限分明，最后结局皆大欢喜，坏人得到了应得的惩罚。这些简单的故事情节可以帮助孩子形成自己的道德指南。当然，随着孩子渐渐长大，故事中人物性格设定可以更加微妙，比如英雄也会有缺点，坏人得到了救赎等。

此外，我们意识到新闻节目中经常会出现骇人的图片或影像，所以孩子小的时候，我们只在他们入睡之后才观看电视新闻节目。

希拉 关于电影或电视节目带来的影响，我和孩子们谈过许多次。力奇和

---

[1] Dave Veerman, *'Help! There's a Teenager in My House'*, edited by Wayne Rice（Inter Varsity Press, 2005），p. 146.

我想要保护他们不去看暴力或是色情镜头，确保他们只看适合自己年龄的节目，所以我们会遵守电影审查分级的观看建议，并且晚上九点之后不允许孩子看电视。他们总是会抗议说自己的朋友（据他们说）可以在家观看几乎所有电视节目。

我总是对孩子们说："你不知道。尽管你看不到，但它们真的会影响你。"我只要一开始念这句"口头禅"，他们就会立刻模仿我。

我们想要保护孩子的潜意识，不希望他们因为一时间接受太多而变得迟钝和冷漠。我们担心，如果孩子总是看到暴力镜头，就会越来越习以为常，需要更多的暴力才能保持兴奋。色情镜头也是一样，一旦看到就无法抹去，可能会破坏他们未来的性关系。

至于其他电视节目，例如他们喜欢的肥皂剧，我们会偶尔自己看一看，搞清楚这些节目都在演什么，尤其是涉及两性关系方面。许多故事情节反映的是及时行乐的价值观和不追求长久两性关系，不过这往往也会引发一些有趣的讨论。

最终，我希望帮助孩子负起责任，约束自己，无论是在家中还是电影院，能够自己决定什么能看，什么不能看。当孩子去其他人家中做客或是过夜时，控制他们看什么节目就很难了。孩子小的时候，我们有时会提前打电话给对方家长，讨论我们允许以及禁止孩子做什么并说明原因。我们也会教孩子一些说辞，如果他们不想看某些节目时，可以说"看这样的电影我会做噩梦"或者"如果爸爸妈妈知道我在看这个，他们会很生气的"，鼓励孩子把责任推到我们身上有助于维护他们的"街头信誉"。

我们从不允许孩子的卧室里有电视或是DVD播放器。无论他们说这样对休闲娱乐和学习多么有好处，还是多少朋友都有自己的电视，我们依然立场坚定。因为这不仅会把孩子和其他家庭成员分离开来，我们也无法控制孩子看电视的时长和内容。

计算机和互联网

计算机和互联网是把双刃剑。它们潜藏着巨大的好处，这一点少有质疑。然而它们同时也为家长提出难题：如何教会孩子安全地在线交流？互联网可以使人脱离现实世界——随着互联网越来越普及，人们可以在网上保持匿名、隐蔽，不受拘束；也可以与陌生人发展密切而危险的关系。

信息浏览、线上关系、电脑游戏、聊天室都会让孩子上瘾，身心健康受损。互联网成瘾症（Internet Addiction Disorder，简称IAD）已被确认为是一种疾病：

> 最近，位于加州的斯坦福大学医学院的一项研究发现，超过八分之一的美国人都显示出某种形式的网络成瘾迹象。

> 中国第一家正式注册的网瘾诊所，他们收治的病人中最小的只有12岁。由于在网络游戏和虚拟聊天室上花费太多时间，他们荒废了学业。来此就医的孩子症状多表现为抑郁、紧张、惊慌、恐惧、焦躁、不愿与他人交流、睡眠障碍、双手麻木或抖个

不停。①

"这几天你们几乎都不露面。"

那么如何才能帮助孩子安全地、有建设性地使用计算机和网络？

电脑游戏

恰当的界限和有益的电脑游戏能起到很好的娱乐效果（虽然教育意义十分有限）。一位4个孩子（年龄在7—14岁之间）的父亲写道：

> 在我们家，孩子们周间不可以玩电脑游戏。如果周末他们完成了家庭作业、练好了乐器、做好了家务以及其他事情，那么每天可以玩一小时电脑游戏或游戏机。这是他们经过努力赢得的特殊待遇，而不是理所当然的权利。我们的一个儿子不喜欢读书，我们就规定，读一个小时书，就能玩一个小时电脑游戏；女儿如果练满一个小时乐器，也能得到同样的奖励。我们发现这是很有效的激励机制。

---

① Rosemary Behan, 'My name is Rosemary. I'm an internet addict···' *The Times*, 26 February 2007.

当我们的3个儿子一起凑钱买了个游戏机时，我们限制了他们的游戏类型和玩游戏时长，不允许玩带有太多暴力或者玄学意味的游戏。同时，我们鼓励他们玩两两之间可以互相比赛的游戏，比如高尔夫球、单板滑雪或赛车，这样可以增加彼此之间的互动，而不是仅仅对着屏幕。

不恰当内容

不恰当内容（包括色情信息）很容易使用搜索引擎获取到。有时这些信息甚至"不请自来"，例如网页上出现的色情广告。通常被发现时的尴尬是阻止孩子浏览此类信息的最佳方式。有一家人如此决定："我们确保电脑放置在家中公共区域，决不准许孩子的卧室里放电脑。"

家长要能够检查孩子都用电脑做什么。无线宽带、联网的笔记本电脑和智能手机使其变得不易，但也因此更有必要这样做。我们需要和孩子谈论我们的担忧，解释如何以及为何我们要监控他们使用电脑的情况。我们也需要安装有效的绿色上网过滤软件，尤其是笔记本电脑。

监控电脑使用的方法

· 开启安全过滤（例如在谷歌中设置安全搜索过滤），阻止电脑接受任何露骨的色情信息。

· 使用网络服务提供商（Internet Service Provider，简称ISP）将内容过滤分类，让父母有设置控制权限。该设置会告诉你如何屏蔽不恰当网站。

· 通过监控浏览历史和临时文件夹，了解孩子都访问了哪些网站（只有与青少年子女沟通后方可这样做，否则会破坏亲子之间的信任）。

· 检查回收站。如果孩子清空了回收站，删除了所有浏览历史和临时文件，就肯定事有蹊跷，绝非偶然。

· 如果孩子浏览不恰当网站已经成为严重问题，可以安装Covenant

Eyes等程序，这种程序每个月会寄给你电脑浏览所有网站的清单。告诉孩子我们已经安装了这类程序，这有助于孩子担起责任。

· 将电脑设置为自动删除垃圾邮件，以防止孩子浏览垃圾邮件。

手机问题

现在越来越多的手机可以上网，许多孩子屈服于诱惑，下载色情信息。如果孩子确实需要手机，我们建议买一个基本款手机，不给他们上网接触不当内容的机会。孩子可能会强烈抗议，但这样可以保护他们远离诱惑和潜在问题，也会降低手机被偷的几率。

对等文件共享

如今，类似Limewire、Gnutella和Trustyfiles的电脑程序使得用户在文件共享网络中可以直接连接其他成千上万台电脑并从中浏览和下载文件；反过来，其他所有用户也能够获取该用户电脑上的文件。

这类程序主要用于下载侵犯版权的音乐、电影或电脑游戏，以及下载不当信息（多为色情信息）。我们无法设置内容过滤器也无从查找用户下载信息。因而我们唯一的建议是定期检查电脑是否安装了这类程序，并且监视数字媒体文件（包括音乐、视频等）。

即时通讯

即时通讯迅速成了10—15岁青少年最喜爱的沟通渠道。许多家长不想阻拦孩子通过这种方式与朋友沟通。但是，这种沟通方式也存在不利影响。一位家长这样写道：

我家孩子的问题在于他们总是在写作业的时候使用

Messenger[1]。这使得他们的作业质量下降，也增加了他们作弊的可能。另外我们还担心孩子会使用鲁莽、带有性倾向的表达。使用这类即时通讯时，他们会变得很轻浮、很冒险，向他人展现一个与自己迥异的人格，说一些在人前绝对不会说的话。

有些青少年会对这类即时通讯上瘾，就好像他们和朋友一起出去玩了，但人并未走出家门。我们最主要的控制手段是限制时间：晚上8点之后并且完成作业后，他们才能使用Messenger；这样他们一天最多只能聊30~60分钟。

在我们家里，我们和孩子达成共识，只有在设定让Messenger记录下所有聊天记录的情况下，他们才能使用这一聊天工具。我们向他们解释了自己的担心以及这样做的原因（其实我们很少看孩子的聊天记录），但是通过这一设置我们可以监控孩子的上网时间。

在线沟通还可以使用视频通话，聊天双方可以通过屏幕看到对方的影像——将电脑放在公共区域的另一个好处就在于此。由于他人可以从外部访问网络摄像头，不用时可将摄像头转向墙壁。

个人网络空间

大型英美社交网站如推特、脸书和Bebo等集合聊天、网络日志、照片分享等功能于一体，为孩子提供了与来自世界各地的人交流的绝妙机会。然而事情往往有利也有弊，管理好自己的网络空间并非易事。孩子的朋友可能会用手机拍照然后上传到脸谱网上去，或是向他人泄露私聊记录。恋童癖者和性侵犯者也会利用这类网站来引诱他们泄露个人信息，以制造见面的机会并实施侵犯。根据一篇报刊文章，网上任一时刻都会有超过5万

---

① 　一种与他人进行文字聊天、语音对话、视频会议等即时交流的软件——译者注。

名性侵犯者[①]。我们需要警告并且保护孩子，不让他们在不经意间把自己变成居心叵测者的目标。

一篇报刊文章建议："网络空间上充满了可以让孩子和朋友聊天的网站，但这些网站也打开了通往陌生人的大门。请告诉你的孩子把自己的主页设为'仅私人可见'（通常免费）以防止泄露私人信息。一般来说，孩子应该只和自己认识的人聊天。"[②]

有一对夫妇是如此设限的："我们准许孩子拥有个人网页，但规则是我们要能够观看这些网页。他们放在网页上的内容、照片和文字必须适合他们的年龄，没有任何羞于让家长看的内容。我们也强调了不可泄露家庭地址、邮政编码、电话号码等信息的重要性。"

除了网络安全，孩子还应知道他们放在网站上的所有内容都会作为记录被保存下来，而潜在雇主通常会在雇佣员工前检查他们的网络空间（尽管在一些国家这样做是违法的）。

赌博

现在的儿童和青少年很容易在网站上接触到赌博，再加上比比皆是的广告及其本身的易上瘾性，赌博问题已经越来越严重。为了吸引玩家，有些网站允许新加入的人选择"赌钱"或是"赌着玩"。如果只是赌着玩，玩家就很容易赢（因为这时赢的概率会偏向玩家），而这会让玩家产生错觉，认为自己很擅长赌博，从而受到鼓动去赌钱。一些赌场和赛马场网站为了鼓励新人加入还会让玩家免费玩第一局。

---

① Paul Lewis, 'Teenage networking websites face anti-paedophile investigation', *The Guardian*, 3 July 2006.

② Celia Dodd, 'Is it really spying if you love them?', *The Times*, 28 April 2007, p. 9.

　　国际游戏研究学术单位的研究表明，在11—15岁的英国孩子中，有3.5%存在赌博问题。一些青少年对易趣（eBay，线上拍卖及购物网站）等拍卖网站上瘾。学校也发现有些学生整夜上网，第二天来上课时显得疲惫不堪。为了满足这些上瘾的爱好，他们中许多人需要大笔的金钱（自己的或者通过不正当途径获取的资金），手中有闲钱的孩子尤其容易被赌博或拍卖诱惑。

　　作为父母，我们应该跟孩子讲清楚这些危害。赌徒可能偶尔能赢些小钱，但即使最善于赌博的人最后也会输钱，而且往往输掉的钱比他们拥有的还多。如果你认为孩子已经赌博成瘾，我们建议寻求专业帮助。

网络安全

· 倾心参与——和孩子讨论并告知你的担忧。让孩子告诉你他们对使用电脑的看法。

· 消息灵通——通过blogsafety.com等网站及时掌握安全使用社交网络的讯息。

· 言行一致——作为父母，自己首先要遵守规定。

· 灵活调整——这一领域的规则变化非常快。

· 掌握知识——至少掌握监控电脑使用的基本知识。

· 谨慎小心——除非有正当理由，否则不要阅读孩子发给朋友的私
人信息。

结　语

世界正在迅速发展变化。我们很容易感到困惑，甚至害怕，因为孩子
通常比我们懂得更多，然而孩子仍然需要我们的指导。他们或许可以迅速
掌握最新的电脑软件和电子设备，但是这不意味着他们已经足够成熟，可
以明智、恰当地使用它们。

和孩子讨论如何管理金钱、安全使用电视和网络能够帮助我们融入他
们的世界。我们要认清每个人都有自己无知的一面，在合适的时机让孩子
教教自己，比如和孩子一起看他们最喜欢的肥皂剧，听他们解释自己为什
么喜欢某一社交网络等。这些都能帮助我们想清楚如何为了孩子的益处立
界限。

与本书第四部分的其他章节一样，我们的目标在于帮助孩子培养自
控能力，这样他们才会学习如何自我监控。在跟孩子一同解决问题的过程
中，我们也会建立起彼此互信的亲子关系。

停一停·想一想

· 有没有迹象显示你的孩子已经在金钱、电视或电脑方面失控？

· 你想要向孩子传递哪些财富观？如何做到？

· 怎样帮助孩子对金钱负责？

· 电视在你的家庭生活中起到积极还是消极影响？如果是消极影响，应该如何改进？

· 你会采取怎样的行动监控孩子使用网络？

· 你还需要在家中电脑上安装其他过滤软件吗？

第五部分
传递信念与价值观

SECTION 5
Passing on our beliefs and values

THE PARENTING BOOK

第十九章　确立家庭认同感

Establishing a family identity

　　每逢家里有人过生日，我们都会唱生日歌，过生日的人总是站在椅子上指挥大家唱歌。

希瑟　14岁

　　开车去奶奶家时，路上会经过一个隧道。每次通过这个隧道，爸爸都会为在车上的每一位家庭成员或是不在车上的家庭成员鸣一次喇叭。我不知道这个传统是何时开始的，也不知道是如何形成的，但我们现在每回都这么做。

珍　15岁

　　我家没有任何传统，但是有点传统其实挺好的，因为传统让家人聚到一起，而且听起来也挺有意思。

杰米　13岁

传统带来的益处

　　家庭传统会让孩子对家庭产生一种归属感。传统在带来许多乐趣的同时能维护家庭稳定与和谐。我们的传统可能是独特的"大富翁"（Monopoly，棋类游戏，游戏者以玩具钞票买卖房地产）桌游，或是每周日的晚餐都吃吐司夹鸡蛋、培根和茄汁焗豆；每年暑假我们都会早上4

点起床出门度假；大家在车上比赛谁第一个望见海；每年忏悔节（传统的狂欢节）爸爸都会把煎饼抛到天花板上；周日下午一起出去散步；新年前夜，我们会随着午夜时分敲响的钟声吃12颗葡萄，每一声钟响吃一颗葡萄，等等。传统让家人聚到一起。有些传统可能会延续很多年，其他的则会随着孩子长大成人渐渐消失。

"你们有家庭传统吗？"

圣诞节和其他节日是我们庆祝家庭传统的时刻。我们认识的一家人在圣诞节前都会度过一个特别的夜晚。他们聚到一起，观看同一部电影，20年来年年如此。这部影片不是经典，却能把他们带回有关圣诞节的种种回忆之中。每年他们都吃同样的食物，喝同样的饮料。虽然同样的电影场景已经烂熟于心，但他们还是会笑、会哭。

或许大家最重视的传统是庆生。有一家人有6个孩子，每次有孩子过生日，全家8口人就会一起在父母床上吃生日早餐，床上放满了礼物和过生日的孩子喜爱的食物和饮料。

对单亲父母而言，传统尤为重要。我们的一位朋友写道："作为单身母亲，当我的孩子们仍旧为我破裂的婚姻感到非常不安时，保留传统显得那么重要。即使我们的状况非常糟糕时，孩子们仍旧期待过生日、过圣诞节、去以前总去的那几个地方度假、在雨中野餐、听睡前故事，等等。"后来她再婚了，她老公带来了自己的3个孩子。如何把两套截然不同（有时甚至是互相矛盾）的传统结合起来成为一大挑战。抛弃任何一样传统都会遭到原来拥有这一传统的孩子们的强烈反对。这对父母意识到传统对于他们的新家庭有多么重要，所以他们做出让步，放弃一些旧传统，同时建立一些新传统。

虽然孩子们喜欢绝大多数家庭传统，但是正如社会学家和作家托尼·坎波洛（Tony Campolo）所写的那样："即使参与者不一定喜欢某一既定惯例，这一惯例也能对其产生积极的心理影响。"[1]

我们还记得前英国首席拉比乔纳森·萨克斯（Jonathan Sachs）讲过一份调查报告的内容。调查人员询问犹太儿童，他们一周中最喜欢和最不喜欢的时间。许多孩子回答说最不喜欢安息日的习俗，因为周五晚上不可以看电视，要在桌旁坐很长时间，等等。与此同时，这些孩子中又有许多人表示自己最喜欢的也是周五晚上。被问及原因时，他们回答说因为每周这个时候全家会聚在一起，这虽然不是孩子们周五晚上会选择去做的事，却成了他们最喜欢的。

希拉 我从小在苏格兰乡下长大，家里的有些习惯我很喜欢，有些却不喜欢。我抱怨最多的传统之一就是周日午饭后的散步了。散步常常撞上倾盆大雨，散步的地点通常是我们家后面那座几乎笔直的小山。我宁愿待在家里看电视。如今回首往事，我才明白那些散步都是固定的"家庭时间"。可能正是这段经历让我在长大后相信，一点坏天气不足以影响户外活动。

我们的孩子是在城市里长大的，所以他们会记住的传统将更有城市特

---

[1] Tony Campolo, *Following Jesus without Embarrassing God*（Word Publishing, 1997），p. 258.

色：周六上午步行去附近的商店买牛奶和巧克力面包当早点；周六下午兴奋地跑去喧闹、拥挤的游泳池；周日下午在公园里和另一家人一起踢足球（两位父亲只能做守门员，一开始是因为他们身材高大不适合踢中场，近来是因为他们速度太慢了）；每年圣诞节孩子的祖父母（或外祖父母）都会带他们去看圣诞节童话剧。

当然，过多的惯例也可能对家庭生活造成负面影响，尤其是它们限制了自由和创造力的时候。一位男士一提起家庭聚餐就会想到小时候每天晚上父亲都会盘问他的功课，搞得那时的他每次吃晚饭时都提心吊胆的。

但是，在人生的各种挑战和不测风云中，健康的传统和仪式给予孩子们一种延续感和安全感。坚持这些传统和仪式能让孩子在成长过程中记住更多的美好时光。而且这也是我们向下一代传递价值观和信念的主要途径之一。坎波洛（Tony Campolo）认为：

> 有很多传统与习惯的家庭通常是最牢固、最稳定的。他们似乎能更好地将其视为最重要的价值观和真理传递给孩子们……传统对家庭有益，让每个人都觉得家庭生活更有乐趣。①

确立家庭传统

创建传统的乐趣在于我们可以利用传统打造我们自己独特的家庭生活。

---

① Tony Campolo, *Following Jesus without Embarrassing God*（Word Publishing, 1997），p. 258.

想一想你的家庭都有哪些传统惯例

生日	节日	就寝时间
暑期度假	度假	其他节日
用餐时间	家庭游戏	周末
"家庭时间"	做家务	跟表兄弟姐妹见面

　　每一个人都应该思考，童年时代的传统对自己产生了何种影响。如果夫妻两人共同养育孩子，那就一起回顾一下你们成长过程中的传统，然后再决定你们想保留哪些传统，要添加哪些新传统。

"我们家新添了一个仪式，每个周日早晨，我要在床上吃培根和鸡蛋的早餐。"

　　传统可以延续很多代人，我们今天的传统就可能会被孩子以后的家庭保留。

希拉　　睡前时间的各种游戏是我童年时代的最爱，所以自然会传给自己的孩子。我还记得小时候我母亲会在手上涂满肥皂，然后吹出一个个巨大的肥皂泡。我们望着肥皂泡朝天花板飘去，不断发出"哦""啊"的惊呼声。肥皂泡有时候在半路上就破了，有时候则会伴随着我们欢呼声中抵达天花板。

后来我发现自己和孩子们重复着同样的游戏。多少次，我本想赶快给孩子洗完澡出来，其中一个孩子便会求我："吹个泡泡嘛，妈妈，求求你啦！"这不仅是因为看泡泡乐趣无穷，也是为了在浴缸里待久一点。

一年一度的传统

家里一年一度的传统能让每一年过得有声有色，不仅庆祝特别活动，也会标志不同季节的来临。

力奇　我在英格兰的乡村长大。我父母在房子周围几英亩的土地上建起一座小型农场。农场提供了许多举办传统活动的机会，有些需要全家人参与，这无疑把我们凝聚到了一起。

其中一项年度的传统是在圣诞节前一周把一百只火鸡开膛去毛。每一名家庭成员都承担着不同的工作，比如掏内脏、缝翅膀（一种固定火鸡翅膀、避免其权开的办法）等。分工取决于家庭成员的年纪和力气。这些火鸡接着会被送往当地的城镇。有些年份火鸡个头比平时要大一些，这时父母就会跟我们讲主妇让丈夫坐在火鸡上，把肥硕的火鸡压小到能塞进烤箱的故事。

由于时间紧，任务重，大家难免会变得急躁。虽然我父母不止一次地在圣诞节前夜发誓说再也不养火鸡了，我们却将这项传统保持了10年。那个时期有我们全家太多的记忆，以至于到现在我们团聚时还会常常谈起。

希拉　在我家，每年复活节我们都会在煮熟的蛋上绘制彩色图案，然后比赛把彩蛋滚下绿草如茵的河岸。每年夏天我们都会去同一片苏格兰海滩度一周的假。我们住在相同的旅馆，跳上同样的几座沙丘，在一样的池子里游泳，喝同一种起泡柠檬水，玩相同的游戏。年复一年，这种熟悉的感觉让我们在度假前的几周就充满了盼望，许多快乐的回忆至今令我难忘。

一位男士向我们描述了他家一年一度的圣诞节家庭聚会："我和所有的表兄弟姐妹每年都会拿出一天来在一起吃饭、玩游戏、猜字谜，一直玩到很晚——我们喜爱这个传统，因为它让我们觉得自己属于一个大家庭。如今我们还保留着这个传统。上次聚会时我们一共有52个人呢。"

就寝时间的传统

孩子的睡前习惯是最容易养成的，也常常是最有益的习惯。对于忙了一天已经疲乏的父母来说，孩子就寝前的惯例只是为了让孩子尽快做好准备上床入睡。但这些习惯却能给予孩子深深的舒适和安全感。我们认识一个5岁的小女孩，一天晚上妈妈帮她塞好被角后，她情不自禁地对妈妈说："我爱你胜过爱糖果和巧克力！"从那以后，他们每天晚上都会对彼此重复这句话。

我们的小儿子乔希的睡前传统用的时间更长，是一段对话。每天晚上无论谁带他去睡觉，他都会和对方重复这段对话。对话的最终形式是：

"晚安。"

"睡个好觉。"

"好好睡。"

"我爱你。"

"早上见。"

"开心哦。"

"再见。"

"我在招手。"

"晚餐愉快。"

"我同意。"

最后一句"我同意"是他在学校学到后自己加上的。当乔希"熟练掌握"了这一拖延上床时间的策略后，上面这段话得说三遍，每个词都要说准确，而且一遍比一遍说得快——然后我们才能关灯离开。

这些睡前的例行程序非常有影响力。坎波洛指出：

> 孩子可能经历了心碎的一天。他可能被老师责备，可能受到了难以想象的欺凌，或是遭到了朋友的拒绝。谁能知道孩子在学校里到底经历了什么？如果你问他们今天在学校里过得怎样，往往只会得到一个答案："还行。"但是孩子的情感可能已经受到了伤害。

> 睡前习惯的好处在于它能够修复孩子支离破碎的世界。关灯前有个惯例能让孩子相信世界仍旧秩序井然，一切安好。[1]

我们有朋友有时会在睡觉前让每一个孩子说出自己今天最高兴和最伤心的事。这有助于释放孩子们积极和消极的情绪。睡前谈话的传统可以保留到青少年时代，虽然那时孩子们似乎已经独立。在我们即将道晚安时，困惑和担忧常常涌上心头，睡前谈话能让孩子们感到更安全、心里更平安。

睡前故事

睡前故事是我们家另一个很受欢迎的传统，也是拉进父母和孩子之间距离的良机。我们习惯在床上读故事。我们的床是一个日本床垫（折叠

---

[1] Tony Campolo, *Following Jesus without Embarrassing God* （Word Publishing, 1997）, p. 259.

时可当沙发，铺开时可用作床），离地面很近，所以小家伙们即使摔下床也不会有受伤的危险。我们会舒舒服服地靠着枕头，盖着被子讲故事。如果之后还有事要做，我们会缩短洗澡时间或者少读一点故事。不过无论如何，我们都坚持每天晚上必读一个故事的传统。

有些夜晚孩子们吵闹不休，推搡打闹，又哭又喊的，谁都不想安静下来。我们发现，在这种情况下睡前故事是非常管用的法宝。我们会威胁说："如果你们再捣蛋，不肯安静下来的话，就不给你们讲故事了。"这意味着他们再闹下去就会错过自己非常喜欢的事情。但是我们得小心，不能动不动就以此威胁，而且如果必要的话，就要言行一致，实施惩罚。

孩子们更小的时候，我们在暑期度假时还有另一种讲故事的传统。有时候晚上天气会冷得需要生火，孩子们就穿着睡衣，跟我们一起围炉而坐。为了待久一点，孩子们还会祈求我们再多读一章。这种家庭时光为孩子们创造了美好的回忆，也常常会引发有趣的讨论。

家庭传统

我们将孩子们列出的家庭传统整理如下。有些是他们家庭独有的，有些则是许多家庭共有的，但这些传统都意义非凡。

家庭传统

· 圣诞节那天，大家会躺在一张床上打开各自的圣诞节长袜，掏出礼物

· 喂鸡

· 在假期的最后一天我们会尽情吃冰激凌

- 为圣诞节晚餐盛装打扮

- 庆祝彼此取得的成绩

- 玩许多游戏

- 睡前故事

- 将星期日午餐定成为特别相处的时刻，一起玩游戏

- 一起洗碗

- 圣诞节当天开车去苏格兰，在车里吃熏三文鱼三明治

- 在假日期间录制家庭录像，数月后再一起观赏

- 生日很重要，常常会举办主题派对庆祝生日

- 周六早上我和兄弟姐妹会爬到父母的床上

- 在学校放假的最后一天吃奶酪火锅

灵活对待传统

我们要允许家庭生活发展变化，让传统为我们服务，而不是成为负担。我们许多人对一些丢掉的传统感到恋恋不舍。但只有这样我们才能前进，才能让孩子成长。不过有些传统适合所有的年龄层，可以延续下去。

希拉 有一种游戏我和家人从小玩到大，从不厌倦。据我所知，这种游戏是我家特有的，名字叫作"掷牌入帽"。这种游戏最早出现在我爸爸家里，用的是曾属于我祖父的一顶可以被压扁的高顶礼帽。礼帽完全撑开后放在距矮凳约12英尺远的地方——小孩子胳膊短，可以站近点。玩的人要坐在矮凳上，把15张牌逐一扔进帽子里。这种游戏需要一定的技巧，年轻并不占优势。

父亲留给我的最美好、难忘的记忆之一就是父亲在自己80岁生日聚会上玩"掷牌入帽"的游戏。他得由两位孙子搀扶着坐到矮凳上，

在游戏结束后再被扶起来。不过他却是大赢家——15张牌中有12张被扔进了帽子里。父亲的姐姐也在场，她当时已经82岁了，却不用人搀扶！我相信未来不论谁继承了这顶礼帽，这项传统都会被代代相传下去。

结　语

传统不仅能带来乐趣，还能传递重要的价值观。一些家庭保留着殷勤待客的传统：定期邀请那些原本周日中午独自进餐的人到家里就餐；留客人过夜，哪怕需要在地板上铺床垫；在圣诞节为那些原本没有圣诞大餐可享用的家庭准备一大篮食物；给发展中国家的孩子们寄去一大箱玩具。这样的传统能把恩慈待人、乐于分享的价值观传递给孩子。

我们家有每周全家一起去活动的习惯，这对孩子认同我们的价值观非常重要。

我们有必要思考正在形成的一些家庭传统。比方说，每天晚上看几个小时电视的习惯对我们的家庭有益处吗？从另一个角度来讲，全家人一块儿观看喜爱的电视节目或是电影则可以成为一项特别的活动。

列出我们每天、每周和每年的传统有助于我们区分积极和消极的传统。然后我们可以保留那些有利于家庭生活的传统，摒弃那些孤立或有损家庭成员尊严的传统。积极的传统会让我们的孩子形成终生难忘的记忆。这些传统反映出我们家庭的价值观，建立我们的家庭认同感和归属感，并显示出我们与其他家庭的不同之处。

停一停，想一想

· 哪些每日、每周和每年的传统有助于形成你们家庭的自我认同感？

· 哪些是你应该摒弃的、无益的传统？

· 你想确立什么新传统吗？

· 你的家人最喜欢的传统有哪些？

第二十章 解答人生的重大问题

Dealing a child's spiritual life

周六早上，我们蜷在沙发上，2岁9个月大的小路易斯一副沮丧的模样。他不安地问我："斑比的妈妈上哪里去了？"刚才他还入迷地看着斑比和妈妈飞奔过冰封的草地，刹那间，"砰"的一声，斑比的妈妈消失了，倒在猎人的枪口之下。然后就看到斑比渺小、笨拙的身影被暴风雪吞噬了，形成一幅幼子丧母的无比悲惨的画面。对孩子而言，这幅画面并不容易理解。"斑比妈妈什么时候会回来呢？"路易斯转向我问道。天啊，该从哪里说起呢？我们才刚刚吃完早餐，一大早就给孩子讲生命易逝的道理是不是太早了？迪士尼可真会给我出难题啊！[①]

艾玛·库克

记者

孩子们的问题常常直接得不可思议。例如祖母葬礼结束两天后的下午茶时间，孩子们问道："奶奶现在在哪里？"或是冷不丁地冒出一句："你有讨厌的人吗？"当我们送孩子上床睡觉时，他们会说："为什么我看不见天使呢？"当他们开始思考女孩和男孩的区别时，会问："我能穿裙子吗？"（4岁的小男孩赫比就是这么问母亲的。）

孩子们需要真实，而不是敷衍了事的答案。告诉他们家里的宠物狗睡着了（而实际上狗死了），只会在将来引发各种问题，造成不信任。孩子需要真实的答案来帮助他们建立价值观，为人生指明方向。作为父母，只

---

① Emma Cook, 'Bad News Bunnies', *The Times*, 16 April 2005, p. 18.

有当我们拥有自己的人生准则时，我们才能为孩子答疑解惑，教导他们如何做出明智的选择。

孩子们常常在我们最意料不到的时刻提出这些重要的问题。也许正当我们筋疲力尽，心不在焉，而孩子上学马上要迟到时，他们却突然想知道人为什么会变老。

所有的父母都应该理清自己的原则和信念，以及建立在其上的价值观体系。这一点很重要，因为这对子女的教育方法影响巨大，它塑造了我们两人的世界观与家庭观。

一些核心问题

- 生命的意义是什么？

- 我重要吗？

- 为什么许多坏事会发生在人们身上？

- 如果我搞砸了，会得到原谅吗？

- 死后会发生什么？

- 为什么有人忍受饥饿之苦，而有些人则拥有的太多？

本章我们将讨论这些真理是如何引导我们确定养育孩子的长期目标，以及我们希望向孩子们传递的价值观。

构建人生的框架

除了回答孩子们的问题，我们还需要为他们提供一个框架，使他们能够逐步理解自己所生活的这个世界。对于我们的家庭来说，以下四大主题不仅解答了生命中许多根本性的问题，而且若能把这些主题应用到日常生活中，还能帮助我们营造一个给予孩子鼓励、有利孩子健康成长的家庭氛围。

1. 人类生命起源

第一个主题是人类生命的起源，这回答了两个紧密相关的问题："生命的意义是什么"和"我重要吗"。我对第一个问题的回答是：生命的本质是我们所建立的关系——每个人来到这个世上都有其重要目的，那就是要永远活在爱的关系当中。这个观点能让孩子（和我们自己）有一个健康的人生观。我们住在哪里、上什么学校、通过了多少个考试、是否是同龄人中最聪明、最擅长运动或是相貌最好的都不重要，与人所建立的关系才是真正重要的。

与人的关系居于首要地位意味着人比财产更重要，对更高价值观的追求比成功更可贵，爱比钱财更长久。关于这一点，最凄美的例子莫过于"9·11"事件发生时，被困在双子大楼里的人们拨出的最后一通电话都是为了告诉家人自己多么爱他们。

保罗·史密斯爵士是英国最成功的设计师之一，他在全球建立起一个价值可观的时尚帝国，却依旧非常脚踏实地。在最近的一次采访中他说道：

> 我希望能做一些触动他人的事，做一个能给人带来快乐的家伙。我手下有600个人，我几乎叫得出所有人的名字，这让大家感觉很好。要想维护与朋友、员工、亲人的长久关系就一定要为对方留出时间，聆听他们的想法 …… 如今许多人满脑子都是金钱和欲望，但这些并不会带来幸福。[1]

"我爱的是你本人……
你能再给我拿点吐司吗？"

---

[1] Interview with Sir Paul Smith, *Easy Living*, June 2005, p. 216.

第二个问题"我重要吗？"的答案对我们的自我认识至关重要。我们每个人都是独特的，都有独特的天赋与个性。认识到这一点会使孩子确信自己的生命有价值。这价值不是取决于他们所做的贡献或获得的成就，而在于他们本身。身为父母，我们的使命就是要用实际行动传递这一信息："我爱你，不是因为你做了什么，我爱的是你本人。"

竞争是我们这个社会不可避免的现象。我们不能也不该让孩子逃避竞争。相反，我们的目标是帮助孩子成为合格的赢家与合格的输家，学会团队合作，在竞争中保持自信，而不是不断地拿自己和他人做比较。

然而，父母很容易因为孩子而产生竞争心理。一位6岁孩子的母亲说，当孩子放学后带朋友回家喝茶时，她忍不住偷瞄了一眼孩子朋友的文件夹，看看那个小姑娘在读什么书——相信许多家长都有同感或有类似的经历。我们希望自己的孩子比别人强，处处都拔尖。如果我们没能让孩子进入最一流的学校，或者孩子没有入选运动队或当上学校演出的主角，我们会忧心忡忡，甚至焦虑万分。

力奇　我记得我们一个孩子11岁时曾自豪地告诉我他数学考试拿了76分（满分100分）。令我羞愧的是，我当时很想追问："你考了第几名？"我希望他成绩名列前茅，甚至把所有人都远远甩在后面，但显然他当时并没有这么想。我意识到自己必须克制，不能这样问孩子。

罗伯特以前在大学教书，当他亲身经历了无条件的爱之后，他与两个女儿的关系开始有了转变：

在上"启发课程"（Alpha Course）之前，我和两个可爱的女儿（那时她们分别是19和17岁）的关系日益冷淡。直到我的二女儿收到A级考试成绩单时，我才突然意识到问题在哪里：女儿收到成绩单的那一刻，我不仅感到非常自豪，而且觉得骄傲得理所当然。没想到女儿却情绪异常激动地说我只有在她做得好时才爱她。这时我才如梦初醒。我就像只没了风的帆，立马瘪了下来。我知道这是一个很大的问题，但是我无法理解问题所在，更不用说着手解决了。我只是心里想："不管怎样，女儿们都很优秀，不是吗？"

我们刚上"启发课程"时，我心中充满了质疑。第三周时，课程老师力奇·甘贝尔先生谈到他如何为自己的孩子们感到自豪。力奇回忆了当女儿法语考试成绩不理想时自己和女儿的一段对话，他对女儿说："亲爱的，我爱你爱的是你本人。"他的话语彻底摧毁了我坚硬的外壳。

回家后，我就对女儿们说了这句话："我爱你爱的是你本人。"事实上，我也开始将这句话付诸行动。我的妻子玛格丽特后来告诉我，大女儿曾抱着她高兴地流着泪说爸爸变好了。

如果孩子认为他们必须付出努力才能赢得我们的爱，我们只会毁掉孩子。如果我们给孩子定下种种不切实际的高标准，他们只会怀疑自己永远都不够好，甚至可能放弃努力。那些不记得父母对自己说过"我爱你，我为你骄傲"的孩子，常常很难接受无条件的爱。

每个人都有其内在价值，因此我们都有自己独特的机会去影响身边的人追求美善，比如帮助那些不幸的、有需要的人。

为了帮助我们自己的孩子认识他们的人生目的，我们告诉他们人生有两个选择：要么做好自己，去影响身边的人追求美善，要么被别人影响，随波逐流。

2. 罪与恶

第二大主题是人的本性存在瑕疵，它回答了"到底在哪儿出了错"这个问题。战争、不公和痛苦的源头是人本能所做的选择——人选择只为自己活。纵观历史，人总是更倾向于依靠自己。我们都有自私的一面，会首先关注自己的需求、观点和欲望，而不是他人。人性的堕落，部分就体现在如果权柄妨碍我们随心所欲，我们就会起来反抗。

"快乐大过后果。"

每个孩子生来就会以自我为中心，你可以随便问任何一位家长！有时候父母会发现自己天真无邪的小宝宝虽然有天使般的笑容，却百般任性，令人不安。一篇报刊文章将20世纪80年代不断增长的青少年暴力事件归咎于过度放纵的亲子教育。这篇文章称，长久以来父母们一直遵照已故的本杰明·斯波克（Benjamin Spock）医生的建议教养孩子，而斯波克在20世纪五六十年代的著作中曾写道："家长不应该阻挠孩子。"文章作者在这句话之后极其尖锐地补了一句："直到后来斯波克宣布放弃这个观点——然而，对于一些孩子来说为时已晚。"因此，我们一定要从小教导孩子不以自我为中心。

《箴言》强调父母需要教导孩子辨识对错："教养孩童，使他走当行的道，就是到老他也不偏离。"教养孩子包括让他们从小就为自己的行为承担后果——好的行为要奖励，不良行为要惩罚。假如没有清楚的教导，孩子长大后会缺乏道德准则，无视自己的行为对他人的影响。

孩子也会觉得自己需要有界限，他们会试探界限在哪儿，有没有让步的余地。当我们合理限制孩子的行为时，可以增强孩子的安全感。我们在第十三章中提到，家长需要跟青少年进行更加充分的讨论、解释与协商，不过依然需要给他们界限。一名15岁的少年向我们表达了他的心声："我妈妈允许我做任何想做的事，参加任何想参加的派对，在外面想待多晚就待多晚。有时我真希望她能说'不可以'。"

父母需要亲切而坚定地教导每一个孩子：他们不是宇宙的中心，违法和反社会的行为终将害人害己。意识到人性并不完美使我们能够更加客观、现实地看待自己的孩子，不再对教育儿女抱有不切实际的期望。要知道，即使倾尽全力，我们也绝对不可能培养出完美的孩子。

此外，孩子迟早会发现，生活对待自己或他人有不公之处。他们可能会问：为什么这个人会受苦，那户人家会被盗或那个人会死于车祸？当然，对于这种为什么有人受的苦难比别人多的问题，我们给不出简单的答案，但是我们必须让孩子懂得命运的多变、社会的复杂，而不是使孩子一味地期待世界是完美的或者是公平的。

3. 宽恕

第三大主题解答的问题是："如果我们做错了事，我们能被原谅吗？我们还可以回头吗？我们还有未来吗？"

我们给出的是响亮有力的回答——"是的"！

我们有一对朋友，当他们的儿子因犯罪被逮捕时，夫妻两人就对儿子表现出了无条件的爱——在儿子声名狼藉时与他站在一起，在候审期间陪伴他度过漫长而令人不安的等待，之后又协助他重新开始自己的职业生涯。

这对夫妇自始至终都在坚持着他们的原则，甚至在孩子出生之前，他们就已经在践行了。若想在家中贯彻宽恕这一主题就要创造一种氛围，让道歉和原谅成为生活中的寻常之事。由此，孩子可以从小学会道歉，经历宽恕。

否则，他们会很容易失去盼望，因为在被原谅的同时，他们也学会了原谅他人（包括犯错的父母），而且还发现这一修复过程能让自己与冲突方的关系变得更加亲密。

4．未来

第四大主题回答的问题是："死后会发生什么？""未来有盼望吗？"我们如何才能使孩子在成长过程中，不把眼光局限在下一次生日、下一轮考试、下一张工资单、下一次升职——简言之，如何能让孩子以长远的目光来看待人生？

如今，绝大多数的话题都可以自由、公开地谈论，只有一个话题基本上仍是禁区，那就是有关死亡及人死后会怎样的问题。面对这一问题，大多数人都会觉得不安，甚至害怕，所以许多父母选择回避。然而孩子可能会对死亡产生好奇，会不合时宜地谈起它。最近，一个4岁的小男孩突然问妈妈："假如我摔死了，你能生一个新的我吗？"

教育心理学家兼丧亲辅导员彼得·诺曼（Peter Norman）给出以下建议：

> 如果父母一开始就非常坦诚，孩子会比较能够接受坏消息——这些坏消息可能多种多样，或许是白雪公主的童话故事，新闻报道中的自然灾害，甚至是自杀。坦诚相待则是与孩子建立

信任的基础。

即使是自杀或谋杀，我们都无法使孩子免受其影响，因为他们终究会发现真相。我们生活在一个被美化的社会里，以至于我们觉得孩子们无法面对这些事情，而实际上他们比我们想象的要坚强。问题在于，假使你不告诉孩子真相，而是让他们感觉有人庇护自己，那么将来他们在面对痛苦的事情时就会没有信心应对。①

至于回答有关死亡的问题，最简单的方法就是一起读一本相关的、适合孩子年龄的书。我们还需要向孩子们坦诚回答如"金鱼死后会上天堂吗"一类的问题，我们并知道答案。

有时候孩子的问题可能会涉及自身和当下的情形。有一位母亲就遇到了这样的事，她3岁的儿子被诊断患有白血病，儿子问她："我会死吗？"母亲难过极了，她还没来得及考虑如何回答这个问题。幸好他们有个邻居非常有智慧，可以帮助解答孩子的疑问。邻居赶来后回答小男孩说："是的，我们都会死的。我会死，你也会死，只是不知道具体什么时候罢了。但是美丽的小天使知道。"这个小男孩如今已是一个28岁的健康小伙了！

保持开放的心态

如果能有这样一个长远的眼光，而不是坚持一些并非核心的严苛教条，父母便有可能与孩子建立更加亲密的关系。允许孩子质疑，甚至不赞同我们的价值观，可以促进家人之间健康、开放的讨论，这对青少年尤其重要。例如，我们反对文身，但是我们需要和孩子讨论一下："文身这件

---

① Emma Cook, 'Bad News Bunnies', *The Times*, 16 April 2005, p. 18.

事本身有问题吗？"还是我们的背景或文化使然。

如果孩子能够在基本价值观的大框架下保持开放的心态，就可以学会包容，理解持有不同观点的人们。

"信仰的核心，
是矛盾的统一。"

结　语

如果把本章的四大主题运用到家庭生活中，我们就能在无条件的爱、恰当的界限、宽恕与盼望的根基上构建我们的家庭。如此可以营造出一个安全、健康的环境，让孩子感觉舒服自在，愉快放松，情感上也能变得成熟起来。这四大主题能够让孩子从内心感受到自己的价值（因为父母爱的是他们本人）以及他人的价值。这样的孩子更有可能拥有开放的学习态度，尊重他人而不会自以为是。

践行这些原则可以帮助家长做到既不听任孩子轻易接受流行文化的各种时髦观点，也不强迫他们接受各种陈规。这些原则还可以防止我们过度向孩子灌输我们的价值观，以致孩子生厌。如果我们在爱和鼓励之中传递我们的信念，孩子大多会想知道父母观点的来源，并且更有可能最终继承我们的原则和价值观。

停一停·想一想

· 你能列出你价值观中最重要的五条吗？

· 你是如何向孩子传递你的价值观和原则的？

· 还有什么你可以做的吗？

· 孩子问你的哪些重大问题是你自己也需要仔细考虑的？

· 你和伴侣是否敞开并欢迎孩子提问？

后 记

Epilogue

能试的、能做的我都做了——做父亲是我遇到的最具挑战的一件事。

尼克

百万富翁

佳琪的母亲柯妮丽娅曾在家里招待过一位来自坎帕尼亚的女士。这位女士向她炫耀了自己的珠宝。这些珠宝要属当时最漂亮的了。柯妮丽娅和她一直聊天，直到孩子们都放学回来了。然后柯妮丽娅指着孩子说道："他们就是我的珠宝。"

瓦莱里乌斯·马克西穆斯

古罗马历史学家（公元1世纪）

孩子从我们身上索取，同时也在给予……我们所经历的感受、思考、伤痛和爱都变得更加深刻。

索尼娅·泰特茨

记者兼作家

只有每个家庭都幸福和睦，我们的国家和整个世界才有希望。

约翰·保罗二世

养育子女就像极速漂流一样，过程中挑战重重，有时还险象环生。不过，别忘了享受这段人生中极其珍贵的旅程。今天我们感觉不可承受的事情，明天很可能就变得不那么重要了——虽然这是老生常谈，但孩子依赖我们的日子的确转瞬即逝，不知不觉，他们就长大离开家了。父母们最常表达的悔意就是没能和孩子有足够的时间在一起玩耍、胡闹、念故事、远足探险并借这些机会聊天。

你的孩子是非凡的礼物，而你是最能教育他们的人。无论你在养育子女的哪一段旅程上，我们都希望这本书能给你带来一些启发，提供一些实用的工具供你借鉴和形成自己的方法。这本书也提出了一些理念供你思考，你可以赞同，也可以反对。

至于如何才能抚养好孩子，我们中有些人可能会太过努力，也太多顾虑。如果我们能放轻松，相信自己的直觉，形成自己家里独特的幽默感和做事风格，我们反倒能成为更加优秀和快乐的父母。我们希望，这本书不是规定你要做什么，而是帮助你在我们所提出的重要原则的基础上，满怀自信地建立起独具特色的家庭生活和亲子教育风格。

给孩子自由

> 我母亲从来不会干涉我的生活，从来不会对我严加控制，总是给我充分的自由。
>
> 诺埃尔·科沃德
> 剧作家

每个孩子都有巨大的潜力。发挥孩子的潜能可能需要我们放弃一些自己给孩子定下的目标。我们也许希望孩子能成为医生或是为切尔西足球队效力，但是如果孩子醉心于艺术，我们就应该及时调整自己的期许。

我们或许梦想着孩子能成为音乐家或是演员，但如果他们对工程或者城市规划更感兴趣，那我们就需要放弃自己的想法。我们的角色是为孩子创造一个环境，让他们可以自由发掘自己的兴趣，发展自身的能力，追求个人的梦想。当我们认可孩子的天赋和追求时，我们同样能够看到他们取得比我们更大的成就。

我们的一位朋友名叫哈里·本森，他是布里斯托社区家庭信托公司的创始人。本森讲述自己是如此鼓励孩子的：

> 我一直认为，作为父亲的主要职责是给孩子灌输一种使命感。这不是指用条条框框束缚他们。我们的难题不是人生中的选择太少——相反，是选择太多了。"使命感"指的是让孩子思考自己这辈子想做什么，指导他们选择有意义的人生。在家里，我们常常谈论他们擅长的事和喜欢做的事。连我们最小的孩子也会谈论长大后想干什么。于是，我们家里有了未来的外科医生、体育专栏作家、工程师和飞行员。当然，如果原计划没有实现也没有关系，他们完全可以改变计划。但是，有瞄准的目标能够让孩子专注一心，为孩子提供人生的方向、信心、机会和动力。实际上，赋予孩子使命感，也会自然而然地给父

母增加一份独特的使命感。[1]

社区

> 养育一个孩子需要整个村子的参与。
>
> ——非洲谚语

"养育一个孩子，需要全村的力量……

但是清洗工作全是我做的。"

除了我们以外，其他人也会帮助孩子发挥出潜力。我们的孩子在成长过程中就受到了许多人的影响，如祖父母和外祖父母、叔舅、姑姨、堂表兄妹、教父教母、朋友、曾与我们一起生活过的人，还有那些在传授知识以外关心和激励过孩子的老师，以及在孩子人生的关键阶段，为他们树立了积极榜样的青少年小组带领人。我们二人根本无法独立完成养育孩子的重任。

---

① Harry Benson, BCFT newsletter （www.bcft.co.uk）, July/August 2008.

孩子年龄比我们孩子大的家长也是我们学习的对象。他们的范例让我们为一些不得不思考的问题找到了积极的答案："我们能否培养出这样的孩子——他们成熟自信、见多识广、心胸开阔、善待和尊重身边的每一个人，愿意为世界做出自己独特的贡献？"

当然，没人能保证所有的孩子都可以成为这样的人，不过，我们认识许多这样的孩子。他们并非完美无缺，成长过程中也都有起起落落。然而我们看到培养出这样的孩子是完全可能的，因此我们也结合自己的方式，努力效仿这些孩子家长的做法。

当今社会，大家都过着彼此疏离的生活：我们常常会搬到远离其他家庭成员的地方居住，不认识自己的邻居；为了安全起见，父母可能会要求孩子待在家里，不要出去。英国公共政策研究所所长尼克·皮尔斯曾提到，现如今引发孩子反社会行为的一个主要原因："过去，家长往往会照料到住在同一社区的孩子们，决定孩子什么样的行为才是恰当的，应该如何管教孩子，并且相互之间给予支持。在关系紧密的社区里，大人们甚至会负责照管邻居家的孩子。"[1]

"你好，你肯定是我们的新邻居，你什么时候搬进来的？"

"20年前。"

---

[1] Nick Pearce, *Freedom's Orphans: Raising youth in a changing world* (Institute for Public Policy Research, 2006).

家庭生活需要从社区中汲取营养。父母可以从其他父母那里获得支持、建议和鼓励。亲子课程的部分价值，就在于能够将父母们聚到一起。大家很快就会发现，他们并不是唯一面对幼儿哭闹或青少年怪癖行为问题的人。他们从彼此身上学到的东西不亚于从课程中学到的。

不过归根结底，对孩子未来影响最大的莫过于其成长的家庭。家是他们学习与人建立关系的地方。

生命的基石

家对我而言很重要，因为家在我的兄弟姐妹和父母心目中同样重要。家是其他一切的源泉，是赋予其他情感以价值的根基。家确保我的家人重视我所重视的东西，确保他们在乎我对他们的爱。最重要的是，家会确保他们无条件地回应这份爱。

无论你做了什么，假装什么，总有一群人知道你是谁，对你的爱毫不动摇。这会让你有一种美妙的认同感和归属感。我曾假装是个历史学家，虽然家人都知道我不是，却依然爱我如故。我6岁时还假扮成电影《阿拉伯的劳伦斯》里的男主角，但我怀疑在我家人眼中，看到的还是6岁的我。

巴尼　23岁

没有什么比家人无条件的爱更能帮助孩子为人生做好准备。

最近我们参加了朋友伊菲的葬礼。伊菲患癌症去世，年仅40岁，留下了丈夫阿古和他们的两个孩子，12岁的杰杰和10岁的南耶。阿古在葬礼上讲述了他们家亲密的家庭生活："我们常常一起大笑。我们一起欢笑，互开玩笑，也和其他人开玩笑，一同大笑。我们家总是一片欢声笑语。"葬礼上还播放了两个孩子的录音致辞。以下是南耶的话：

"不论我儿子为我做什么，
都不能增减我对他的爱……

不过偶尔送送花
还是有点作用的。"

亲爱的妈妈：

你是个伟大的母亲，是最棒的母亲。在我认识你的11年5个月的时间里（包括在你肚子里的时间），你一直支持我，关心我；甚至在我干了坏事，闯祸时你仍旧爱我，我为此非常感恩。每当我哭泣时，你都会帮助我振作起来，继续前进。

每当我写作业遇到不明白的地方时，你都会给予我帮助。在学校里遇到问题时，你也会给我建议。你教会我从不同的角度看问题，并始终坚守我的原则和道德准则。你还教给了我强大的逻辑思维能力，在很多时候都派上了用场。

我还记得我们热烈的交谈，记得我会爬到你的床上问你："今天过得怎么样？"你也会反过来问我。你总有趣事告诉我，有经验与我分享，让无聊乏味的一天听起来激动人心。我们紧紧偎依在一起，无所不谈。和你聊天我感到很轻松，因为你总能理解我，从来不会评判我。

现在我得结束我的致辞了，但是妈妈，你是我最棒的妈妈。我爱你，希望能再见到你，但不要太快！愿你好好享受在天堂的时光。

南耶